W0366360

Wolfgang Boettcher, Kaspar H. Spinner

Von sprachlichen Pannen zum grammatischen Nachdenken

Beispiele – Analysen – Impulse für den Unterricht in der Sek. I und II

Klett | Kallmeyer

Bibliografische Information der Deutschen Nationalbibliothek
Die Deutsche Nationalbibliothek verzeichnet diese Publikation in der Deutschen Nationalbibliografie; detaillierte bibliografische Daten sind im Internet über http://dnb.d-nb.de abrufbar.

Impressum

Wolfgang Boettcher, Kaspar H. Spinner
Von sprachlichen Pannen zum grammatischen Nachdenken
Beispiele – Analysen – Impulse für den Unterricht in der Sek. I und II
In der Reihe *Praxis Deutsch*
Herausgegeben von Jürgen Baurmann und Clemens Kammler

1. Auflage 2018

Redaktion: Stefan Hellriegel, Berlin
Realisation: SchwabScantechnik, Göttingen
Druck: BELTZ Bad Langensalza GmbH, Bad Langensalza
Printed in Germany

ISBN: 978-3-7727-1208-1

Reihe *Praxis Deutsch*
Herausgegeben von Jürgen Baurmann
und Clemens Kammler

Wolfgang Boettcher, Kaspar H. Spinner

Von sprachlichen Pannen zum grammatischen Nachdenken

Beispiele – Analysen – Impulse für den
Unterricht in der Sek. I und II

Klett | Kallmeyer

Inhalt

Vorwort

Wir sagen Dank an Tim Meier und Horst Sitta sowie an Gabriela Ruhmann – sie haben unser Manuskript durchgesehen und uns fachliche bzw. auf Nachvollziehbarkeit bezogene Rückmeldungen und Anregungen gegeben.

Und wir wünschen Ihnen – unseren Leserinnen und Lesern – bei der Lektüre unseres Buchs Vergnügen beim Genuss der pannenhaltigen Text-Funde, Hartnäckigkeit bei der Rekonstruktion dieser Pannen und Lust auf grammatische Entdeckungen, die Sie dabei machen werden.

Vicht (bei Aachen) und Mering (bei Augsburg) im Februar 2018
Wolfgang Boettcher und Kaspar H. Spinner

1 Einführung

1.1 Worum es uns geht

Mit den Vorschlägen, die wir hier in unserem Band vorlegen, möchten wir zeigen, wie man Lernsituationen gestalten kann, die einem zeitgemäßen Grammatikunterricht entsprechen. Die Grundidee, von der wir ausgehen, besteht darin, dass Pannen als sprachliche Abweichungen einen Ausgangspunkt für grammatisches Nachdenken bilden können: Wenn die Sprache „aus der Reihe tanzt", gerät sie leichter in den Blick, als wenn sie glatt funktioniert. Konkret arbeiten wir mit missverständlichen oder auch grammatisch unkorrekten Formulierungen, die sich in der Presse finden lassen. Wir folgen damit dem didaktischen Prinzip der Verfremdung, das z. B. Wilhelm Köller in seinem Buch zum funktionalen Grammatikunterricht als eines der Prinzipien für die Konkretisierung methodischer Verfahren nennt (Köller 1997, S. 29). Die Irritation, die durch auffällige Sprachbeispiele ausgelöst wird, regt das Nachdenken an.

Gedacht ist unser Buch in erster Linie für Lehrpersonen und für Lehramtsstudierende. Die Unterrichtsanregungen beziehen sich auf die Sekundarstufe I ab Klassenstufe 7 und die Sekundarstufe II und sind auch für Hochschulseminare geeignet. Deshalb sprechen wir von „Lehrenden" und „Lernenden". Mit unserem Material haben wir selber in Hochschulveranstaltungen und in Lehrerfortbildungen gearbeitet.

Die Beispiele, die wir vorstellen, mögen zunächst eine eher *gespürte* Irritation auslösen; im Nachdenken darüber können die Lernenden dann aber die dieser Irritation zugrunde liegenden Regularitäten der Sprache erkennen. Das kann im Sinne der Aktivierung von vorhandenem Wissen und dessen Anwendung erfolgen oder auch zum Entdecken von grammatischen Regularitäten führen, deren sich die Lernenden noch nicht bewusst gewesen sind. Als Material dienen uns Beispiele aus der Rubrik „Hohlspiegel" im Magazin „Der Spiegel" (im ganzen Buch nachgewiesen mit Nummer und Seitenzahl der jeweiligen „Spiegel"-Ausgabe). Viele Beispiele sind wegen ihrer Doppeldeutigkeit amüsant, sodass die Beschäftigung mit Grammatik vergnüglich werden kann. Zudem handelt es sich um wöchentlich „nachwachsenden grammatischen Rohstoff", den die Lernenden in eigener Regie weiter erkunden können; Beispiele, wie sie im Hohlspiegel gesammelt sind, findet man kommentiert auch in der Rubrik „Sprachlabor" der „Süddeutschen Zeitung". Vielleicht erweitern die Lernenden ihre sprachreflexive Wachsamkeit auch auf zusätzliche Textarten – Werbung, Witz und Poesie.

Ein ähnliches Arbeiten wie das, das wir hier anhand der Hohlspiegel-Funde darlegen, lässt sich auch mit anderem Material durchführen. Naheliegend ist die Besprechung von missverständlichen Formulierungen in Schülertexten oder Texten von Verfassern mit anderer Muttersprache. Grammatisch interessante Formulierungen findet man auch in Witzen, in Werbetexten und in literarischen Texten; bei solchen Beispielen geht es in der Regel allerdings nicht, wie in den Hohlspiegel-Funden, um missglückte Formulierungen, sondern um bewusste grammatische Abweichungen zur Erreichung spezifischer Effekte. Im abschließenden 5. Kapitel führen wir einige Beispiele aus den Bereichen Poesie, Witz und Werbung als weiterführende Anregung an. Überhaupt denken wir, dass wir mit unserem Material Lehrende anregen können, selbst auf die Suche nach Beispielen zu gehen – und mittelfristig auch den Lernenden zu helfen, Interesse an der Beobachtung ihrer sprachlichen Umgebung zu entwickeln.

Die Beispiele aus dem Hohlspiegel, die wir ausgewählt haben, sind oft nicht grammatisch falsch, sondern missverständlich. Es geht also nicht um einen schulmeisterlichen, besserwisserischen Umgang mit Normverstößen. Vielmehr ist – oft hartnäckiges – Nachdenken gefragt, da man meist die missglückte Formulierung nicht einfach damit abtun kann, dass sie halt grammatisch falsch sei. Der Blick muss vielmehr auf den Text *und* auf den Verstehensprozess des Lesers gerichtet werden. (Wir erlauben uns bei eher abstrakten Rollenbezeichnungen wie „Leser" oder „Schreiber" das generische Maskulinum.) Bei einem Satz wie Polizei ging Diebespaar ins Netz kommt man der Missverständlichkeit (= Die Polizei ging einem Diebespaar ins Netz oder Der Polizei ging ein Diebespaar ins Netz) auf die Spur, wenn man darüber nachdenkt, warum die meisten Leser diesen Satz zunächst missverstehen; dieses Nachdenken über fehlgeleitete Verstehensprozesse hält dazu an, bewusst die Rezipientenperspektive einzunehmen und zu reflektieren – eine Fähigkeit, die in der Schreibdidaktik im Zusammenhang mit dem Überarbeiten von Texten besonders betont wird. Für die Analyse, warum eine Formulierung missverständlich ist, sind vorrangig grammatische Kategorien hilfreich, bei Polizei ging Diebespaar ins Netz z. B. Kasus (Nominativ oder Dativ?), Satzglied (Subjekt oder Dativobjekt?) und Satzgliedstellung. Es geht bei der Beschäftigung mit den Hohlspiegel-Funden also darum, zu beobachten und zu verstehen, wie die grammatische Zubereitung einer Formulierung den Leser bei seinem Verstehensversuch ins Missverstehen locken kann – es geht also um das Zusammenspiel der kognitiven Prozesse beim Lesen mit der grammatischen Struktur des Textes. Die Einübung eines solchen Denkens erscheint uns deshalb wichtig, weil es dem kommunikativen Charakter von Sprache gerecht wird, nämlich der Bedeutung der Grammatik für die Nachvollziehbarkeit von Texten.

Lernbereichsbezug

In Bildungsstandards und in der Sprachdidaktik wird in der Regel nachdrücklich betont, dass Grammatikunterricht integrativ mit anderen Lernbereichen verknüpft werden soll. Unsere Vorschläge verbinden das Nachdenken über Grammatik insbesondere mit der Schreibförderung. In der neueren, prozessorientierten Schreibdidaktik hat die Fähigkeit, Texte überarbeiten zu können, einen großen Stellenwert erlangt. Sie spielt bei der von uns vorgeschlagenen Arbeit eine wichtige Rolle. Denn die verunglückten Formulierungen im vorgelegten Material halten dazu an, eindeutigere Formulierungen zu suchen. Es kann für Lernende entlastend sein, wenn sie auf diese Weise das Überarbeiten nicht nur am Überarbeiten eigener ungeschickt formulierter Texte üben, sondern sehen, dass auch den Schreibprofis (als die man Journalisten bezeichnen kann) Formulierungen missglücken. Die Lernenden können sich so in die Rolle von Lektoren hineinversetzen. Insofern ist unser Zugang zur grammatischen Reflexion auch ein Beitrag zur Förderung der Lesekompetenz. Er hält dazu an, Texte oder Textausschnitte (meistens handelt es sich in unserem Material um Schlagzeilen) wie Lektoren genau zu lesen.

Viele Hohlspiegel-Fundstücke sind Schlagzeilen von Nachrichten. Die Missverständlichkeit ist dabei durch den Zwang zur Kürze entstanden – man kann keinen langen Satz in die Schlagzeile oder Überschrift von Nachrichten setzen. Die Beschäftigung mit solchen Beispielen lenkt den Blick also auch auf textsortenspezifische Formulierungsprobleme und -pannen.

Ein Blick auf curriculare Überlegungen hinter unserem Ansatz

Die Beschäftigung mit Grammatik wird von Lehrenden und Lernenden oft als eine trockene Angelegenheit empfunden, bei der es um die Aneignung von Fachbegriffen und deren Anwendung bei der Analyse von Sätzen gehe. Dem, was in Bildungsstandards und in der sprachdidaktischen Diskussion gefordert wird, entspricht das nicht: Dort findet man als Leitbegriff „Sprachbewusstsein" oder „Sprachbewusstheit" (zu diesen Begriffen vgl. Gornik 2015); der Schwerpunkt wird damit auf die Aufmerksamkeit und das selbstständige Nachdenken bezüglich sprachlicher Phänomene gelegt. So ist in den österreichischen Bildungsstandards für die 8. Schulstufe das „Sprachbewusstsein" einer der vier Kompetenzbereiche des Faches Deutsch. In den deutschen Bildungsstandards wird der Arbeitsbereich mit „Sprache und Sprachgebrauch untersuchen" (so in den „Bildungsstandards im Fach Deutsch für den Hauptschulabschluss" aus 2004 und in den „Bildungsstandards im Fach Deutsch für den mittleren Schulabschluss" aus 2003) bzw. „Sprache und Sprachgebrauch reflektieren" („Bildungsstandards im Fach Deutsch für die allgemeine Hochschulreife" aus 2012) bezeichnet; damit wird ebenfalls das Nachdenken über Sprache – und zwar nicht nur über Sprache als System, sondern auch über

Sprachgebrauch – als Leitlinie hervorgehoben. In den „Bildungsstandards für die Allgemeine Hochschulreife" wird dies wie folgt genauer ausgeführt:

> „Die Schülerinnen und Schüler analysieren Sprache als System und als historisch gewordenes Kommunikationsmedium und erweitern so ihr Sprachwissen und ihre Sprachbewusstheit. Sie nutzen beides für die mündliche und schriftliche Kommunikation."
>
> (in: Bildungsstandards im Fach Deutsch für die Allgemeine Hochschulreife, 18.10.2012, S. 20; http://www.kmk.org/fileadmin/Dateien/veroeffentlichungen_beschluesse/2012/2012_10_18-Bildungsstandards-Deutsch-Abi.pdf)

In der Schulpraxis hat sich diese – im Vergleich zum traditionellen Grammatikunterricht neue – Akzentuierung noch wenig durchgesetzt. Dafür sind auch die seit einigen Jahren flächendeckend eingeführten Tests (Vera, DESI, Beispielaufgaben zu den Bildungsstandards u. a.) verantwortlich, die Leistungsaufgaben einsetzen, in denen z. B. mit Multiple-Choice-Verfahren einzelne Satzglieder oder Wortarten zu bestimmen sind (vgl. Kühn 2015). Mit dem, was in der gegenwärtigen Grammatikdidaktik gefordert wird, hat dies wenig zu tun.

Wie man das Buch nutzen kann

Die Fundstücke und unsere Kommentierungen haben wir nach grammatischen Kategorien gegliedert. Das ermöglicht Lehrenden eine gezielte Suche nach Beispielen zu den einzelnen Kategorien. Allerdings spielt bei vielen Fundstücken mehr als *eine* grammatische Kategorie eine Rolle. Wir haben das jeweils durch entsprechende Hinweise vermerkt.

Zu jeder Kategorie haben wir zuerst eine ausführliche Analyse mit methodischen Anregungen formuliert; es handelt sich jeweils um ein Textbeispiel, bei dem die angesprochene Kategorie deutlich im Vordergrund steht. Dann führen wir weitere Beispiele an, die wir meistens kürzer oder auch gar nicht kommentieren.

Insbesondere für den Schulunterricht besteht eine Schwierigkeit darin, dass es unterschiedliche grammatische Theorien gibt, die sich auch auf die Terminologie auswirken. Die Theorien und Termini, die wir verwenden, sind bei jedem Unterkapitel kurz erläutert. Als Download-Material zu diesem Buch stehen den Leserinnen und Lesern dieses Buches zusätzliche *grammatiktheoretische* Erläuterungen zur Verfügung. Die Lehrenden können sich dort über die von uns in den Analysen verwendeten grammatischen Begriffe orientieren und sich auf Wunsch weitergehende grammatiktheoretische Unterstützung holen. Wir verweisen bei unseren Analysen öfters auf diese Erläuterungen. Das ausgeführte Orientierungswissen repräsentiert die grammatiktheoretische Konzeption von Wolfgang Boettcher und wird von ihm inhaltlich verantwortet.

Die 119 zusätzlichen grammatiktheoretischen Erläuterungen im PDF-Format sind als Download-Material zum Buch erhältlich. Hinweise zum Download finden Sie auf S. 264.

Die grammatiktheoretischen Erläuterungen im Download-Material sind wie die nachfolgend kommentierten 451 Textfunde fortlaufend nummeriert. Wir verweisen auf Erläuterungen (E) und Funde (F) mit der jeweiligen Nummer, z. B. → E 52, → F 89. Auch im Register werden diese Verweise benutzt, es werden also keine Seitenzahlen angegeben.

Man kann unser Buch gezielt unter einzelnen grammatischen Begriffen – etwa „Adjektiv" – verwenden, etwa bei der Vorbereitung einer grammatiktheoretischen Reflexionsphase; dann sucht man über das Inhaltsverzeichnis oder über das Register.

Man kann es natürlich auch – in blanker Neugier – stöbernd durchforsten, vielleicht zunächst einfach verführt durch vergnügliche Hohlspiegel-Funde.

1.2 Exemplarische Analyse eines Hohlspiegel-Funds

Als Einstieg und zur Einstimmung führen wir in diesem Abschnitt einmal sehr ausführlich vor, wie umfassend sich kleine verunglückte Formulierungen aus der „Spiegel"-Rubrik „Hohlspiegel" unter grammatischen Gesichtspunkten prinzipiell ausschlachten lassen: von einem ersten intuitiven Erspüren der Abweichung bis hin zu einer voll entfalteten grammatischen Analyse. Wie sich ein solches – vielleicht erst einmal abschreckend anmutendes – Ausschlachten lernförderlich inszenieren lässt, beschreiben wir in den darauf folgenden Abschnitten.

1 *Aus den „Flensburger Nachrichten":*
Tatverdächtige ermittelt
im Vandalismus-Fall
(Hohlspiegel 2013/48, S. 174)

Eine erste Irritation: Hoppla – wer tut hier was? Hat man da etwa den Bock zum Gärtner gemacht (oder genauer: die Ziege zur Gärtnerin)?

Ein erstes Nachdenken: Worin besteht die Irritation? Welche Lesarten lässt die Formulierung zu? – Auf den ersten Blick scheint es hier um einen fachlichen Kunstfehler der ermittelnden Behörde zu gehen, die offenbar duldet, dass an der Untersuchung eine Person beteiligt ist, die selber unter Tatverdacht steht:

Lesart 1: Im Vandalismus-Fall ermittelt eine Tatverdächtige.

Wenn man der Polizei aber Professionalität unterstellt, muss etwas anderes gemeint sein, nämlich dass die Tätersuche nun erfolgreich abgeschlossen ist:

Lesart 2a: Im Vandalismus-Fall wurde eine Tatverdächtige ermittelt.

Lesart 2b: Im Vandalismus-Fall wurden Tatverdächtige ermittelt.

Eine erste grammatische Analyse: Die Mehrdeutigkeit der Nachrichten-Überschrift ist grammatisch verursacht. *Drei* grammatische Bedingungen spielen dabei eine Rolle:

Bedingung (1) – mehrdeutige Verbform: Die Verbform ermittelt ist nicht eindeutig: ermittelt kann Finitum sein, nämlich 3. Person Präsens Singular – also passend zu Lesart (1); es kann aber auch Partizip II sein als infiniter Teil eines verkürzten Prädikats (wurde/n ermittelt) – also passend zu der vom Schreiber beabsichtigten Lesart (2a/b). Bei dieser zweiten Lesart weiß man zudem als Leser – bevor man den *ganzen* Nachrichtentext gelesen hat – nicht, ob es um eine Einzeltäterin geht oder um mehrere Täter/Täterinnen; denn das Subjekt Tatverdächtige kann Singular oder Plural sein und das infinite (= *nicht* flektierte) Partizip ermittelt hilft uns ohnehin nicht bei der Klärung, ob die Formulierung Singular oder Plural sein soll.

Bedingung (2) – mehrdeutige Nomenform: Tatverdächtige kann sowohl Plural (nicht Genus-bestimmt) als auch Singular Femininum sein. Nur Letzteres passt zu ermittelt als Aktiv-Form. Wenn der Artikel vor dem Nomen stehen würde, gäbe es kein Missverständnis: die Tatverdächtige / die Tatverdächtigen …

Bedingung (3) – Satzteil-Reihenfolge: An der Doppeldeutigkeit der Verb-Form ist auch ein Reihenfolge-Effekt beteiligt. Die Analyse der Reihenfolge-Bedingungen entpuppt sich schon als ziemlich aufwendiges Geschäft, aber sie kann sehr hilfreich sein, wie nachfolgend gezeigt wird.

Der Hohlspiegel-Fund besteht aus drei Satzbausteinen:

Tatverdächtige | ermittelt | im Vandalismus-Fall

Schauen wir uns die folgenden drei alternativen Reihenfolgen dieser drei Satzbausteine an:

(a) Im Vandalismus-Fall Tatverdächtige ermittelt

(b) Im Vandalismus-Fall ermittelt Tatverdächtige

(c) Tatverdächtige im Vandalismus-Fall ermittelt

Die Reihenfolge in (a) ist eindeutig; sie legt die Satzbedeutung auf die beabsichtigte Lesart (2a/b) fest. Nach dem Feldermodell ergibt sich folgende Darstellung:

Vorfeld	Finitum	Mittelfeld	infiniter Prädikatsteil
Im Vandalismus-Fall	(wurde/wurden)	Tatverdächtige	ermittelt

Lesart (1) ist bei dieser Reihenfolge nicht möglich; denn ermittelt kann hier nicht Finitum (= finiter Teil des Prädikats) sein, weil sonst vor dem Finitum – also im sogenannten „Vorfeld" – *zwei* Satzglieder stünden:

Vorfeld	Finitum
*Im Vandalismus-Fall Tatverdächtige	ermittelt

Auch die Reihenfolge in (b) ist eindeutig; sie legt die Satzbedeutung auf die nicht beabsichtigte Lesart (1) fest; denn würde man versuchen, Reihenfolge (b) nach Lesart (2) zu rekonstruieren, ergäbe sich im Feldermodell:

Vorfeld	Finitum	Mittelfeld	infiniter Prädikatsteil	Nachfeld
*Im Vandalismus-Fall	(wurde/n)		ermittelt	Tatverdächtige

Man kann im Deutschen bei Sätzen mit mehrteiligem Prädikat das Subjekt (Tatverdächtige) nicht hinter den infiniten Prädikatsteil (= ins Nachfeld) setzen.

Die Reihenfolge in (c) ist demgegenüber *nicht* eindeutig: Man kann zum einen von der beabsichtigten Lesart (2) ausgehen. Bei dieser Deutung wären im Vergleich zu (a) einfach Adverbial und Subjekt in ihrer Stellung vertauscht. Nach dem Feldermodell ergibt sich:

Vorfeld	Finitum	Mittelfeld	infiniter Prädikatsteil
Tatverdächtige	(wurde/wurden)	im Vandalismus-Fall	ermittelt

Zum andern könnte man aber auch die Präpositionalgruppe im Vandalismus-Fall als präpositionales *Attribut* zum Nomen Tatverdächtige ansehen, also nicht als eigenes Satzglied – und dann wäre ermittelt eben doch das Finitum in Lesart (1), das nach dem ersten komplexen Satzglied (Tatverdächtige im Vandalismus-Fall) an zweiter Stelle steht:

Vorfeld	Finitum
Tatverdächtige im Vandalismus-Fall	ermittelt

Wenn man nun auch die Reihenfolge, die im ursprünglichen Textfund vorliegt, in das Feldermodell einordnet, dann kann man nachvollziehen, warum sie – wie schon anfangs festgestellt – nicht eindeutig ist: Man könnte zum einen von der beabsichtigten Lesart (2a/b) ausgehen:

Vorfeld	finiter Prädikatsteil	Mittelfeld	infiniter Prädikatsteil	Nachfeld
Tatverdächtige	(wurde/-n)		ermittelt	im Vandalismus-Fall

Dabei stünde das Adverbial im Nachfeld – das ist zwar eine auffällige Stellung, sie wäre aber grammatisch korrekt. Zum andern könnte man aber auch von Lesart (1) ausgehen:

Vorfeld	Prädikat	Mittelfeld
Tatverdächtige	ermittelt	im Vandalismus-Fall

Diese Satzteil-Reihenfolge wäre unauffällig – und das legt dem Leser nahe, den Fund in der nicht beabsichtigten Lesart (1) zu verstehen. – Wenn man in dieser Weise mögliche Stellungsvarianten untersucht, wird deutlich, dass man als Leser für ein angemessenes Satzverständnis immer auch die grammatischen und inhaltlichen Hinweise der Satzteil-*Reihenfolge* nutzt.

Welche Reihenfolge wäre denn nun für eine Überschrift die beste? Unter dem Gesichtspunkt grammatischer *Eindeutigkeit* kommt nur (a) infrage:

(a) Im Vandalismus-Fall Tatverdächtige ermittelt.

Welche Reihenfolge angemessen ist, hängt aber auch davon ab, was in dem betreffenden Satz als bekannt und was als neu angeboten wird: Das bereits Bekannte (das sogenannte „Thema") steht in der Regel vorn – also links im Satz; das Neue (das „Rhema") steht in der Regel weiter hinten – also rechts im Satz. Das hängt mit dem Prozess unserer Bedeutungsverarbeitung zusammen und mit dem begrenzten Arbeitsspeicher, der das zuletzt Gelesene (= das rechts Stehende) besser erinnert und für den Bedeutungsaufbau daher müheloser verwenden kann.

Die vom Schreiber im Textfund gewählte Überschrift ist – abgesehen von ihrer Uneindeutigkeit – auch unter dem Aspekt der *Reihenfolge von Bekanntem und Neuem* nicht geeignet:

Tatverdächtige ermittelt im Vandalismus-Fall.

Hier steht nämlich die an Bekanntes anknüpfende Information im Vandalismus-Fall ganz rechts statt links. Bei gesprochener Sprache könnte man diese unangemessene Reihenfolge durch *auffällige* Betonung von ermittelt als neuer Information und *nur schwacher* Betonung von im Vandalismus-Fall kompensieren – beim Schreiben fehlt diese Option, und mit visuell auffälligen Mitteln wie Kursivdruck wird bei Überschriften nicht gearbeitet (und Fettdruck ist schon für die Hervorhebung von Überschriften insgesamt vergeben).

Schließlich müssen die Redakteure bei ihrer Entscheidung über die angemessene Reihenfolge auch noch auf *Layout-Vorgaben* achten: Wenn man (c) wählt, würde man die Überschrift aufgrund der schmalen Spalte und des gewählten Buchstabenformats mitten im Wort Vandalismus-Fall trennen müssen:

Tatverdächtige im Van-
dalismus-Fall ermittelt.

Auch das spricht für Reihenfolge (a).

In der damaligen Mitteilung des *Polizeipräsidiums* war die entsprechende Mitteilung übrigens folgendermaßen überschrieben:

14 Tatverdächtige nach Vandalismus im Schwimmbad ermittelt.

(http://www.presseportal.de/blaulicht/pm/4969/2612984)

Durch die Zahl 14 ist hier klar, dass Tatverdächtige als Plural und nicht als Femininum Singular gemeint ist. Damit ist auch klar, dass ermittelt Partizip sein muss; als Finitum im Singular würde es nicht zum Plural 14 Tatverdächtige passen, sondern müsste ermitteln heißen. Zudem kann die hier gewählte Präpositionalgruppe nach Vandalismus im Schwimmbad – anders als im Vandalismus-Fall – nicht als Attribut zu Tatverdächtige aufgefasst werden.

Soweit zur Analyse der Satzteil-Reihenfolge als der dritten Bedingung für die Missverständlichkeit des Hohlspiegel-Funds.

Resümee der ersten grammatischen Analyse: Die im Hohlspiegel aufgegriffene Konstruktion ist also doppeldeutig, weil – um der notwendigen Kürzung der Überschrift willen – vereindeutigende Satzbausteine weggelassen wurden und weil zugleich – wohl um einer guten Spalten-Einpassung willen – eine Wortgruppen-Reihenfolge gewählt wurde, die zwei Lesarten zulässt. Hier spielen also mehrdeutige Wortformen (ermittelt, Tatverdächtige) und Reihenfolge-Vorgaben zusammen – und die Textsorte Zeitungsnachricht mit den üblichen Kürze- und Layoutzwängen verschärft die Suche nach einer einfachen eindeutigen Version.

Eine mögliche zweite grammatische Analyse: Man könnte in einer zweiten grammatischen Analysestufe einzelne dieser grammatischen Bedingungen ausdifferenzieren und dabei vertiefen – z. B. den Befund, dass die Verbform ermittelt keinen Hinweis bietet, ob es sich um ein Finitum oder um ein Partizip handelt: Diese Doppeldeutigkeit der Verbform gibt es nämlich nur bei Verben, die wie ermitteln ohne Ablaut (man sagt auch: „schwach") konjugiert werden und die zudem nicht auf der ersten Silbe betont werden: Das sind zum einen Verben mit *untrennbarem* Präfix – hier: er- (man spricht von „Präfixverben"), zum andern sind es Verben, die wie regieren oder diktieren aus romanischen Sprachen abgeleitet sind. Bei diesen Verben bleibt beim Partizip II der Stammvokal erhalten und es entfällt das sonst übliche ge-.

Bei schwachen Verben mit *trennbarem* Verbzusatz wie aufdecken unterscheiden sich demgegenüber die Verbformen von 3. Person Präsens Singular und Partizip II zweifach: deckt … auf gegenüber aufgedeckt. Auch bei *ablautenden* Verben mit untrennbarem Präfix wie verlieren gibt es zwei Unterschiede – verliert gegenüber verloren; bei *unregelmäßig* flektierenden Verben mit Präfix wie erkennen findet sich immerhin *ein* Unterschied – erkennt gegenüber erkannt. Und bei Verben *ohne* Präfix oder Verbzusatz (*ohne* oder *mit* Ablaut) wie klären bzw. finden gibt es mindestens *einen* Unterschied – klärt/geklärt bzw. findet/gefunden.

Der Verfasser der Zeitungsnachricht hätte insofern mit einem stark flektierenden Verb oder mit einem *präfixlosen* schwachen Verb Eindeutigkeit herstellen können – z. B. mit klären: Dann wäre die Überschrift (auch ohne die oben angesprochene Umstellung) eindeutig gewesen – entweder in der beabsichtigten Lesart (2a/b)

Tatverdächtige geklärt
im Vandalismus-Fall

oder in der Lesart (1):

Tatverdächtige klärt
im Vandalismus-Fall.

Auch bei Wahl dieses Verbs wäre bei Lesart (2a/b) allerdings noch unklar, ob es um eine einzelne Tatverdächtige geht oder um mehrere.

1.3 Wie kann man mit Hohlspiegel-Funden im Unterricht arbeiten?

Die Hohlspiegel-Funde können auf vielfältige Art und Weise in den Unterricht einbezogen werden. Die Analysen im vorliegenden Band geben Hinweise auf das grammatische Potenzial, das man in ihnen entdecken und grammatikdidaktisch nutzen kann. Je nach Lernsituation, Zielsetzung und Vorwissen der Lernenden wird man tiefer oder weniger tief in die grammatische Analyse einsteigen. Wichtig erscheinen uns die folgenden Maximen für die Arbeit mit den Hohlspiegel-Funden:

- Die Arbeit an den Beispielen sollte frei sein von schulmeisterlicher Besserwisserei, sondern eher von einem schmunzelnden Staunen darüber begleitet sein, wie die Sprache den Schreibern und den Lesern ein Schnippchen schlagen kann.
- Wichtig ist uns, die Sprachaufmerksamkeit der Lernenden zu stärken. Deshalb sollen auch Überlegungen, die die Lernenden in eigener Sprache, ohne Anwendung erwarteter grammatischer Terminologie formulieren, ernst genommen werden.
- Im Gespräch über Hohlspiegel-Funde können die Lernenden neue grammatische Erkenntnisse gewinnen. Ebenso wichtig ist aber, dass die Arbeit Gelegenheit bietet, gelernte Begriffe anzuwenden, beim Tatverdächtigen-Beispiel dürften das Begriffe wie *aktiv/passiv, Verb, Prädikat* sein. Ein Problem des schulischen Grammatikunterrichts ist zweifellos, dass einmal Beigebrachtes oft kaum mehr im Unterricht zur Anwendung kommt und deshalb vergessen wird. Gespräche über Hohlspiegel-Funde können dem etwas abhelfen.
- Gespräche mit Lernenden über Hohlspiegel-Funde bieten manchmal auch für Lehrende Überraschungen und können bei ihnen Ratlosigkeit auslösen. Wenn es dann vorkommt, dass eine Lehrperson eingesteht, sie sei da jetzt überfragt und müsse sich das bis zur nächsten Stunde überlegen, kann das auf Lernende durchaus ermunternd wirken. Grammatik hat mit Suchen von Lösungen zu tun und ist nicht einfach ein Abrufen von Wissen. Wir haben übrigens unsere Tatverdächtigen-Analyse auch mehrfach nach entsprechender Diskussion überarbeitet, also nicht auf Anhieb eine schlüssige Lösung gefunden.

1.3.1 Situierung im Unterrichtsgeschehen

Die naheliegendste Einbeziehung eines Hohlspiegel-Funds kann erfolgen, wenn eine bestimmte grammatische Kategorie im Unterricht erarbeitet oder wenn sie wiederholt wird. Das Beispiel kann dann sowohl bei der Annäherung an die grammatische Kategorie dienen wie auch der Übung in der Anwendung des Gelernten. Das oben analysierte Beispiel könnte z. B. im Hinblick auf Verbformen (Partizip, finite Verbform) untersucht werden.

Eine andere Einbettung ergibt sich im Zusammenhang mit der Schreibförderung, wenn ein ähnliches Formulierungsproblem im Text eines Lernenden auftaucht und erörtert werden soll. Dass auch professionell Schreibende ungeschickte oder sogar falsche Formulierungen produzieren, kann eine entlastende Funktion bei der Besprechung von Fehlern und der Anforderung der Überarbeitung ausüben.

Wiederum eine andere Einbettung ergibt sich, wenn im Rahmen der Analyse von Zeitungstexten Hohlspiegel-Funde zu Überschriften von Meldungen besprochen werden. Dabei wird es auch um die Stilistik von Überschriften gehen und um die Probleme, die sich durch das Gebot der Kürze ergeben (vgl. dazu die Unterrichtsanregungen zu Schlagzeilen in Peyer 2011, S. 127 ff.).

Auch wenn in den Texten der in der Klasse benutzten Arbeitsbücher oder in anderen fachlichen Texten, mit denen die Lernenden im Unterricht zu tun bekommen, Verstehensprobleme beobachtbar sind, kann man als Lehrperson solche situativen Anlässe nutzen, um den diagnostischen Blick auf Texte und deren Machart schrittweise zu schärfen.

Dadurch, dass wir zu den jeweiligen grammatischen Problemen nach der Analyse eines Beispiels meist weitere Beispiele anführen, liegt auch Material für eine Leistungsüberprüfung vor.

Schließlich kann man einzelne Beispiele für sich, z. B. in einer Vertretungsstunde, zum Gegenstand des Unterrichts machen.

1.3.2 Methodisches Vorgehen

Der Einstieg in die Beschäftigung mit einem Hohlspiegel-Fund wird in der Regel so erfolgen, dass die Lernenden den Text erhalten und selbstständig Überlegungen anstellen. Beginnend mit einem Erspüren der Abweichung kann die Reflexion zum Lokalisieren der Störstelle und dann zur expliziten Untersuchung der Störungsursache führen. Dabei geht es um die Frage, woran es liegt, dass die Formulierung missverständlich oder sogar fehlerhaft ist, gegebenenfalls auch um Vermutungen, warum dem Verfasser das Missgeschick passiert ist. Beim Tatverdächtigen-Beispiel dürfte die für eine Überschrift notwendige Verkürzung der Grund sein. Für diese Unterrichtsphase empfiehlt sich Partner- oder Gruppenarbeit. Inwiefern dabei bereits grammatisches Wissen mit entsprechender Begrifflichkeit explizit eingebracht wird, dürfte je nach Lerngruppe sehr unterschiedlich sein. Die Überlegungen zum präsentierten Hohlspiegel-Fund können noch im Rahmen der selbstständigen Arbeit durch das Ausdenken von Formulierungsvarianten ergänzt werden. Anschließend folgt ein Austausch im Plenum.

Als Variante des Einstiegs kann auch gleich der Auftrag erteilt werden, sich eine bessere Formulierung zu überlegen. Die Lernenden sollen sozusagen in die Rolle eines Lektors schlüpfen. Im anschließenden Austausch der Vorschläge sollen sie begründen, inwiefern sie ihre Formulierung für besser halten. Vorgeschlagene Umformulierungen werden am besten an die Tafel geschrieben oder projiziert, damit sie für alle sichtbar sind.

Wieder ein anderer Einstieg ergibt sich, wenn den Lernenden mehrere Varianten der Hohlspiegel-Formulierungen gegeben werden und sie überlegen sollen, welche sie wählen würden; beim Tatverdächtigen-Beispiel (→ F 1) wären das die oben genannten vier Varianten – nämlich die Original-Reihenfolge

Tatverdächtige ermittelt im Vandalismus-Fall

und die drei Reihenfolge-Varianten:

(a) Im Vandalismus-Fall Tatverdächtige ermittelt

(b) Im Vandalismus-Fall ermittelt Tatverdächtige

(c) Tatverdächtige im Vandalismus-Fall ermittelt

Die explizite grammatische Analyse erfordert je nach Lerngruppe mehr oder weniger Hilfe und Lenkung durch die Lehrperson. Grammatisches Wissen muss in Erinnerung gerufen werden, neues Wissen kann eingeführt werden. Wichtig ist, dass eine Verbindung zu dem hergestellt wird, was die Lernenden, unter Umständen in eigenen Formulierungen, zum untersuchten Beispiel schon gesagt haben. Es muss nicht alles, was an einem Beispiel analysiert werden kann oder von den Lernenden angesprochen worden ist, in die grammatische Theorie und Terminologie eingeordnet werden. Die Entwicklung der Aufmerksamkeit für Sprache ist das wichtigere Ziel.

Beim Tatverdächtigen-Beispiel wird man auf jeden Fall die Doppeldeutigkeit von ermittelt als Partizip und als flektierte Verbform besprechen müssen, kann sich aber entscheiden, ob man auch auf die unterschiedliche Bildung des Partizips bei starken und schwachen Verben, auf die Unterscheidung von Verben mit trennbarem und untrennbarem Zusatz, auf die Feldgliederung des Satzes, auf die Normalreihenfolge der Satzteile und auf die Thema-Rhema-Struktur eingehen will.

In unserer Analyse des Tatverdächtigen-Beispiels haben wir alle diese Aspekte mit Bezug auf die grammatische Theorie angesprochen – im Schulunterricht wäre das zweifellos eine Überfrachtung. Wichtig erscheint uns auch die folgende Maßgabe: Wenn man bei der Beschäftigung mit den Hohlspiegel-Funden grammatische Modelle einbezieht und erläutert, die die Lernenden noch nicht kennen, muss das nicht notwendigerweise heißen, dass sie diese Modelle nun samt ihren Termini lernen müssten. Es ist im Sinne eines individualisierenden Lernens, wenn sich manche Lernenden solche Modelle merken, andere jedoch nur das besprochene Formulierungsproblem genauer wahrnehmen – also z. B. sehen, dass die Sinnentnahme auch von der Wortstellung abhängt, sich aber nicht auch das grammatische Modell der Feldgliederung merken.

Unterschiede im Lernprozess ergeben sich besonders auch bei Zweitsprachlernenden im Vergleich zu Lernenden, die mit dem Deutschen vertraut sind. Für Letztere bedeutet Grammatikunterricht vor allem, dass sie Regularitäten eines Systems erkennen, das sie intuitiv weitgehend beherrschen. Zweitsprachlernende wollen Regelkenntnisse erwerben, die ihnen für die Aneignung der Sprache helfen. Da kann es dann durchaus sinnvoll sein, dass man beim Tatverdächtigen-Beispiel mit ihnen eine kleine Übung zur Flexion von ermitteln durchführt.

An die Besprechung eines Hohlspiegel-Funds kann sich die Arbeit mit weiteren Beispielen anschließen, die das gleiche oder ein ähnliches grammatisches Problem betreffen. Dafür haben wir unseren Analysen jeweils weitere Hohlspiegel-Funde ohne Kommentar oder mit nur knappen Hinweisen angefügt.

Die Analyse von Hohlspiegel-Funden – bei denen es sich überwiegend um sprachliche Pannen der Schreibenden handelt – kann auch Ausgangspunkt werden für die Untersuchung sprachlicher Auffälligkeiten in literarischen Texten, Werbungstexten und Witzen; dort handelt es sich (hoffentlich) in der Regel um *absichtsvolle* sprachliche Abweichungen. Wir haben in Kap. 5 dafür einige Beispiele angeführt.

Manche Hohlspiegel-Funde eignen sich als Ausgangspunkt für anschließende, über die Verbesserung des Ausgangsbeispiels hinausgehende sprachproduktive Übungen. Wenn beim Tatverdächtigen-Beispiel mit der Feldgliederung gearbeitet wird, könnten Lernende selbst ausgedachte oder gefundene Sätze in das Schema „Vorfeld | finiter Prädikatsteil | Mittelfeld | infiniter Prädikatsteil | Nachfeld“ einordnen.

Sehr reizvoll ist es, wenn Hohlspiegel-Funde als Anlass für kreatives Schreiben genommen werden: Es soll eine kleine Geschichte oder eine Zeitungsnachricht zur missverstandenen Bedeutung geschrieben werden, also beispielsweise, wie eine tatverdächtige Frau selbst ermittelt.

1.3.3 Proben

Für die Analyse von Hohlspiegel-Funden wenden wir häufig sogenannte „linguistische Proben“ an. Sie sind in vielen Fällen eine Hilfe für das Entdecken grammatischer Zusammenhänge. Auch für Lernende können sie ein nützliches Analysewerkzeug sein. Es gibt allerdings kein Rezept dafür, welche Probe bei welchem Problem zielführend ist. Eine sinnvolle Einstellung zu Proben kann folgendermaßen umschrieben werden: Ich versuche mal, ob mir diese oder jene Probe hilft. Proben können auch der Verdeutlichung von Zusammenhängen dienen, wenn man grammatische Einsichten, die man gewonnen hat, vermitteln will.

In unseren Analysen finden sich die folgenden Proben; explizit sind sie jeweils nicht benannt:

- *Umstellprobe:* In unserer Analyse zum Tatverdächtigen-Fund haben wir vor allem mit der Umstellprobe gearbeitet. Wir haben die Wörter/Wortgruppen in drei zusätzlichen Stellungsvarianten angeführt. Die Umstellprobe ist vor allem deshalb hilfreich, weil sie Vergleichsmöglichkeiten schafft.
- *Erweiterungsprobe:* Eine weitere Probe der Tatverdächtigen-Analyse besteht darin, dass wir Ergänzungen vorgenommen haben. Das ist bei vielen Hohlspiegel-Funden deshalb eine aufschlussreiche Probe, weil Pannen dadurch entstanden sein können, dass für eine Überschrift Formulierungen gekürzt worden sind. Beim Tatverdächtigen-Fund kann die gemeinte Bedeutung dadurch verdeutlicht werden, dass man ein wurde bzw. wurden ergänzt.
- *Klangprobe:* In unserer Tatverdächtigen-Analyse haben wir auch darauf hingewiesen, dass man im Mündlichen durch die Intonation die Wahrscheinlichkeit des Missverstehens verringern kann. In manchen Fällen lassen sich durch die Intonation unterschiedliche Bedeutungen einer Wortfolge verdeutlichen.
- *Ersatzprobe:* Bei der Ersatzprobe wird ein Wort oder eine Wortgruppe durch ein anderes Wort oder eine andere Wortgruppe ersetzt; so kann man zur Frage, warum die in einem Hohlspiegel-Fund entdeckte Formulierung nach Ausland fahren ungebräuchlich ist, nach ähnlichen Formulierungen suchen: *nach* Budapest, *nach* Afrika, *nach* Schweden fahren. Dann überlegt man, in welchen Fällen die Formulierung mit nach verwendet wird.
- *Frageprobe:* Diese Probe gehört zum Standardwerkzeug bei der Satzgliedbestimmung. So hilft beim Satz Polizei ging Diebespaar ins Netz die Frage „Wer ging wem ins Netz?", Subjekt und Objekt zu erkennen.

1.3.4 Sozialformen des Unterrichts

Für die Arbeit mit Hohlspiegel-Funden bewährt sich ein Wechsel von Einzel-, Partner-, Gruppen- und Plenumsarbeit. Für Partner- und Gruppenarbeit bietet sich auch ein arbeitsteiliges Vorgehen in der Weise an, dass verschiedene Hohlspiegel-Funde, die mit dem gleichen grammatischen Problem zu tun haben, bearbeitet werden. Als Arbeitsauftrag für Partner- und Gruppenarbeit können die folgenden vier Fragen gestellt werden:

1 Worin besteht die Missverständlichkeit der Formulierung?
2 Wie kann man die Doppeldeutigkeit/Missverständlichkeit grammatisch erklären?
3 Wie könnte eine klare/korrekte Formulierung lauten?
4 Kann man mutmaßen, warum der Schreiber sich vertan hat?

Fragen 2 und 3 können in der Reihenfolge auch vertauscht werden.

In der Plenumsarbeit werden Ergebnisse zusammengeführt und diskutiert. Auch eine zusammenhängende Darlegung eines Problems durch die Lehrperson kann sinnvoll sein.

1.4 Hintergrundinformationen zum Hohlspiegel-Material

Wenn wir ein Exemplar des „Spiegel" sehen – z. B. in einem Wartezimmer –, dann ist der erste Blick der in den Hohlspiegel; erst dann lesen wir die politisch und gesellschaftlich wichtigen Beiträge. Wir wissen, dass andere – zumal, wenn sie den Spiegel abonniert haben – sich die „Hohlspiegeleien" als Leckerbissen für das Ende der Spiegel-Lektüre aufheben.

1.4.1 Zur historischen Entwicklung der Rubrik „Hohlspiegel"

Für die, die an der Entstehung der Rubrik „Hohlspiegel" interessiert sind, hier ein paar Hinweise.

Den „Spiegel" gibt es seit Anfang 1947. Ab Heft 1948/1 gibt es – auch im Inhaltsverzeichnis ausgewiesen – die Rubrik „Hohlspiegel", zunächst durchgängig mit *inhaltlich* kuriosen Nachrichten; nicht immer ist dabei klar, ob es Original-Nachrichten aus anderen Medien sind.

Im Heft 1947/50 gibt es zwar schon eine mit „Hohlspiegel" überschriebene Seite; noch ist sie aber nicht im Inhaltsverzeichnis als eigene Rubrik ausgewiesen, sondern nur über die einzelnen Mini-Beiträge auffindbar.

Erst ab 1952/1 finden sich erste sprachbezogene Kommentare, insbesondere zu Verwaltungsverlautbarungen. Dieser Wechsel der Aufmerksamkeitsrichtung von den Inhalten auf die sprachliche Realisierung geschah vermutlich ohne explizite Absicht – sie folgte wohl eher dem „Zeitgeist" und dem in der Gesellschaft auch sonst (z. B. in der Werbung) erkennbaren wachsenden Interesse an der Art der sprachlichen Darstellung.

In 1955/1 gibt es erste Foto-Versionen von Texten, die als auffällig fokussiert werden. Ab 1966/14 scheint das heutige Format zu gelten: kleine Textfotos mit den Herkunftsunterschriften. Auch heute finden sich aber noch Beispiele wie das folgende, in denen keine Pointen grammatischer Art vorliegen (jedenfalls finden wir daran syntaktisch nichts Auffälliges), sondern offenbar nur der verkehrstechnische Irrtum (in England gilt Linksverkehr) Grund für die Aufnahme in die Rubrik „Hohlspiegel" war:

2 *Aus der „Schwäbischen Zeitung":*
Die Citizens, dank unzähliger Scheich-Millionen mit Stars wie Edin Dzeko, David Silva oder Jesus Navas bestückt, agierten in der Anfangsphase im Münchner Norden wie ein deutscher Autofahrer im englischen Rechtsverkehr: planlos, eingeschüchtert, übervorsichtig.
(Hohlspiegel 2013/52, S. 142)

1.4.2 Wie die Hohlspiegel-Funde zustande kommen

Derzeit erhalten die beiden für die Rubrik „Hohlspiegel" zuständigen Redakteurinnen mögliche Hohlspiegel-Funde größtenteils von Spiegel-*Lesern,* nur zu einem kleineren Teil von Redaktionskollegen im eigenen Hause. Dadurch wird auch erklärlich, warum viele der Hohlspiegel-Funde aus kleinen regionalen Zeitungen stammen – sie stammen aus der Lektüre von *Spiegel*-Lesern, die als Tageszeitung zusätzlich eine ihrer regional zuständigen Zeitungen lesen. Es gibt für die Fund-Lieferanten auch keine Vorgaben, was die Art oder die Thematik oder den Pointen-Typ der möglichen Hohlspiegel-Funde angeht.

Pro Woche gehen derzeit ca. 300 Text-Funde ein. Seitdem mit Smartphones oder Digitalkameras die betreffenden Text-/Bild-Stellen mühelos dokumentiert und per Mail angeboten werden können, hat sich die Zahl der Angebote deutlich erhöht. Und natürlich spielt auch eine Rolle, dass der Gesichtspunkt der sprachlichen Konstruktion und dabei (absichtlich) abweichender Konstruktionen stärker als früher in der gesellschaftlichen Aufmerksamkeit steht – dies gilt auch für die auffallend häufigen Werbetexte, z. B. seit den 70er Jahren von IKEA oder derzeit von Früh-Kölsch. Beobachtbar ist auch, dass die Zahl der sprachlichen Pannen laufend ansteigt, in dem Maß, wie Redakteure ihre Texte unter hohem Termindruck ohne Schlussredaktion fixieren und in der Regel weder Zeit noch Gelegenheit haben, Kollegen einmal auf die Textentwürfe schauen zu lassen. Diese Pannenhäufung gilt auch für sprachlich hoch eingestufte Zeitungen wie „FAZ" oder „Süddeutsche", wie unsere eigenen kleinen empirischen Befunde belegen.

Angesichts der durchschnittlich neun Hohlspiegel-Funde pro Ausgabe müssen also aus diesen ca. 300 Angeboten einige wenige ausgewählt werden. Diese Erstauswahl machen die beiden zuständigen Redakteurinnen – relativ zügig und spontan – unter einer Reihe von Kriterien. Kriterien sind vor allem die folgenden:

- Bei welchen Funden liegen *vergnügliche* sprachliche Pannen vor?

- Dabei geht es vorrangig um grammatische Pannen. Funde mit bloßen Rechtschreibirrtümern werden allenfalls dann genommen, wenn sie in maximalem Kontrast zum Inhalt stehen – ein Beispiel: Wenn in einer Werbeanzeige für einen Sprachkurs ein Kasusfehler steckt.
- Es geht also auch nicht – im Gegensatz zu den ersten Jahren nach der Einrichtung der Rubrik „Hohlspiegel" – um *inhaltlich* auffällige Textstellen. Solche inhaltlich interessanten Funde kommen allenfalls dann in die Auswahl, wenn es in der betreffenden Woche zu wenige grammatisch interessante Pannenfälle gibt. Öfters finden sich in Pannen freilich sowohl sprachlich-grammatische Pannen wie auch inhaltliche Auffälligkeiten.

In einem Beitrag im „SPIEGELblog" informiert das Hohlspiegel-Team selber über das Verfahren und die Auswahlgesichtspunkte, die zu den Funden im Hohlspiegel führen. Hier ein Auszug zu den dabei wichtigen Prüfkriterien:

> Mehr als neunzig Prozent der Vorschläge müssen wir aussortieren, weil sie entweder vom Verfasser tatsächlich amüsant gemeint waren („Vorsicht vor dem bisschen Hund") oder eines der anderen Ausschlusskriterien erfüllen: Über Todesanzeigen möchten wir uns im Hohlspiegel nicht lustig machen. Offensichtliche Vertipper wie „Weihnachtsgrippe gesucht" versuchen wir zu meiden. Und Namenswitze, wie sie uns beispielsweise zum früheren Ministerpräsidenten von Baden-Württemberg, Erwin Teufel, zugeschickt wurden, drucken wir auch nicht gerne. Wenn unklar ist, aus welcher Quelle ein Vorschlag stammt, können wir ihn ebenfalls nicht verwerten; deshalb freuen wir uns, wenn die Einsender die komplette Zeitungsseite oder den Titelkopf mitschicken. (http://www.spiegel.de/spiegel/spiegelblog/aus-der-arbeit-des-hohlspiegel-teams-a-878764.html, letzter Aufruf am 17.4.2017)

Die Vorauswahl der zuständigen Redakteurinnen wird in weiteren Prüfschritten durch meist drei oder vier weitere Instanzen geschickt – gelegentlich hin bis zum Chefredakteur. Dabei geht es um weitere Auswahlfilter:

- die Prüfung (insbesondere online), ob die eingereichten Funde auch original so lauten oder irrtümlich oder gar bewusst fälschend verändert wurden,
- die Überlegung, ob die ausgewählten Pannen nicht *absichtlich* verwendete drastische Stilmittel sind, damit der betreffende Autor oder die betroffene Zeitung im Hohlspiegel erscheint,
- der Check, ob die Einstufung als Panne auch von anderen geteilt wird,
- die Einschätzung, ob die Aufnahme eines Textfundes für die Person, die diesen Text geschrieben hat, zu imageschädigend sein oder gar zu beruflichen Nachteilen führen könnte,
- eine gute Balance aus Text- und Bild-Komponenten,
- eine hinreichend andere Mischung von Pannentypen als in den letzten „Hohlspiegel"-Ausgaben.

Bei der Auswahl spielen grammatische Gesichtspunkte keine explizite Rolle – es gibt keine reguläre Verständigung, welche „Fehlertypen" der jeweiligen Auswahl zugrunde liegen.

Für diese Bewertungs- und Auswahlprozesse gibt es keine verbindliche Vorgabe im Hause im Sinne einer Verfahrensfestlegung oder einer schriftlich niedergelegten Konzeption. Die für die Auswahl der Funde zuständigen Redakteurinnen folgen natürlich eigenen kritischen Vorlieben – z.B. dem Wunsch, hochgestochene Formulierungen anhand von Pannen zu entlarven.

Für uns ist bei der Auswahl der Fundstücke natürlich zusätzlich die Überlegung leitend gewesen, ob es sich jeweils um ein Problem handelt, das *grammatisch* interessant ist. Es gibt einige Beispiele in der Rubrik „Hohlspiegel", die ihre Auffälligkeit (und ihre Vergnüglichkeit) durch einen Rechtschreibirrtum erlangen: Das Gänseessen ist ja auch ein soziales Ereignis. Denn eine Gans ist man niemals alleine (ist statt isst) – wenn damit keine grammatischen Fragen verbunden sind, haben wir solche Beispiele nicht aufgenommen. Auch bloße semantische Irrtümer haben wir nicht aufgegriffen; wo semantische Probleme aber z.B. mit der veränderten Bedeutung in Komposita zu tun haben (z.B. Schweine als Versuchskaninchen) oder mit Redewendungen, haben wir eine begrenzte Zahl von Funden aufgenommen (vgl. Kap. 2.3: *Wortbedeutung*).

Angesichts des knappen Textraums kommen vorwiegend Überschriften aus Zeitungen, kurze Werbeanzeigen und Schilder in den Hohlspiegel – nur selten kommen einzelne aus ihrem Kontext isolierte ganze Sätze in die Rubrik.

Daraus folgt, dass wir zu einigen grammatischen Kategorien aus dem Bereich des einfachen Satzes nur relativ wenige Funde haben – z.B. zu den Partikeln. Entsprechendes gilt für den zusammengesetzten Satz. Wir nehmen grammatische Kategorien daher auch dann auf, wenn es nur einen einzigen Fund dazu gibt.

Wir hätten natürlich das grammatische Kategoriensystem komplett einbeziehen können; dann hätten wir zu den im Hohlspiegel nicht vertretenen Kategorien Beispiele aus anderen Textsorten – z.B. wissenschaftlichen Texten oder journalistischen Texten – wählen müssen; wir haben dies nicht getan; vielleicht folgt dazu ein ergänzender Band.

1.4.3 Zu den Folgen der Kontext-Armut der Fundstücke

Bei den meisten Fundstücken handelt es sich um Überschriften oder aber um kurze Auszüge aus Texten. Bei den Überschriften im Hohlspiegel weiß man als Fundstück-Genießer nicht, was nach der Überschrift im Textoriginal an vereindeutigenden Informationen dem Leser noch gegeben worden ist; und bei den Textauszügen weiß man nicht, was an Bezugsangaben in dem Satz oder den Sätzen vor und nach dem für den Hohlspiegel gewählten Auszug stand.

Die möglichen Folgen dieser Kontextbeseitigung kann man z. B. an folgendem Fundstück sehen:

3 *Aus dem „Solinger Tageblatt":*
> Die ersten Bagger werden im Januar anrücken. Sie sind eingeladen, am 14. Januar ins Theater und Konzerthaus zu kommen.
>
> (Hohlspiegel 2014/2, S. 142)

Das Sie wird vom Leser (zunächst) auf das erstbeste zurückliegende morphologisch passende Subjekt die ersten Bagger bezogen. Das liegt nahe, weil in dem Fund selber nicht erkennbar ist, dass es sich um eine Ansprache des Oberbürgermeisters an die Bürger seiner Stadt handelt, und weil die Großschreibung des Sie nicht eindeutig als Adressierung an die 2. Person Plural erkennbar ist, weil es am Satzanfang steht und dort ohnehin großgeschrieben werden muss.

Im Vergleich mit der zugrunde liegenden Zeitungs-Originalversion kann man erkennen, wie der gewählte Ausschnitt des Hohlspiegel-Funds durch den fehlenden Kontext in seiner zweideutigen Struktur verschärft (bzw. eben nicht *ent*schärft) wird. Hier das Original in der Online-Version des „Solinger Tageblatt":

> RÜCKBLICK Der Oberbürgermeister lässt 2013 Revue passieren und spricht bedeutende Themen an.
> Das Jahr geht mit einer guten Nachricht zu Ende – einem Bewilligungsbescheid über 1,12 Millionen Euro vom Land NRW für den Umbau der Konrad-Adenauer-Straße. Die ersten Bagger werden im Januar anrücken. Sie sind eingeladen, am 14. Januar ins Theater und Konzerthaus zu kommen. *Fachleute stellen sich allen Fragen.*
>
> (http://www.solinger-tageblatt.de/solingen/jahr-geht-guter-nachricht-ende-4549346.html – Abruf am 06.07.2016)

Die kursiv markierte Textpassage steuert den Leser vermutlich hinreichend sicher an der Doppeldeutigkeit des Sie vorbei. Der Schreiber hätte zudem vorsorglich durch Semikolon statt Punkt nach Konrad-Adenauer-Straße das mögliche Missverständnis etwas weniger wahrscheinlich machen können.

Natürlich müssen die Funde für die knappe Spalte im Hohlspiegel so weit wie möglich reduziert werden – damit tun die Spiegel-Redakteure aber nun das Gleiche wie die Redakteure der aufgespießten Funde ihrerseits: Sie kürzen – und erhöhen damit die Missverstehens-Risiken.

In der zuständigen Redaktion sind diese Probleme bekannt – und es gehört zu den (stillschweigenden) Regeln, selber mit dieser Kürzungspflicht so umzugehen, dass nicht Pannen erst erzeugt werden.

1.4.4 Lücken und Irrtümer in der Dokumentation des Hohlspiegels

Für den Fall, dass jemand über die hier angebotenen Hohlspiegel-Funde hinaus auf der Homepage des „Spiegels" selber weitere Funde suchen und nutzen möchte, geben wir hier praktische Hinweise: Unter http://www.spiegel.de/spiegel/print/index-2000.html (Stand: Juni 2018) ist ein Verzeichnis aller „Spiegel"-Hefte seit 2000 zu finden. Nach Auswahl von Jahrgang und Heftnummer wird ein Inhaltsverzeichnis präsentiert, in dem man die Rubrik „Hohlspiegel" findet. Die Beiträge werden in einer Textansicht präsentiert und zusätzlich als downloadbare PDF-Datei inklusive Abbildungen.

Wir sind bei unseren Recherchen auf einige technische Probleme gestoßen, die wir vorsorglich notieren (auch wenn sie vielleicht zwischenzeitlich behoben wurden):

- Bei frühen Heften (z. B. in 1947/50) fehlt die *Sammelrubrik* „Hohlspiegel" im Inhaltsverzeichnis; teilweise finden sich aber die einzelnen Hohlspiegel-Texte.
- Bei einigen – vorrangig frühen – Heften fehlt der Hohlspiegel komplett. Die Gründe werden manchmal angedeutet (z. B. in 1948/19 wegen Streiks), meistens fehlen Angaben zu den Gründen.
- Manchmal erscheinen Doubletten des Hohlspiegels – teils völlig identische, teils eine Version mit Werbung, teils mit Kopier-Irrtümern.
- Manchmal wird die Rubrik „Hohlspiegel" zwar angezeigt, lässt sich aber nicht öffnen.
- Gelegentlich wird keine PDF-Version angeboten.
- Eine längere Zeit über fehlt in den Jahrgängen die Heft-Nummer 2 – offenbar liegt hier ein Zählirrtum vor, da Heft 3 in der Wochenabfolge direkt an Heft 1 anschließt.
- Es gibt in den letzten Jahrgängen häufiger – z. B. beim zweiten Fundstück in 2014/43 – das Problem, dass durch Fotos dokumentierte Textfunde einen zu eng beschnittenen Text zeigen, sodass dieser nicht vollständig zu lesen ist.

2 Pannen bei Wörtern

Wörter sind die Bausteine in Sätzen. Die meisten Wörter sind ihrerseits aus mehreren Wortbausteinen (Morphemen) gebildet: Kind | es, kind | isch, Klein | kind | er | n. Unter diesen Wortbausteinen gibt es immer einen, der der *Kern* des Wortes ist; er trägt die Basisbedeutung (Kind). Die anderen Wortbausteine sind entweder *grammatische* Wortbausteine (Kind | es, Kleinkind | er | n), die für das grammatische Zusammenspiel im Satz notwendig sind (etwa Kasus oder Numerus anzeigen); oder es sind *Wortbildungs*-Bausteine, mit deren Hilfe aus einem Ausgangswort (Kind) ein neues Wort (kind | isch) gebildet worden ist (→ Kap. 2.2.2: *Wortableitung/Derivation*); oder es sind *lexikalische* Wortbausteine (hier: klein), die mit dem Ausgangswort (Kind) ein neues, zusammengesetztes Wort (Klein | kind) bilden (→ Kap. 2.2.1: *Wortzusammensetzung/Komposition*).

Achtung: Unter den Wortbildungsbausteinen gibt es einige, die zugleich eine *Silbe* – also eine *Aussprache*-Einheit und damit auch eine *Trenn*-Einheit – bilden: grün | -lich, gründ | -lich; bei anderen aber decken sich Baustein und Silbe nicht: mu-t | ig, schreib | t.

Manchmal ist nicht gleich klar, ob es sich um *ein* Wort oder um *zwei* handelt:

(1) Er hat versucht das Auto *zu schieben* / Er hat versucht das Auto *wegzuschieben*. Ist wegzuschieben *ein* Wort oder sind es *zwei* (nämlich wegschieben und zu)? Wir sehen es als zwei Wörter an, bei denen eins in das andere eingeschlossen ist.

(2) *am* Abend/*an dem* Abend: Ist am ein Wort oder sind es zwei? Wir sehen es als zwei Wörter an, die miteinander verschmolzen sind: a(n) + (de)m.

(3) ankommen ist *ein* Wort; aber im Satz Er kommt an sind es auf den ersten Blick zwei Wörter. Wir sehen solche Verben (man nennt sie trennbare Verben) immer als *ein* Wort an, das sich in manchen syntaktischen Funktionen aufspaltet.

Die große Mehrzahl der Wörter ist in ihrer Wortform veränderbar: mein – meine. Diese Wörter sind dabei auf unterschiedliche Art formbar: Blut – Blutes / blute – blutest / blutig – blutiger. Manche Wörter sind *nicht* formveränderbar: gestern, vor, und.

Wörter können entsprechend diesen unterschiedlichen *Formen* unterschiedliche *syntaktische Funktionen* übernehmen.

Man kann unter „Wort" Unterschiedliches verstehen – an einem Testbeispiel gezeigt:

Er sah den *Turm* von Weitem. Der *Turm* schien baufällig. Offenbar fehlte dem *Turm* eine Seite des Spitzdachs. Die Farbe des *Turms* war fast schwarz. Ihm fiel ein Lied ein: „Hoch auf dem *Turme*, da krähet der Hahn".

Testfrage: Um wie viele Wörter handelt es sich bei den *kursiv* gesetzten Wörtern? Darauf gibt es vier richtige Antworten – richtig unter einem jeweils anderen Gesichtspunkt: Es sind fünf (= fünf *Wortvorkommen*); es ist ein einziges (= ein *lexikalisches Wort* / ein *Lexem*); es sind drei (= drei *Wortformen*); es sind drei Wörter mit je anderer syntaktischer Information, nämlich (= in der Reihenfolge des Auftretens:) Turm im Kasus Akkusativ, Turm im Kasus Nominativ, Turm im Kasus Dativ (= drei *syntaktische Wörter*). – Der Unterschied von lexikalischem Wort und syntaktischem Wort wird im Bereich Wortbildung wichtig werden (→ Kap. 2.2.3: *Konversion*).

2.1 Wortarten

Für das Deutsche kann man Wörter aufs Erste in acht oder neun Wortarten einordnen (weitere oder andere Unterteilungen sind je nach den gewählten Ordnungsgesichtspunkten möglich). Diese Einteilung in Wortarten erfolgt meist in drei Schritten.

In einem ersten Schritt wird nach der Formveränderbarkeit eines Worts, seiner Flektierbarkeit, unterschieden: Es gibt flektierbare und nichtflektierbare Wörter. Unter den flektierbaren gibt es Wörter mit eigenen Tempusformen (singe – sang) – sie gehören zur Wortart Verb. Wörter mit Kasusformen (Haus – Hauses – Haus – Haus) und einem *festen* Genus gehören zur Wortart Nomen. Kasus- und Genus-flektierbare Wörter mit Steigerungsformen (schnell – schneller) gehören zur Wortart Adjektiv. Die restlichen Kasus-flektierbaren Wörter gehören zur Wortart Pronomen (der, welche, jemand); die Artikel werden dabei zu den Pronomen gerechnet. – Die Flexion der Verben wird auch als Konjugation bezeichnet, die Flexion der drei anderen flektierbaren Wortarten als Deklination.

Die nichtflektierbaren Wörter werden in einem zweiten Schritt nach ihrem syntaktischen Verhalten unterschieden: Wörter, die allein das Vorfeld – die erste Satzgliedstelle im Satz – besetzen können, gehören zur Wortart Adverb (abends, leider). Wörter, die ihren Nachbarwörtern Kasus-Vorgaben (*an* ihn, *von* ihm) machen, gehören zur Wortart Präposition. Wörter, die Teilsätze oder Satzteile miteinander verbinden und selber nicht vorfeldfähig sind, gehören zur Wortart Konjunktion (weil, und).

Die restlichen nichtflektierbaren Wörter gehören zur Sammelwortart Partikel – sie können nach ihrer Bedeutung und ihrer kommunikativen Funktion weiter unterteilt werden (nicht, sehr, nur) (→ E 2).

2.1.1 Verb

Verben sind Wörter wie essen, schlafen, wollen, sein, werden, haben.

Sie stehen für ihren Gebrauch in vier Verb-*Formen* zur Verfügung: (1) als *Infinitiv* (lesen: Ich werde jetzt *lesen*), in dieser Form werden sie auch zitiert; (2) als *Partizip I* (lesend: Das Mädchen saß *lesend* in der Ecke / das *lesende* Mädchen); (3) als *Partizip II* (gelesen: Er hat das Buch schon *gelesen* / das *gelesene* Buch) (→ E3) und (4) als *Finitum* (Ich *lese* / Sie *liest* / Wir *lasen*).

Verben helfen uns, Handlungen, Geschehensabläufe und Zustände darzustellen. Sie tun das in folgenden fünf syntaktischen *Funktionen:* (1) Als *Prädikat* bzw. als Teil des Prädikats sind sie der „Boss" des jeweiligen Satzes – sie geben vor, welche weiteren Satzglieder im Satz mitarbeiten müssen oder dürfen (→ Kap. 3.1: *Prädikat;* → E4); (2) als *Adverbial* können sie umfangreiche Zusatzinformationen in den Satz importieren: Sie spielte die Brahmssonate *uns alle zutiefst berührend* (→ Kap. 3.2.3: *Adverbial*); (3) als *zugeordnetes Satzglied* fügen sie Zusatzinformationen zu einem anderen Satzglied hinzu: Sie gingen *heftig lachend* aus dem Zimmer (→ Kap. 3.2.4: *Zugeordnete Satzglieder*); (4) als *Attribut* können sie umfangreiche Zusatzinformationen in ein Satzglied importieren: die *mit den Vereinsmitgliedern nach langen Verhandlungen einstimmig abgesprochenen* Investitionen (→ Kap. 3.3: *Attribute*); (5) viele von ihnen kann man *in Nomen verwandeln:* untersuchen ▸ die *Untersuchung*, fahren ▸ die *Fahrt*, wecken ▸ der *Wecker*, und alle kann man *als Nomen gebrauchen:* untersuchen ▸ das *Untersuchen* (→ Kap. 2.2.3: *Konversion*).

Es gibt einige kleine Gruppen von Verben, die spezielle Zusatz-Funktionen haben – und teilweise auch besondere Form-Merkmale: *Hilfs*verben (Er *wird* anrufen), *Modal*verben (Sie *will* mich besuchen), *Kopula*verben (Sie *ist* Richterin), *reflexive* Verben (Wir *wundern uns* sehr) und *reziproke* Verben (Paul und Paula *lieben sich*).

Verbformen

4 *Aus der „Westdeutschen Allgemeinen Zeitung":*
Polizist wurde mitgeschliffen
(Hohlspiegel 2007/4, S. 170)

Was man sich wohl unter einem geschliffenen Polizisten vorstellen soll? Ist er unter eine Schleifmaschine geraten – wollte er vielleicht geschliffenere Umgangsformen erwerben?

Gemeint ist natürlich etwas anderes – der Polizist wurde offenbar (von einem Auto) mitgeschleift. Dieses sprachliche Versehen hat mit einer Eigenart der deutschen Sprache zu tun, die nicht nur Zweit- und Fremdsprachenlernenden Probleme bereitet. Es geht um die *starke* Flexion von Verben (= *mit* Ablaut) und die *schwache* Flexion (= *ohne* Ablaut) – das lässt sich beim Verb schleifen besonders gut und klar veranschaulichen; denn hier handelt es sich um zwei Verben, die sich in ihrer Bedeutung und ihrer Flexion unterscheiden:

schleifen – schliff – geschliffen: Der Diamant wird geschliffen (Flexion *mit* Ablaut)

schleifen – schleifte – geschleift: Er hat den Sack bis zur Hütte geschleift (Flexion *ohne* Ablaut)

Ein Hinweis zu den Fachtermini: Die ablautenden Verben wurden als „starke" Verben bezeichnet, weil sie die Formen ihres Präteritums „aus eigener Kraft", nämlich mithilfe eines Ablauts (hier: ei ▸ i), bilden; welche Ablaute dabei verwendet werden, folgt komplizierten Regeln – deshalb wurden die ablautenden Verben auch als „unregelmäßige" Verben bezeichnet. Die nichtablautenden Verben wurden als „schwache" Verben bezeichnet, weil sie ihre Präteritum-Formen mithilfe einer Form-„Krücke", nämlich eines t (z. B. ich lege – ich legte), bilden; diese Formenbildung ist regelmäßig.

Die Mehrzahl der Verben folgt dem Formmuster der schwachen Flexion; und neu gebildete oder aus Fremdsprachen übernommene Verben konjugieren immer nichtablautend.

Zudem findet ein langsamer Sprachwandel statt, bei dem bei einigen Verben die ehemals starke Flexion von der schwachen verdrängt wird; so wirkt die alte Präteritalform er buk das Brot auf viele heutige Deutschsprechende veraltet, und backte gilt – zumindest im Mündlichen – inzwischen als gängige Form. Wohlgemerkt: nur die Präteritum-Form; das Partizip II lautet weiterhin – im Schriftsprachlichen wie im Mündlichen – gebacken, nicht gebackt.

Im Spracherwerb von Kleinkindern bildet sich daher als erstes Muster auch die schwache Form aus; so sagen dreijährige Kinder z. B. ich bin gegeht oder ich habe das getut. Sie verwenden Verbformen, die sie so bei diesen Verben noch nie gehört haben, die sie aber aufgrund ihres impliziten Grammatikwissens erst einmal so bilden – bis sie dann durch Verarbeitung dessen, was die Menschen in ihrer Umgebung sagen, und durch deren Korrekturen allmählich zwischen schwachen und starken Verben unterscheiden lernen.

Auch ältere Jugendliche und Erwachsene wählen manchmal irrtümlich die schwache Konjugation statt der starken. Dazu passen die folgenden drei Funde:

5 *Aus dem „HarzKurier":*

Harzer betrügte Kunden mit Flirt-SMS

(Hohlspiegel 2010/7, S. 150)

6 *Aus der „Frankfurter Neuen Presse“:*
Bande betrügte
mit Fußball-Wetten
(Hohlspiegel 2007/4, S. 170)

7 *Aus dem „Herborner Tageblatt“:*
DSV-Adler fliegten hinterher
(Hohlspiegel 2015/16, S. 138)

Beim Ausgangsbeispiel (mitgeschliffen) wurde demgegenüber die starke statt der schwachen Konjugation gewählt.

Man kann mit den Lernenden Vermutungen darüber anstellen, ob betrügen und fliegen vielleicht besonders anfällig für die Fehlbildung sind. Vielleicht hatten die Schreiber vorher Verben verwendet oder gelesen wie fügen – fügte bzw. siegen – siegte.

Der Hohlspiegel-Fund zu mitgeschliffen eignet sich gut dazu, mit den Lernenden das Problem der starken und schwachen Verben zu untersuchen. Speziell kann man auf die Verben eingehen, die wie schleifen bei gleichem Infinitiv je nach Bedeutung unterschiedlich konjugieren. Viele Verben sind das nicht; es handelt sich vor allem um

bewegen – bewog – bewogen	bewegen – bewegte – bewegt
schaffen – schuf – geschaffen	schaffen – schaffte – geschafft
wachsen – wuchs – gewachsen	wachsen – wachste – gewachst
wiegen – wog – gewogen	wiegen – wiegte – gewiegt
saugen – sog – gesogen	saugen – saugte – gesaugt

und um weitere, bei denen die schwachen Verben *Verursacher*-Ableitungen der starken sind (→ E 5):

erschrecken – erschrak – erschrocken
erschrecken – erschreckte – erschreckt (= das Erschrecken *verursachen*)
hängen – hing – gehangen
hängen – hängte – gehängt (= das Hängen *verursachen*)
schwellen – schwoll – geschwollen
schwellen – schwellte – geschwellt (= das Schwellen *verursachen*)

Lernende können, wenn man ihnen diese Auswahl gibt, selbst Sätze formulieren mit jeweils den beiden Varianten; so werden sie mit den Form- und Bedeutungsvarianten vertraut. Für Zweit- und Fremdsprachlernende wird man jeweils zwei entsprechende Sätze vorgeben und weitere Sätze bilden lassen.

Zusätzlich zu diesem Problem mit dem *Ablaut* gibt es bei einigen der starken Verben auch noch Probleme mit einem *Umlaut:*

8 *Aus der „Rhein-Zeitung“:*
Gelbe Karten erlischen
(Hohlspiegel 2010/25, S. 170)

Es hätte heißen müssen Gelbe Karten erlöschen; im Singular dagegen wäre das i richtig gewesen: Gelbe Karte erlischt.

Was ist da los? Statt ö steht im Präsens bei der 2. und 3. Person Singular und auch beim Imperativ Singular ein i – das ö wird bei diesen drei Verbformen also zu i umgelautet.

Was steckt hinter dieser Umlautung? Umlaute sind Vokalangleichungen innerhalb eines Worts im Verlauf der Entwicklung der deutschen Sprache vom Germanischen über das Althochdeutsche und Mittelhochdeutsche bis hin zum Neuhochdeutschen: Wenn einer Silbe mit einem dunkleren Vokal eine Endung mit einem helleren Vokal folgt, dann passen sich im Sprechvorgang diese beiden Vokale einander an, damit die Aussprache müheloser wird. Wir kennen das bei Nomen wie Gast: Hier hat im Althochdeutschen das i der Pluralform gasti zu einer Aufhellung des a zu e geführt: gesti – und dann wurde das unbetonte Plural-i seinerseits abgedunkelt zu e: geste (später geschrieben als Gäste).

Solche Vokalaufhellungen gibt es auch bei zahlreichen starken Verben, darunter eben auch erlöschen: Die Endungen für die 2. und 3. Person Singular Präsens enthielten im Althochdeutschen ein i; dieser im Mundraum oben vorn gebildete Laut führte zu einer Anhebung des ö im Stamm lösch- zu ebenfalls i; ähnlich bei Verben wie sehen zur Anhebung des e im Stamm seh zu i: Siehst du? Durch solche Umlautungen fiel es leichter, das Wort zügig und mühelos auszusprechen.

Eine Empfehlung: Man kann das ausprobieren, wenn man die unterschiedlichen Vokale überdeutlich und lange spricht und dabei darauf achtet, wie man sie im Mundraum bildet: eher vorn im Mundraum oder eher hinten, eher oben (mit der Zunge direkt unter dem Gaumen) oder eher unten, mit gerundeten Lippen oder mit breit gezogenen?

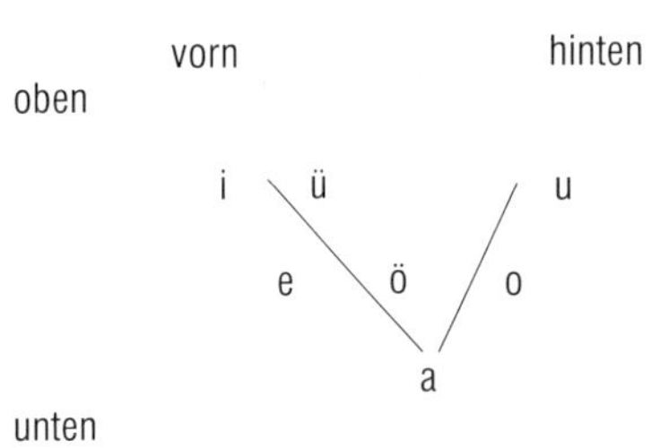

Die Vokale i und ü sowie e und ö unterscheiden sich nur durch die Lippenstellung: ü und ö mit gerundeten Lippen.

Es gibt auch Umlautungen, die zu einer Vokal*absenkung* führen – z. B. bei

Wolf: dessen Lautform im Germanischen war wulfa; das unten im Mundraum gebildete a führte zu einer Absenkung von u zu o; und die unbetonte Endung verschwand; bereits im Althochdeutschen hieß es daher wolf.

Ein weiteres Beispiel zu falschem Umlaut:

9 *Aus den „Aachener Nachrichten":*
Der schmilzende Schnee sorgt für Großalarm.
(Hohlspiegel 2011/3, S. 154)

Vollverb oder modalisierender Gebrauch?

10 *Aus der „Burger Rundschau":*
Windrad droht, nach Büden auszuwandern
(Hohlspiegel 2008/19, S. 190)

Wie das Windrad wohl seiner Drohung Ausdruck gegeben hat?

Gemeint ist die Überschrift natürlich anders: Den Bewohnern von Burg droht, dass das Windrad von Burg nach Büden verlagert wird.

Hätte der Verfasser auf das Komma verzichtet, wäre die Gefahr des Missverständnisses etwas geringer. Allerdings unterstützt auch das Verb auswandern eine irreführende personifizierende Deutung, die das Windrad zu einem handlungsfähigen Subjekt macht. Unmissverständlich wäre die Formulierung Windrad droht nach Büden verlegt zu werden.

Das Grundproblem liegt darin, dass das Verb drohen in zwei Funktionen verwendet werden kann: Zum einen wird es als Vollverb mit der Bedeutung des Eine-Drohung-Äußerns gebraucht; in diesem Fall kann – und sollte unseres Erachtens – ein Komma stehen. Oft wird ergänzend ein damit eingefügt: Er droht damit, uns anzuzeigen; in diesem Fall *muss* ein Komma stehen. Zum andern wird drohen in übertragener Bedeutung (= „etwas Bedrohliches steht an") verwendet – man spricht auch von modalisierendem Gebrauch (→ E 6); ein Komma sollte man in diesem Fall nicht setzen, um auch mithilfe der Interpunktion diese modalisierende Verwendung anzuzeigen; ein damit ist bei diesem übertragenen Gebrauch ohnehin nicht möglich.

Ein Verb, das ähnlich wie drohen im wörtlichen Sinn und modalisierend verwendet werden kann, ist versprechen; es steht in einem Gegensatzverhältnis zu drohen:

Die Energiewende verspricht ein Erfolg zu werden – droht ein Misserfolg zu werden
Der Minister verspricht, den Bau der Windräder zu genehmigen

Die Lernenden können, im Sinne einer übertragenden Anwendung, nach der Besprechung des Hohlspiegel-Funds sich selber Satzbeispiele zu versprechen in den beiden Bedeutungen ausdenken.

Verb-Valenz

11 *Aus einer dpa-Meldung:*
Schnupfennasen schmecken nicht
(Hohlspiegel 2015/14, S. 154)

Hat da jemand Schnupfennasen gekocht und probiert oder schnupfende Nasen abgeleckt?

So etwas Unappetitliches ist nicht gemeint. Das Verb schmecken ist für das Missverständnis verantwortlich. Es wird in zwei Bedeutungsvarianten verwendet:

(1) *Mir* schmeckt etwas (im Sinn von: „Ich esse es gern")

(2) *Ich* schmecke etwas (im Sinn von: „Ich kann Geschmacksunterschiede erkennen")

Bei Variante (1) sieht das Verb außer dem Subjekt noch ein Dativobjekt (im Beispiel: mir) vor – und zusätzlich könnte auch noch ein modales Adverbial wie z. B. gut stehen. Bei Variante (2) sieht das Verb demgegenüber außer dem Subjekt noch ein Akkusativobjekt vor. Der Hohlspiegel-Fund allerdings enthält weder ein Akkusativ- noch ein Dativobjekt; das macht die Formulierung doppeldeutig und damit anfällig für ein Missverständnis. Wenn man ein Objekt hinzufügt, wird das Beispiel eindeutig:

(1) Schnupfnasen schmecken mir nicht (mir = Dativobjekt)

(2) Schnupfnasen schmecken nichts (nichts = Akkusativobjekt)

Der Hohlspiegel-Fund ist darüber hinaus deshalb besonders missverständlich, weil bei Variante (2) das Akkusativobjekt obligatorisch ist (und nur in besonderen Zusammenhängen fehlen kann); daher wird es vom Leser fest erwartet. Wenn also – wie im Hohlspiegel-Fund – *kein* Akkusativobjekt vorhanden ist, tendiert man zur Bedeutungsvariante (1); das Dativobjekt bei diesem Valenzmuster ist fakultativ (vgl. die Klöße schmecken gut).

Dass Verben um sich herum unterschiedliche und unterschiedlich viele Satzgliedstellen vorsehen, hat man mit den Bindekräften von Atomkernen verglichen, die sich – je nach ihrer Ausstattung mit Elektronen – gern oder gar nicht mit anderen Elementen verbinden. Man spricht in der Atomphysik von „Valenzen" – und entsprechend haben Verben (und auch viele Nomen und einige Adjektive) *Valenzen* (→ E 7).

Das Schnupfennasen-Beispiel eignet sich dazu, diese grammatische Valenztheorie zu erarbeiten bzw. an einem Beispiel anzuwenden. Die Überlegungen anhand eines Beispiels mit einem Verb, das zwei Valenzmuster aufweist (wobei zumindest in einem Fall die Valenz fakultativ ist), bewahrt vor der vereinfachenden Annahme, dass jedes Verb mit festen, obligatorischen Valenzen ausgestattet ist. – Man kann das Beispiel allerdings auch ohne Bezug auf die Valenztheorie erörtern; dann wird man mehr semantisch mit zwei Bedeutungsvarianten des Verbs argumentieren und weniger syntaktisch.

Vor allem für Zweit- und Fremdsprachlernende ist es wichtig, dass sie Wörterbücher als Hilfe bei Verben mit mehr als einem Valenzmuster nutzen können. Im großen *Duden* z. B. werden in solchen Fällen zwei oder mehr Bedeutungen mit Synonymen und Formulierungsbeispielen angegeben (ohne dass der Begriff der Valenz verwendet wird). Die Beschäftigung mit Valenzproblemen im Unterricht kann dazu genutzt werden, solche Angaben im Wörterbuch zu verstehen und auf Hohlspiegel-Funde zu übertragen.

Ein weiteres Beispiel zum Verb schmecken mit dem gleichen Problem ist das folgende:

12 *Aus der „Badischen Zeitung“:*
Menschlicher Darm kann schmecken
(Hohlspiegel 2014/3, S. 142)

Inhaltlich handelt es sich offensichtlich um die Wiedergabe neuerer Forschungsergebnisse zur Geschmacksfähigkeit. Der Mensch kann im Dünndarm – mit den dort vorhandenen Rezeptoren – Süßes schmecken.

Auch der folgende Fund gehört in diesen Zusammenhang:

13 *Aus dem Ahrensburger „Markt“:*
Ein Hund riecht eine Million mal besser als ein Mensch
(Hohlspiegel 2012/3, S. 142)

Finden wir nicht!

Natürlich geht es hier nicht um den Vergleich des *Eigen*geruchs von Hunden und Menschen, sondern um den vergleichsweise erstaunlich ausgeprägten Geruchs*sinn* von Hunden.

Zur grammatischen „Pointe“: Das Verb riechen wird in zwei Bedeutungsmustern verwendet – zum einen in der Bedeutung von „einen Geruch *wahrnehmen*“ und zum andern in der Bedeutung von „einen Geruch *ausströmen*“. In dem Fundstück wird riechen in der ersten Version verwendet; freilich wird die valenzgebundene Satzgliedstelle etwas/jemanden hier nicht besetzt – es geht um den *generellen* Geruchssinn von Hunden (und Menschen). Wäre diese Stelle besetzt worden, wäre die Aussage eindeutig, vgl. z. B.:

Ein Hund riecht *irgendwelche Stoffe* eine Million Mal besser als ein Mensch.

Der Fund wird als Fund 217 auch im Kap. 3.2.3 *(Adverbial)* besprochen. Wenn man mit diesem Fund im Unterricht arbeitet, sollte man auf die nicht regelkonforme Kleinschreibung von Mal im Fund-Original hinweisen.

Ein Beispiel zum gleichen Verb, aber zu einem etwas anderen Problem:

14 *Aus einer dpa-Meldung:*
Kann der Mensch fettig schmecken?
(Hohlspiegel 2011/38, S. 158)

Offenbar aus einem Menschenfresser-Blog!

Gemeint war vermutlich, ob ein Mensch (in irgendeiner Nahrung) Fett (heraus-)schmecken kann. Durch den Versuch einer maximalen Kürzung dieser Überschrift ist eine Konstruktion entstanden, die nun eine andere Lesart nahelegt: Schmeckt der Mensch fettig? Hier besetzt fettig eine vom Verb schmecken verbindlich vorgesehene Valenz (etwas schmeckt *x-wie*) – man könnte es daher als Adjektiv-Ergänzung bezeichnen.

Wenn man diese Menschenfresser-Lesart vermeiden helfen will, müsste man entweder die angeführte Formulierung mit Nomen statt Adjektiv wählen:

Kann der Mensch *Fett* (heraus-)schmecken?

Oder man wählt ein Satzgefüge wie:

Kann der Mensch schmecken, *ob etwas* fettig *ist*?

Im folgenden Beispiel geht es um ein anderes Verb, aber ebenfalls um zwei Bedeutungen mit unterschiedlichem Valenzmuster:

15 *Aus der „Neuen Juristischen Wochenschrift":*
Horst Seehofer plädierte dafür, Saisonarbeiter und Rentner auszunehmen, Ilse Aigner wollte zusätzlich auch Schüler und Studenten nicht in den Mindestlohn einbeziehen.
(Hohlspiegel 2014/31, S. 134)

Es gibt jemanden ausnehmen und jemanden *von etwas* ausnehmen mit je unterschiedlicher Bedeutung.

16 *Aus dem „Südkurier":*
Nach dem Tod eines Häftlings in Einzelhaft in der Justizvollzugsanstalt (JVA) in Bruchsal ist Gefängnisdirektor Thomas Müller vorübergehend entbunden worden.
(Hohlspiegel 2014/37, S. 150)

Das Verb entbinden in der hier gemeinten Bedeutung von „von seinen Ämtern freistellen" verlangt die Besetzung der obligatorischen Valenzstelle, entweder in Form eines Genitivobjekts oder in Form eines Präpositionalobjekts: jemanden *seiner Ämter* oder *von seinen Ämtern* entbinden. Ohne diese Besetzung kippt die Bedeutung von entbunden werden um zu „Geburtshilfe erhalten" – in dieser Bedeutung hat entbinden eine fakultative Präpositionalobjekt-Stelle, die besetzt werden kann (die Frau wurde *von einem gesunden Mädchen* entbunden) oder fehlen kann (sie wurde in der Itertal-Klinik entbunden). Während also das historisch ältere, nichtübertragene Verb entbinden in der Bedeutung von „gebären" auch ohne die Präpositionalobjektstelle funktioniert, braucht die historisch jüngere, übertragene Variante entbinden in der Bedeutung von entheben zu ihrer Identifikation die Objektstelle.

Achtung: Wenn man entbinden nicht wie im Fund passivisch, sondern im Aktiv gebraucht, verwendet man es grundsätzlich ohne Objekt – in der Bedeutung von gebären: Sie hat in der Itertal-Klinik entbunden.

Natürlich ist gleich doppelt erkennbar, dass im Fund etwas nicht stimmt – denn dass ein Mann ein Kind zur Welt bringt, ist (derzeit) noch nicht realisierbar, und zudem kriegt man ein Kind nicht vorübergehend.

17 *Aus den „Ruhr-Nachrichten":*
Ausschuss soll Unwetter beraten
(Hohlspiegel 2008/33, S. 158)

Hier ist der Reporter oder die Reporterin offenbar zwischen zwei Valenzmuster des Verbs beraten geraten: *jemanden* (zu/in einer Sache) beraten gegenüber sich (mit jemandem) *über eine Sache* beraten. Die vermutlich intendierte Aussage Der Ausschuss soll sich über das (Problem zunehmender) Unwetter beraten ist – vielleicht durch die Nähe von beraten zu bereden, besprechen und erörtern – in ein *transitives* Valenzmuster geraten, bei dem nun überraschenderweise das *Unwetter* als Nutznießer der Beratung erscheint. – Es finden sich allerdings (auch z. B. im *Duden*-Online-Wörterbuch) Belege für den Gebrauch, wie er im Fund vorliegt: Im Akkusativobjekt erscheint nicht der Nutznießer der Beratung, sondern ihr thematischer Gegenstand. Eine Formulierung wie Ausschuss soll Unwetter-*Problem* beraten wäre daher wohl nicht missverständlich gewesen – und hätte es nicht in den Hohlspiegel geschafft.

18 *Aus den „Ruhr Nachrichten":*
Nazis sollen Polizeiwagen ersetzen
(Hohlspiegel 2012/4, S. 138)

Ist das etwa der neueste Schrei eines Konzepts „politischer Inklusion"?

Das Verb ersetzen hat zwei Bedeutungsvarianten: an die Stelle von jemand/etwas anderem treten und für einen Schaden Geld zahlen. Entsprechend könnte – nach der ersten Version – gemeint sein, dass der Kontrolldienst in Städten zukünftig von Nazis übernommen wird, sodass die Polizei Personen und

Dienstfahrzeuge spart; die andere – hier natürlich gemeinte – Bedeutung ist, dass beschädigte Dienstfahrzeuge den dafür verantwortlichen Nazis in Rechnung gestellt werden. (Hintergrund: Bei einem Überfall auf die DGB-Demo am 1. Mai 2009 gingen fünf Streifenwagen zu Bruch, und die Polizei verlangte Schadensersatz von zwei der Parteimitglieder dieser Nazis.)

Helfen könnte hier entweder eine Passivkonstruktion, bei der unterschiedliche Präpositionen die Eindeutigkeit sichern würden:

Lesart 1: Polizeiwagen sollen *durch* Nazis ersetzt werden.

Lesart 2: (beschädigte) Polizeiwagen sollen *von* Nazis ersetzt werden.

Oder man ergänzt im Ausgangsbeispiel – wenn man Lesart 2 anstrebt – das von der Verbvalenz vorgesehene Satzglied Dativobjekt:

Nazis sollen der Polizei (beschädigte) Polizeiwagen ersetzen.

Missverständnisse entstehen auch leicht, wenn eine Formulierung an eine gängige Redewendung anklingt:

19 *Aus dem „Delmenhorster Kreisblatt":*
Klimaanlage bewahrt kühlen Kopf
(Hohlspiegel 2008/30, S. 150)

Gemeint ist das Valenzmuster jemand/etwas bewahrt jemandem etwas (hier: Die Klimaanlage bewahrt uns eine angenehme Raumtemperatur); die Redewendung einen kühlen Kopf bewahren enthält dagegen keine Angabe des Nutznießers. Da im Hohlspiegel-Fund kein Nutznießer angegeben ist, entsteht die Missverständlichkeit. Ferner gibt es das Valenzmuster jemanden vor etwas bewahren.

Zur Valenz kann man auch Beispiele zählen, bei denen es nicht um syntaktische Funktionen (erwartetes Akkusativobjekt usw.), sondern um semantische Vorgaben geht wie bei den drei folgenden Beispielen:

20 *Aus einer Friseur-Werbung in Elmschenhagen:*
Die Laser-Therapie dient dem Haarausfall und der Kopfhautgesundung
(Hohlspiegel 2010/37, S. 166)

Gemeint war wohl dient *der Behandlung* des Haarausfalls – bei der zweiten Nutzenangabe steckt diese Bedeutungsbrücke bereits im Kompositum (= Kopfhaut*gesundung*). Das Verb dienen (= in der Bedeutung von „einer Person oder einer Sache nützen") verlangt die Angabe eines Nutznießers bzw. eines als nützlich bewerteten Vorgangs – die empfohlene Laser-Therapie wäre also nur etwas für Glatzkopf-Anwärter.

21 *Aus den „Erlanger Nachrichten":*
Daraufhin beleidigte er sie auf das Übelste und bedrohte sie mit dem Leben.
(Hohlspiegel 2013/47, S. 162)

Ein Präpositionalobjekt zu bedrohen muss angeben, *womit* jemand einen anderen bedroht, hier also: Er bedroht sie *mit dem Tod*. Man kann jemanden nur dann mit dem Leben bedrohen, wenn der unbedingt sterben will.

Ähnlich ist das Problem beim folgenden Beispiel:

22 *Aus der „Stuttgarter Zeitung":*
Dessen Verteidiger hingegen plädierte auf Freispruch. Der mutmaßliche Täter hatte stets seine Unschuld bestritten.
(Hohlspiegel 2011/33, S. 158)

Vgl. Schuld bestreiten – Unschuld beteuern.

Kopulaverben

23 *Aus dem „Regensburger Wochenblatt":*
Tote werden immer dicker
Übergewichtige verursachen …
(Hohlspiegel 2012/26, S. 158)

Könnte es sein, dass sie dann ihren Sarg sprengen? Nein, keine Angst – gemeint ist, dass die Toten heutzutage im Durchschnitt dicker sind als früher.

Die Wahl des Kopulaverbs werden bezieht sich auf die statistische Zunahme der Gewichtswerte über eine bestimmte Zeit, also nicht auf die Zunahme der *einzelnen* Toten – und schon gar nicht nach Eintritt ihres Todes. Die Doppeldeutigkeit kann man vermeiden, indem man das Verb sein statt werden verwendet und mit als deutlich macht, worauf sich der Vergleich bezieht – die Toten sind ja nicht dicker als die Lebenden.

Tote *sind* dicker *als früher*.

Verbform Partizip – oder Adjektiv?

24 *Aus den „Erlanger Nachrichten" über den Umbau des Pathologischen Instituts:*
Zerstreute Pathologen warten auf den Einzug
(Hohlspiegel 2008/16, S. 186)

Vermutlich gibt es tatsächlich zerstreute Pathologen, denen es an Konzentration mangelt. Aber hier handelt es sich um Pathologen, die auf mehrere Standorte verteilt sind. Grammatisch geht es um die Frage, ob zerstreut hier als Partizip II des Verbs zerstreuen gemeint ist oder als eigenständiges Adjektiv in der Bedeutung unaufmerksam. Diese grammatische Unterscheidung erkennt man nicht nur daran, dass sich zerstreut als Adjektiv von der Bedeutung des zugrunde liegenden Verbs entfernt hat, sondern auch daran, dass es eine grammatische Eigenschaft aufweist, die einem Partizip II verwehrt ist, nämlich die Steigerungsmöglichkeit: Noch zerstreuter als die Pathologen sind nur die Philosophen.

Dass Partizipien in diesem Sinne zu Adjektiven werden, ist ein verbreitetes Phänomen in der deutschen Sprache, vgl. z. B. verrückt, bekloppt, verschlagen. Als Übung könnte man Lernenden solche Wörter vorgeben und sie Sätze mit der Verwendung des Wortes als Partizip und als Adjektiv formulieren lassen. Das wäre eine Grammatik- und eine Wortschatzübung (→ E 8).

Noch etwas kniffliger ist der folgende Fund:

25 *Aus der „Braunschweiger Zeitung“:*
Bernhard Schlink:
Das Wochenende
Diogenes Verlag, 18,90 €
Ein begnadeter Terrorist
trifft seine alten Freunde –
eine Bilanz
(Hohlspiegel 2008/18, S. 194)

Gemeint war vermutlich Ein begnadigter Terrorist – also das Partizip II von begnadigen. Oder outet sich der Autor Schlink in diesem Buch als Terrorismus-Fan?

Das irrtümlich verwendete begnadet ist heute ein selbstständiges Adjektiv. Wortgeschichtlich betrachtet ist es von einem früher üblichen Verb jemanden begnaden abgeleitet (also jemandem eine besondere Gnade zuteil werden lassen – z. B. die Gnade einer besonderen Fähigkeit, z. B. Musikalität), dann aber zu einem autonomen Adjektiv geworden – in dem Maße, indem das zugehörige Verb nicht mehr verwendet wurde.

Neben dem Verb begnaden gibt es das Verb begnadigen – in der heutigen Bedeutung von „jemandem Strafnachlass gewähren“; dieses Verb ist nach wie vor aktiv (→ E 9).

2.1.2 Nomen

Nomen sind Wörter wie Apfel, Affe, Müdigkeit, Liebe, Paul. Sie bilden die zahlenmäßig größte Wortart (mehr als die Hälfte des Wortschatzes sind Nomen) (→ E 10).

Nomen haben – im Unterschied zu Pronomen und Adjektiven – ein *festes* Genus (→ E 11); sie liegen je nach dem Sachverhalt im Singular oder Plural vor; sie stehen in dem Kasus, der ihrer syntaktischen Funktion im jeweiligen Satz entspricht.

Nomen *bezeichnen* Gegenstände (Tisch), Lebewesen (Hund), Sachverhalte (Untersuchung), Begriffe (Freiheit), und sie *benennen* Personen (Paula) und andere Namensträger.

Nomen tun das in folgenden syntaktischen Funktionen: (1) Sie sind die zentrale Wortart für die Gewinnung von Subjekten und Objekten (*Paula* liebt *Weißwein*), und sie sind an zahlreichen Adverbialen beteiligt (Paul kommt *diesen Abend*. / *Trotz schlechten Wetters* gehen wir schwimmen. / *Nach meiner Meinung* stimmt das alles nicht). (2) Nomen sind an vielen Attributen beteiligt (*Paulas* Hund / der Hund *meiner Schwester* / sein Onkel *in München* / das Konzert *am letzten Sonntag*). (3) Einige Nomen verfügen über Valenzen und eröffnen damit Strukturen für einen weiteren Teilsatz (Seine Freude (darüber), *dass sie ihn besuchen wollte*, hat sie überrascht) oder einen weiteren Satzteil (Seine Freude *über ihren Besuch* …). (4) Einige Nomen können einen Teilsatz zu einem Satzteil konzentrieren (*Dass er die beiden Unfälle gründlich untersucht hat,* hat uns geholfen ‣ *Seine gründliche Untersuchung der beiden Unfälle* hat uns geholfen).

Zusätzlich zu diesen Nomen (die alle im Lexikon stehen) können wir Wörter anderer Wortarten vorübergehend *als Nomen benutzen,* und zwar grundsätzlich jedes Verb (vermeiden – das Vermeiden) und jedes Adjektiv (unerklärlich – das Unerklärliche), zudem einige Pronomen (ich, wir – vom Ich zum Wir) und einzelne Wörter anderer Wortarten (hier, jetzt – im Hier und Jetzt). Diese Art von Konversion steht *nicht* im Lexikon. (→ Kap. 2.2.3: *Konversion*)

Numerus

26 *Aus der „Allgäuer Zeitung":*

Rote Mandarinen drohten vergeblich

(Hohlspiegel 2008/45, S. 190)

Handelt es sich hier um eine neue Sorte besonders aggressiven Obstes?

Zum Glück nicht; es geht um eine falsche Pluralform: Es gibt die Mandarine mit dem Plural Mandarine*n* und den Mandarin (ein hoher chinesischer Beamter) mit dem Plural Mandarine. Sogar das Mandarin, die Bezeichnung für die Hochsprache Chinas, gibt es; aber dieses Wort hat zum Glück nicht auch noch einen Plural.

Auch das Adjektivattribut rote hat eine jeweils andere Bedeutung: die Farbe der Südfrucht Mandarine (obwohl die eigentlich orange aussehen) – die Bezeichnung der politischen Überzeugung (rot = „kommunistisch").

Die Verwechslung der Pluralform im Beispiel legt die Überlegung nahe, wie denn Fremdwörter im Deutschen zu ihrem Plural kommen. Oft behalten die Fremdwörter ihre ursprüngliche Pluralform; das ist z. B. bei Fremdwörtern aus dem Englischen der Regelfall (vgl. die Clowns); oft übernehmen Fremdwörter aber eine deutsche Pluralendung. Nun gibt es im Deutschen mehrere Pluralendungen. Daher stellt sich die Frage, warum die Mandarine den Plural mit einem -n bildet, der Mandarin dagegen mit einem -e. Wenn man Singular und Plural bei beiden Wörtern nebeneinanderstellt, wird man erkennen, dass die Regelung eigentlich sehr einleuchtend ist: Beim Mandarin genügt ein -e, um den Unterschied zum Singular deutlich zu machen, die Mandarine dagegen endet schon im Singular auf -e.

Man kann den Hohlspiegel-Fund auch zum Anlass nehmen, grundsätzlicher über die Pluralformen im Deutschen nachzudenken. Zum einen zeigen nicht alle Nomen durch ihre Numerusformen an, ob sie Singular oder Plural sind: Die Feminina unterscheiden sich alle in Singular- und Pluralform; bei den Maskulina (wie der/die Esel oder der/die Wissenschaftler) und Neutra (wie das/die Kindchen oder das/die Anhängsel) gibt es bei einigen aber gleichlautende Singular-/Pluralformen – hier übernehmen ersatzweise die Nomenbegleiter (= der bestimmte Artikel und andere Pronomen) die Numerusunterscheidung: der/dieser Esel – die/diese Esel. Zum zweiten gibt es im Deutschen sehr viele Pluralformen – eines der zahlreichen Hindernisse für die Deutschlernenden mit anderer Muttersprache; und es gibt auch keine einfache Regel für die Wahl der Pluralendung; man kann aber einige klare Tendenzen feststellen: Es gibt im Deutschen fünf Pluralendungen, die häufig vorkommen (-e, -n, -en, -er, -s); dazu kommt der endungslose Plural und die Pluralbildung mit Umlaut (Mutter – Mütter). Drei Haupttendenzen der Verwendung kann man bezogen auf diese Formen erkennen:

1 Maskulina und Neutra (Hut, Schiff) gehen im Plural meist auf -e aus – vgl. aber z. B. Mann/Männ*er*, Loch/Löch*er*.
2 Maskulina und Neutra, die am Wortende ein unbetontes -el, -en oder -er haben (Igel, Besen, Schreiner), sind im Plural meist endungslos – vgl. aber z. B. Muskel/Muskel*n*.
3 Feminina (Schule, Frau) bilden den Plural meist mit -(e)n – vgl. aber z. B. Erkenntnis/Erkenntniss*e*.

Für das Mandarine(-n)-Beispiel sind diese Regeln zutreffend; aber das gilt nicht für alle Wörter. Deshalb werden in Grammatiken Zusatzregeln formuliert und einzelne Sonderfälle aufgelistet.

Didaktische Anregung: Man kann, ausgehend vom Hohlspiegel-Fund, die Lernenden Pluralformen im Deutschen zusammenstellen lassen und dann gemeinsam überlegen, ob bestimmte Tendenzen bei der Pluralbildung feststellbar sind. Es stellen sich dabei auch Fragen wie die, ob man bei -en (Frau-en) und -n (Stange-n) von zwei verschiedenen Pluralbildungen sprechen oder die beiden als zwei Varianten der gleichen Pluralform auflisten soll (in Grammatiken wird unterschiedlich verfahren).

Wenn die Lernenden auch die verschiedenen Pluralformen bei Fremdwörtern (Tempos/Tempi, Visa/Visas/Visen, Themen/Themata, Omnibusse usw.) auflisten, kommen sehr viele Formen zusammen. Es empfiehlt sich auf jeden Fall, zwischen dem allgemeinen Bestand deutscher Pluralformen und den je nach Herkunftssprache spezifischen Pluralformen von Fremdwörtern zu unterscheiden. Dabei ist es bei Fremdwörtern interessant, ob sie ihre ursprüngliche Pluralform beibehalten oder eine der deutschen Formen übernehmen – oder ob sie beide Möglichkeiten anbieten wie bei die Nomina – die Nomen; bei Pizza finden sich sogar drei übliche Pluralformen: die original italienische Pluralform Pizze und die deutsche Pizzen sowie eine bei Fremdwörtern häufig verwendete s-Form Pizzas – von diesen drei Formen wird am häufigsten Pizzen verwendet, etwas weniger häufig Pizzas, deutlich seltener Pizze.

Vielleicht stoßen die Lernenden auch auf Homonyme, die sich in ihren Pluralformen unterscheiden, z. B. die Bank – die Banken / die Bänke; der Hahn – die Hähne / die Hahnen; die Mutter – die Mütter / die Muttern; das Wort – die Worte / die Wörter.

Probleme mit der Pluralbildung bei Fremdwörtern zeigt auch das folgende Beispiel:

27 *Aus den „Ostfriesischen Nachrichten“:*
Talibans sind nicht ganz einfach
(Hohlspiegel 2007/10, S. 202)

Die Wortform Taliban ist bereits ein Plural (= die persische Pluralform zum Singular Talib, der bei uns nicht gebräuchlich ist). Interessant ist die Überlegung, warum ein Schreiber, der Taliban für eine Singularform hält, dazu tendiert, den s-Plural zu wählen. Offenbar spielt hier eine Rolle, dass es sich um ein Fremdwort handelt, bei denen s-Plural häufig ist. Nahegelegen hätte auch der e-Plural Talibane, weil es sich um ein Maskulinum handelt (vgl. oben die erste der drei Pluralform-Tendenzen). Für Imam gibt das *Duden*-Online-Wörterbuch z. B. sowohl Imams als auch Imame als Pluralform an.

Aber abgesehen von dem Problem mit der Pluralform: Was soll diese Überschrift eigentlich bedeuten?

Kasus

28 *Aus dem „Weißenburger Tagblatt“:*
Hauswirtschafterinnen tischten Senioren auf
(Hohlspiegel 2012/6, S. 150)

Das klingt auf den ersten Blick nach Menschenfresserei:

Hauswirtschafterinnen tischten die Senioren auf. (= wem auch immer)

Gemeint war natürlich:

Hauswirtschafterinnen tischten den Senioren auf. (= was auch immer)

Es geht in dem dieser Überschrift folgenden Zeitungsbericht um die in Weißenburg übliche Praxis, dass die zukünftigen Hauswirtschafterinnen am Ende ihrer Ausbildung ihr Können im Altersheim präsentieren (und zugleich etwas sozial Sinnvolles tun).

Das Weglassen des Artikels den führt zum Missverständnis. Denn das Nomen Senior verfügt im Plural über keinerlei Kasusmarkierung, vgl. die Senioren – der Senioren – den Senioren – die Senioren. Nur die Kasusformen des bestimmten Artikels (und anderer Nomenbegleiter) unterscheiden Dativ und Akkusativ (→ E 13).

Wer also eine möglichst knappe Überschrift sucht, muss mit solchen kürzungsbedingten Verstehensproblemen rechnen und sie ausgleichen können. Verständlichkeit hat Vorrang vor Kürze.

Das Beispiel kann man auch im Zusammenhang mit Satzgliedanalyse untersuchen (= Dativobjekt oder Akkusativobjekt?) – wir greifen es dort (→ F 196) noch einmal auf.

Genus – generischer Sprachgebrauch

29 *Aus dem „Göttinger Tageblatt":*
Jeder vierte Richter krank oder schwanger
(Hohlspiegel 2010/30, S. 142)

Mit einem Nomen wie Richter kann man entweder nur männliche oder zusammenfassend männliche *und* weibliche Personen im Richteramt bezeichnen – dieser zweite Gebrauch wird als generischer Sprachgebrauch bezeichnet; er wird seit einigen Jahrzehnten stark kritisiert, aber auch verteidigt – und zwar auch von einigen Linguisten.

Beim vorliegenden Beispiel dürfte aber selbst ein Befürworter des generischen Maskulinums ins Stutzen kommen. Denn zwar kann Krank-Sein auf beide Geschlechter bezogen werden und daher mit dem generischen Ausdruck Richter verwendet werden; aber Schwanger-Sein kann sich nur auf Richterinnen beziehen und daher nicht mit dem beide Geschlechter umfassenden Ausdruck Richter verwendet werden.

Eine genderneutrale oder genderdifferenzierende „politisch korrekte" Formulierung zu finden ist allerdings ziemlich schwierig; eine Option wäre:

Jede vierte Richterstelle von Krankheit oder Schwangerschaft betroffen

Man weicht also auf einen abstrakteren Begriff – Richterstelle – aus, der oberhalb der Unterscheidung in Richterinnen und Richter angesiedelt ist; solche Komposita stehen in der Regel auch nicht in der Kritik.

Entsprechend:

30 *Aus der „Dithmarscher Landeszeitung":*
Jeder sechste Professor ist eine Frau
(Hohlspiegel 2010/41, S. 198)

Ein weiteres Beispiel zeigt, dass es auch beim Bemühen um genderkorrekten Ausdruck zu Schwierigkeiten kommen kann:

31 *Aus der „Odenwälder Zeitung":*
Laut Polizei handelt es sich bei der Fahrerin vermutlich um eine Frau.
(Hohlspiegel 2014/22, S. 142)

Der Verfasser oder die Verfasserin hat hier das generische *Femininum* gewählt – so klappt es aber nicht: Die Information, dass die Fahrerin eine Frau ist, ist mit dem von Fahrer abgeleiteten Nomen Fahrer*in* bereits vorgegeben und daher inhaltslos. Hier käme eine Formulierung infrage wie: Laut Polizei saß am Steuer des Wagens vermutlich eine Frau.

Auch im folgenden Beispiel hat jemand das generische Femininum für die Berufsbezeichnung gewählt:

32 *Aus der „Frankfurter Allgemeinen Zeitung":*
Tatsächlich sind heute gerade einmal zwei Prozent aller Sekretärinnen in Deutschland männlich
(Hohlspiegel 2008/20, S. 190)

Dies liegt nahe, weil der Beruf Sekretärin/Sekretär fast ausschließlich von Frauen ausgeübt wird. Dennoch ist diese Überschrift als auffällig beurteilt und in den Hohlspiegel aufgenommen worden. – Vermutlich wäre eine spiegelbildliche Überschrift wie die folgende niemandem aufgefallen:

Tatsächlich sind heute gerade einmal 23 Prozent aller Professoren in Deutschland weiblich.

Zu Genus-/Genderproblemen finden sich zwei weitere Beispiele in Kap. 2.2.2 *(Wortableitung/Derivation)* (→ F 119 und 120).

Valenzen der Nomen

33 *Bildunterschrift aus dem österreichischen „Bezirksblatt":*
Betriebshelferin Marianne Nefischer und Andrea Thier (kurz vor ihrer Geburt)
(Hohlspiegel 2010/27, S. 142)

Das Nomen Geburt ist vom transitiven Verb gebären abgeleitet: Dieses Verb sieht zwei Valenzen (→ E 7) vor: *Sie* gebärt/gebiert *eine Tochter* – also Subjekt (in der Rolle des Agens) und Akkusativobjekt (in der Rolle des Patiens). Das abgeleitete Nomen Geburt übernimmt vom Verb (man sagt auch: erbt) das Patiens und realisiert es syntaktisch in der Form eines Genitivattributs (die Geburt der Tochter) oder als Demonstrativ- oder Possessivpronomen (deren Geburt/ihre Geburt); das Possessivpronomen vertritt hier also nicht das Agens, die Gebärende, sondern das Patiens, die Geborene. Zutreffend wäre daher die Formulierung kurz vor der Geburt *ihrer Tochter*.

Eine Formulierungsalternative wäre (etwas altmodisch) vor ihrer Niederkunft. Niederkunft ist vom intransitiven Verb niederkommen abgeleitet; auch dieses Verb hat zwei Valenzen, Subjekt (Agens) und Präpositionalobjekt (Patiens): *Sie* kommt *mit einer Tochter* nieder. Dieses abgeleitete Nomen Niederkunft übernimmt – im Unterschied zu Geburt – das *Agens* in Form eines Genitivattributs (die Niederkunft Andrea Thiers) oder eines Demonstrativ- oder Possessivpronomens (deren Niederkunft/ihre Niederkunft); zusätzlich kann die zweite Valenz (= das Patiens) in Form eines Präpositionalattributs übernommen werden: ihre Niederkunft *mit einer Tochter*. Die beiden Nomen eröffnen also unterschiedliche Valenzmuster um sich herum.

Solche Valenzprobleme können auch im Zusammenhang mit Attributen besprochen werden. Später werden einschlägige Beispiele dafür angeführt (→ Kap. 2.3.1), unter anderem auch mit dem Nomen Geburt (→ F 270 und 271). Ferner wäre eine Zuordnung des Fundes zu den Pronomina (→ Kap. 2.1.3) möglich.

34 *Aus der „Neuen Ruhr Zeitung":*
Ärger über Verspätungen und Sauberkeit in Zug-Toiletten
(Hohlspiegel 2011/50, S. 170)

Bei diesem Beispiel, das durch den Ärger über … Sauberkeit irritiert, handelt es sich nicht um eine Angelegenheit der syntaktischen Valenz wie im vorangehenden Beispiel, sondern um eine semantische Valenzerwartung: Das Nomen Ärger verlangt einen als negativ eingestuften Bezugspunkt. Dem entspricht zwar Verspätungen, nicht aber Sauberkeit – es müsste heißen Ärger über … *mangelnde* Sauberkeit.

2.1.3 Pronomen (einschließlich Artikel)

Pronomen sind Wörter wie der, ein, dieser, wer, jemand, èin, mein, er, sich, einander. Wir rechnen also die Artikel mit zu den Pronomen (→ E 14).

Pronomen *begleiten* und *ersetzen* Nomen, deshalb spricht man auch von Begleitern und Stellvertretern. Sie differenzieren dabei unter Gesichtspunkten wie Bekanntheit/Unbekanntheit (*der* Mann – *ein* Mann; *jemand* von uns), Quantität (*èin* Hund – *viele* Hunde; *einige*), Zugehörigkeit (*unsere* Nachbarn; *seine* Entlassung; er wäscht *sich*), Verknüpfung im Textverlauf (... ein Mann; *dieser* Mann ...; *er* ...).

Wir unterscheiden innerhalb der Wortart Pronomen folgende Untergruppen: unbestimmter Artikel ein, bestimmter Artikel der, Demonstrativpronomen wie dieser, derjenige, dèr, Relativpronomen der, welcher, wer, Zahlpronomen èin/èiner (hier zur Unterscheidung von den unbestimmten Artikeln mit Betonungsakzenten geschrieben) (→ E 16), Indefinitpronomen wie man, einer, kein/keiner, manche (→ E 17), Interrogativpronomen welcher, wer (→ E 18), Possessivpronomen mein/meiner, Personalpronomen ich, Reflexivpronomen sich.

Diese Pronomen unterstützen Nomen in zwei syntaktischen Funktionen: (1) als *Begleiter* von Nomen (*der* Hund, *einige* Mäuse, *meine* Katze); (2) als *Stellvertreter* von Nomen (Der *Mann* ... *Er* ... / Der *Mann*, *der* dort steht, ... / Siehst du den *Mann* dort? *Der* sieht aggressiv aus). Die meisten Pronomen können *beide* Funktionen übernehmen: *mein* Hund – *meiner*. Artikel können nur Begleiter sein; Personalpronomen und Reflexivpronomen – und auch Relativpronomen – können nur Stellvertreter sein.

Personalpronomen (→ E 19)

35 *Aus der „Ostsee-Zeitung“:*
Der Helm wird so weit abgezogen, dass mit einer Hand der Hinterkopf gestützt werden kann, ehe er entfernt wird.
(Hohlspiegel 2010/30, S. 142)

Gibt hier jemand Ratschläge, wie man Motorradfahrer schlachtet?

Ursache dieses Missverständnisses ist das im dritten Teilsatz verwendete Pronomen er: Es macht nicht klar, auf welches Nomen es sich bezieht – außer dass es ein Nomen im Singular und ein Maskulinum ist. Das ist ein Problem, das für Pronomen typisch ist, wenn sie als *Stellvertreter* für ein Nomen dienen. Wenn man schreibt, ist einem klar, welchen Bezug man meint; für den Leser ist das nicht immer der Fall. Er bezieht ein Pronomen in der Regel zurück auf ein grammatisch passendes Nomen. Das erste passende Nomen im Beispiel ist das Wort Hinterkopf, das andere passende Nomen (das gemeint war) liegt demgegenüber viel weiter zurück.

Man kann ein solches Missverständnis vermeiden, indem man im Satz das Nomen Helm eben *nicht* durch das Pronomen er ersetzt und dabei die Wortwiederholung in Kauf nimmt (man kann es mit der Vermeidung von Wiederholungen, die einem in der Schule beigebracht wird, auch übertreiben):

Der Helm wird so weit abgezogen, dass mit einer Hand der Hinterkopf gestützt werden kann, ehe der Helm entfernt wird.

Oder man rückt den Nebensatz, in dem das Pronomen er steht, näher an Helm heran:

Der Helm wird, ehe er entfernt wird, so weit abgezogen, dass mit einer Hand der Hinterkopf gestützt werden kann.

36 *Aus dem „Münchner Merkur":*

Wer Cremes am liebsten mit den Fingern aufträgt, sollte diese nach sechs Wochen wegwerfen.

(Hohlspiegel 2010/18, S. 162)

Kommen die abgeschnittenen Finger dann in den Biomüll?

Ein *Demonstrativ*pronomen bezieht man in der Regel auf das letztgenannte Nomen mit passender grammatischer Form zurück, hier Fingern. Bei einem *Personal*pronomen ist der Bezugsspielraum größer:

Wer Cremes am liebsten mit den Fingern aufträgt, sollte *sie* nach sechs Wochen wegwerfen.

Zwar ist auch diese Version mit Personalpronomen strukturell noch doppeldeutig; aber man nimmt diese Doppeldeutigkeit kaum wahr, weil man mit einem kooperativen Schreiber rechnet, der – wenn die *Finger* weggeworfen werden sollten – das *Demonstrativ*pronomen gewählt hätte.

37 *Aus dem „Spiegel":*

Die libysche Armee kann somit nicht als Ordnungsfaktor auftreten, wie sie es jetzt in Ägypten tut ...

(Hohlspiegel 2011/11, S. 162)

Ist die libysche Armee nun auch noch in Ägypten aktiv?

Auch hier sorgt ein Personalpronomen für Irritation. Das sie im Nebensatz versteht man als Wiederaufnahme von die libysche Armee; gemeint ist aber, dass das Personalpronomen nur Armee wiederaufnehmen soll. Grammatisch geht das nicht; ein Bezug auf ein Nomen mit Adjektivattribut schließt das Attribut ein. Man muss Armee wiederholen:

..., wie es jetzt die Armee in Ägypten tut.

Demonstrativpronomen (→ E 20)

38 *Bildunterschrift in der „Passauer Neuen Presse":*

Unermüdlich gehen die Teepflückerinnen im Bergland Sri Lankas ihrer Abeit nach. In einem am Kopf befestigten Sack verstauen sie die wertvollen Blätter, ehe sie in einer der zahlreichen Teefabriken zu grünem und schwarzem Tee weiterverarbeitet werden.

(Hohlspiegel 2009/42, S. 174)

Das sie im letzten Teilsatz ist auf Blätter zu beziehen. Dieser Bezug ist für den Leser nicht gleich klar; er neigt dazu, den Bezug auf Teepflückerinnen herzustellen. Warum verliest man sich so? Diese Frage ist nicht zuletzt im Vergleich zum oben erörterten Beispiel zum Motorradhelm interessant: Dort bezieht man das Personalpronomen (irrtümlicherweise) auf das nächststehende Nomen im vorangehenden Teilsatz. Warum funktioniert das hier, wo dies richtig wäre, nicht? Hier spielt offensichtlich eine Rolle, dass das sie im Teilsatz davor bereits auf Teepflückerinnen bezogen vorkommt – man übernimmt einfach diesen Rückbezug (in beiden Fällen handelt es sich zudem um das Subjekt – auch das unterstützt diese Bezug).

Unmissverständlich wäre es gewesen, statt Personalpronomen ein Demonstrativpronomen zu verwenden:

In einem am Kopf befestigten Sack verstauen sie die wertvollen Blätter, ehe *diese* in einer der zahlreichen Teefabriken zu grünem und schwarzem Tee weiterverarbeitet werden.

Das Demonstrativpronomen verpflichtet einen nämlich dazu, das erste grammatisch passende Nomen davor als Bezugswort zu nehmen.

Eindeutig wäre auch gewesen, wenn man statt des Temporalnebensatzes ..., ehe sie ... werden einen Relativnebensatz gewählt hätte: ..., die dann ... werden.

Ein Ortografiefehler findet sich in Abeit – vielleicht eine unangemessen lautgetreue Schreibung, weil ein r-Laut nach a heute in der Regel nicht mehr gesprochen wird bzw. in Dialekten wie dem Ruhrgebietsdeutsch durch Längung des vorangehenden Vokals ersetzt wird?

39 *Aus der „Leipziger Volkszeitung":*

Bis zum 2. Oktober, wenn die offizielle Präsentation mit Markkleebergs Oberbürgermeister Bernd Klose stattfindet, wird dieser allerdings unter einem Erdhügel verschwinden. Was dann bleibt, ist nicht nur eine weitere Skulptur am Markkleeberger See, sondern viele schöne Erinnerungen.

(Hohlspiegel 2010/40, S. 194)

Als Bezugspunkt für das Demonstrativpronomen dieser sucht man rückwärts das erste morphologisch passende Nomen (oder Pronomen) und stößt auf Markkleebergs Oberbürgermeister Bernd Klose. Was gemeint ist, wird nur klar, wenn man den fehlenden vorangegangenen Satz kennt. Der lautet in der Online-Version der „Leipziger Volkszeitung":

Mit wehendem Haar und einem Tuch, dessen Faltenwurf besticht, steht Penelope seit Donnerstag auf einem Betonsockel.

Man muss im Satz des Fundes statt des Demonstrativpronomens das entsprechende Nomen einsetzen, damit er verständlich wird:

Bis zum 2. Oktober, wenn die offizielle Präsentation mit Markkleebergs Oberbürgermeister Bernd Klose stattfindet, wird der *Sockel* allerdings unter einem Erdhügel verschwinden.

Possessivpronomen (→ E 21)

40 *Bildunterschrift aus dem „Hamburger Abendblatt":*

Graues Spektakel: 1951 gewährte Gründer Helmut Kertscher einem Elefanten Unterschlupf. Heute leitet dessen Schwiegersohn Armin Thorn die Geschäfte.

(Hohlspiegel 2011/10, S. 150)

Elefanten gelten nicht zu Unrecht als sehr intelligent!

Es soll um den Schwiegersohn von Kertscher gehen, nicht den des Elefanten. Das Missverständnis wird von dem Demonstrativpronomen dessen ausgelöst: Demonstrativpronomen verpflichten den Leser, das erste davorliegende grammatisch passende Nomen als Bezugswort zu nehmen – und das ist Elefant. Also: Possessivpronomen verwenden:

1951 gewährte Gründer Helmut Kertscher einem Elefanten Unterschlupf. Heute leitet sein Schwiegersohn Armin Thorn die Geschäfte.

Demonstrativpronomen oder Possessivpronomen?

41 *Aus der Kinderseite der Coburger „Neuen Presse":*

Viele Menschen finden Elefanten niedlich. Das hat auch mit ihrem Rüssel zu tun, den sie mitten im Gesicht tragen.

(Hohlspiegel 2012/20, S. 158)

Hier ist ihrem Rüssel doppeldeutig. Bezieht es sich auf Menschen oder auf Elefanten? Hier würde das Demonstrativpronomen für Eindeutigkeit sorgen: deren Rüssel.

Entsprechend:

42 *Aus dem „Tagesspiegel“:*
Die Unesco nimmt Marx in die Welterbe-Liste auf – jetzt will Gysi die Kanzlerin an seinem Grab sehen.
(Hohlspiegel 2013/27, S. 138)

Auch hier hilft die Ersetzung des Possessivpronomens durch ein Demonstrativpronomen.

Reflexivpronomen (→ E 22)

43 *Aus „GEO kompakt“:*
Giraffen, Löwen und Wale treffen sich zum Gruppensex.
(Hohlspiegel 2009/42, S. 174)

Soll man sich das im Meer oder in der Savanne vorstellen?

Gemeint ist, dass sich die Giraffen zum Gruppensex treffen – und entsprechend die Löwen und die Wale. Da sich das Reflexivpronomen sich sowohl auf die Gesamtgruppe aus allen drei Tierarten als auch auf jede Tierart für sich beziehen kann, entsteht eine witzige zweite Lesart.

Eine (etwas umständlichere) Formulierung wie
Sowohl Giraffen als auch Löwen und Wale treffen sich zum Gruppensex
wäre eindeutiger.

Artikel (→ E 23)

44 *Aus dem „Isenhagener Kreisblatt“:*
Erneut stirbt der Pilot
(Hohlspiegel 2015/21, S. 138)

Derselbe Pilot kann ja wohl nicht mehrfach sterben – oder geht es um den James-Bond-Film *Man lebt nur zweimal*?

Was ist hier los? Zwar kann nicht derselbe Pilot ein zweites Mal sterben; aber es könnte ein zweiter Pilot bei demselben Typ von Einsatz oder Unfall sterben. Dann könnte es z. B. heißen: Erneut stirbt der Pilot eines Rettungshubschraubers des ADAC. In diesem Fall wäre zum zweiten Mal der jeweilige *Pilot* gestorben – aber das wäre natürlich eine andere *Person* als beim ersten Mal.

Auch wenn man den bestimmten Artikel durch den unbestimmten ersetzt, wäre die Formulierung nicht mehr missverständlich: Erneut stirbt ein Pilot. Diese Formulierung hätte natürlich eine andere, weniger spezifische Bedeutung – es wäre irgendein weiterer Pilot.

45 *Aus dem „Tagesspiegel":*
Inzwischen nennt sich Cuspert Abu Talha al-Almani und präsentiert sich stolz auf IS-Videos, einmal sogar mit abgeschlagenem Kopf.
(Hohlspiegel 2015/16, S. 138)

Vermutlich ist dieser Fund in den Hohlspiegel aufgenommen worden, weil er sich liest, als hätte Denis Cuspert (der sich seit seiner Mitgliedschaft im IS Abu Talha nennt) in dem Video seinen *eigenen* abgeschlagenen Kopf in die Kamera gehalten. Auch bei diesem Beispiel würde die Formulierung mit *unbestimmtem* Artikel – also ... präsentiert sich ... mit *einem* abgeschlagenen Kopf – diese Lesart verhindern: Es ginge dann um irgendeinen Kopf.

Die Verwendung ohne Artikel ist allerdings durchaus üblich, wenn man ein typisches modisches Verhalten charakterisieren will:

Er präsentierte sich mit offenem Hemd.

Insofern ist – auf den zweiten Blick – die syntaktische Konstruktion im Ausgangs-Fund doch nicht unbedingt regelwidrig; es ist wohl nur die Brutalität, die uns davor zurückschrecken lässt, es analog zum offenen Hemd zu verstehen. Vermutlich ist es bei IS-Kämpfern wirklich so, dass ein abgeschlagener Kopf als stylish gilt.

46 *Aus dem Offenburger Tageblatt:*
Für Badegäste ist
Gift unbedenklich
(Hohlspiegel 2014/38, 150)

Auch bei dieser Überschrift wirkt sich das Weglassen des Artikels fatal aus. Hier müsste der *bestimmte* Artikel ergänzt werden: Für Badegäste ist das Gift unbedenklich. Es ging in dem Zeitungsartikel nämlich um ein niedrigdosiertes organisches Gift, das im Gifiz-See (bei Offenburg) entdeckt wurde; *dieses* Gift, an dem zahlreiche Wasservögel verendet waren, wurde als für Menschen unbedenklich eingeschätzt.

2.1.4 Adjektiv

Adjektive sind Wörter wie alt, heutig, vermutlich, schwanger, lila (→ E 24).

Sie können unflektiert gebraucht werden (die Männer waren alt, sie liefen langsam) oder flektiert (die alten, langsamen Männer) (→ E 25). Bei *flektiertem* Gebrauch werden Adjektive nach Kasus (der alte Mann – den alt*en* Mann), nach Numerus (das frische Holz – die frisch*en* Hölzer) und nach Genus (eine klug*e* Frau – ein schön*er* Mann) flektiert (→ E 26). Sie sind als einzige Wortart grundsätzlich komparierbar: der *alte* / *ältere* / *älteste* Wein bzw. der Wein ist *alt* / *älter* / am *ältesten*.

Adjektive bezeichnen Merkmale/Eigenschaften von Gegenständen, Personen, Sachverhalten und Vorgängen.

Sie tun das in folgenden syntaktischen Funktionen: (1) attributiv zu einem Nomen: eine *grüne* Tomate. In dieser Funktion werden sie – wie z. B. im Französischen und Italienischen auch – flektiert. (2) prädikativ: Paul *ist* wach. Paul *bleibt* wach. Paula *gilt als* sehr klug. Kalt schmeckt *Nescafé* am besten. Vom vielen Laufen müde(,) ging *sie* früh ins Bett. In diesen prädikativen Funktionen werden die Adjektive *nicht* flektiert – anders als im Französischen oder im Italienischen (Paolo è bello – Paola è bella). (3) adverbial: Der Hund läuft *schnell. Vermutlich* ist das Konzert bereits aus. In dieser Funktion werden Adjektive im Deutschen *nicht* flektiert.

Einige Adjektive verfügen über Valenzen und eröffnen damit den Platz für einen weiteren von ihnen abhängigen Satzteil (sie war bereit *zum Auftritt*) oder Teilsatz (sie war bereit(,) *die Moderation zu übernehmen*).

In Nomen verwandelt (das frische *Grün*) oder als Nomen gebraucht (das kleine *Schwarze* / der/die *Schönste* von uns / Ich habe noch nie *Schöneres* gesehen!) erweitern sie die Zahl der Nomen.

Adjektiv oder Nomen?

47 *Stellenanzeige in der „Rheinischen Post":*
Koch (m/w)
zu spitzen Bedingungen! Montag – Freitag von 06.30 bis 15.00 Uhr
Wir bitten um Zusendung Ihrer aussagefähigen Bewerbungsunterlagen
(Hohlspiegel 2011/31, S. 142)

Das scheint ein gefährlicher Job zu sein!

Das Nomen Spitze wird in einigen Komposita verwendet – als Grundwort wie in Leistungsspitze, als Bestimmungswort wie in Spitzenleistung (= Leistungen besonders hoher Qualität) oder in Spitzenbedingungen; Letzteres ist in der Stellenanzeige gemeint. Daneben kann spitze aber auch als Adjektiv verwendet werden – allerdings vorerst nur in prädikativer Funktion: Das ist ja spitze! Das Wort spitze ist ein Beispiel dafür, wie aus einem Nomen ein Adjektiv werden kann. Dieser Übergang ist nicht abgeschlossen, wie die Tatsache zeigt, dass spitze als Adjektiv derzeit meist nur *prädikativ* verwendet wird, nicht *attributiv* und nicht *adverbial.* Man könnte also sagen: Im Hohlspiegel-Fund wird der Übergang zum attributiv verwendeten Adjektiv vorangetrieben: spitze Bedingungen. Das klappt noch nicht, nicht zuletzt deshalb, weil schon ein Adjektiv spitz mit anderer Bedeutung existiert und so ein Missverständnis entsteht.

Im Rechtschreib-*Duden* werden als umgangssprachlich ein spitze Auto und er hat spitze gespielt angeführt. Danach wäre also auch die attributive und die adverbiale Verwendung von spitze inzwischen üblich. Allerdings wird im Rechtschreib-*Duden* beim attributiven Gebrauch noch keine Flexionsendung (ein *spitzes Auto) angefügt. Danach müsste es in der Anzeige also heißen: zu spitze Bedingungen. Man kann darüber streiten, ob man die *Duden*-Regelung für angemessen hält. Interessant ist aber auf jeden Fall der feststellbare allmähliche Übergang zu einem vollwertigen Adjektiv.

Weitere Beispiele von Adjektiven, die als verblasste Nomen nur prädikativ verwendet werden, sind schade, angst, feind, gram, leid, pleite, schuld. Da diese Wörter auch immer wieder mit Rechtschreibunsicherheit verbunden sind, lohnt es sich, auf sie etwas ausführlicher einzugehen. Dabei kann man auch erörtern, welche Gründe dafür sprechen, dass man ich habe Angst, aber mir wird angst schreibt.

Interessant ist auch ein weiteres Detail des Fundstücks: Erbeten werden Bewerbungsunterlagen, die aussagefähig sind. Üblicherweise würde dies ohne Possessivpronomen formuliert (Wir bitten um Zusendung aussagefähiger Bewerbungsunterlagen). Die im Ausgangsbeispiel vorliegende Formulierung *mit* Possessivpronomen greift seit einigen Jahren in der Wirtschaftssprache um sich. Diese Formulierung verbindet eine indirekte Aufforderung („unbedingt aussagefähige Unterlagen zusenden!") mit schmeichelnder Anbiederung („Sie haben sicherlich ohnehin nur aussagefähige Unterlagen"); eine verdeutlichende Umformulierung wäre: Wir bitten um Zusendung Ihrer (sicherlich aussagefähigen) Bewerbungsunterlagen oder – weniger manipulativ: ... Ihrer (bitte möglichst aussagefähigen) Bewerbungsunterlagen.

Adjektiv oder Partizip?

48 *Aus der „Neuen Osnabrücker Zeitung":*

Polizei: Gefasste Bande abgebrüht

(Hohlspiegel 2011/30, S. 142)

Abgebrüht ist Partizip zu abbrühen (= mit kochendem Wasser übergießen); so könnte man auch das Wort in der Zeitungsmeldung (miss-)verstehen (→ E 27). Dann läge der Überschrift ein Satz wie Die gefasste Bande wurde (nach Aussagen der Polizei) abgebrüht zugrunde. Aber abgebrüht ist auch ein eigenständiges Adjektiv mit der Bedeutung „unempfindlich, kaltschnäuzig, raffiniert": Die gefasste Bande ist (nach Aussagen der Polizei) abgebrüht. Historisch hat sich dieses Adjektiv aus dem Partizip II von abbrühen entwickelt: Wenn man z. B. Gemüse abbrüht, wird es gegen Bakterien unempfindlich.

Solche zu Adjektiven verselbständigten Partizipien übernehmen im Sprachwandelprozess Funktionen, die für Partizipien nicht möglich, aber für Adjektive typisch sind – insbesondere die Steigerbarkeit, vgl.: Das ist die abgebrühteste Bande, die ich kenne.

Für den umgekehrten Fall, dass ein Partizip als Adjektiv missverstanden werden kann, findet sich in Kap. 1.1.1 (*Verb*, → F 24) ein Beispiel: Zerstreute Pathologen warten auf den Einzug. Es empfiehlt sich, mit Lernenden beide Beispiele zusammen zu besprechen.

Komparation des Adjektivs (→ E 28)

49 *Überschrift in der „Westdeutschen Allgemeinen Zeitung" (WAZ):*
Jungs sterben häufiger.
(Hohlspiegel 2008/31, S. 154)

Der Komparativ dient meistens einem konkreten Vergleich. Wenn aber wie hier nicht angegeben wird, womit verglichen wird, kann das zu Verstehensschwierigkeiten führen. Man kann zwar den Komparativ auch ohne konkreten Vergleichsmaßstab verwenden – in der Bedeutung von Jungs sterben *ziemlich* häufig. Aber auch bei dieser Interpretation bleibt die Überschrift weiterhin rätselhaft.

Vermutlich ging es in dem durch diese Überschrift angekündigten Zeitungsartikel um das Ergebnis einer medizinischen Studie, nach der Jungs bei der Geburt häufiger sterben *als Mädchen*.

50 *Aus dem Hamburger „Heimatspiegel":*
Horsemax ... grösserer, neuerer, schöner
(Hohlspiegel 2012/17, S. 160)

Geht es hier um eine *absichtsvolle* Abweichung – um für das neu eröffnete Reitsportgeschäft mithilfe abweichender Wort*formen* (nämlich doppelter Komparativformen) zu werben? Dann hätte man allerdings auch bei dem dritten Adjektiv (schöner) die Komparativform verdoppeln müssen: schöner*er*.

51 *Aus der „Rhein-Neckar-Zeitung":*
Gemeinde Hardheim soll noch mehr liebenswerter werden
(Hohlspiegel 2008/31, S. 154)

Hier wird versehentlich doppelt gesteigert: liebenswerter ist die für deutsche Adjektive vorgesehene Komparativform von liebenswert. Eine sogenannte „analytische" Form der Steigerung wie *mehr liebenswert – also eine Zerlegung in „Steigerungswort + Adjektiv in der Grundform" – ist im Deutschen nicht vorgesehen; nur bei „Minus"-Vergleichen wie *weniger* liebenswert kann man im Deutschen solche Steigerungsformen benutzen. Im Gegensatz zum Deutschen kennen die romanischen Sprachen keinerlei Komparativformen des

Adjektivs, sondern arbeiten grundsätzlich analytisch: z. B. im Französischen plus aimable/moins aimable, im Italienischen piu amabile/meno amabile. Im Englischen gibt es zwar für kurze Adjektive eine Komparativform (quick – quicker), bei langen Adjektiven wird dagegen wie in den romanischen Sprachen ein separates Steigerungswort genutzt: more lovable/less lovable.

Das Steigerungsinstrument mehr ist übrigens seinerseits eine Komparativform – und zwar zum Adjektiv viel. Das Adjektiv viel bildet seine Komparativform also mithilfe eines anderen Worts.

52 *Aus dem „Super Sonntag":*

Der britische Thronfolger Prinz Charles hat einen neuen Rekord aufgestellt: Seit Mittwoch ist er der altgedientste Thronanwärter in der Geschichte des Vereinigten Königreiches.

(Hohlspiegel 2011/19, S. 158)

Altgedient ist ein Kompositum aus dem Partizip II von dienen – also gedient – und dem Adjektiv alt. Bei diesem zusammengesetzten Adjektiv kann man den linken Wortteil – das sogenannte „Bestimmungswort" – *für sich genommen* steigern: der alte/ältere/älteste Hund. Das Grundwort gedient aber lässt sich nicht steigern: Zum einen sind Verbformen grundsätzlich nicht steigerbar, sofern sie noch nicht zu Adjektiven mutiert sind; und zum andern macht es auch semantisch keinen Sinn, gedient zu steigern. Daher greift man zu einem anderen Kompositum – nämlich dem aus der *Komparationsform* älter bzw. ältest und dem Partizip II gedient: Die korrekten Steigerungsformen sind also ältergedient und ältestgedient (→ E 29).

Dieselbe Nachricht wird am 20. April 2011 auf swissinfo.ch mit der korrekten Komparativform formuliert:

> Prinz Charles bricht Rekord des ältestgedienten Thronanwärters
> Der britische Thronfolger Prinz Charles hat einen neuen Rekord aufgestellt: Seit Mittwoch ist er der ältestgediente Thronanwärter in der Geschichte des Vereinigten Königreiches.
> (http://www.swissinfo.ch/ger/news/newsticker/international/Prinz_Charles_bricht_Rekord_des_aeltestgedienten_Thronanwaerters.html?mobileTopicId=1225052&cid=30051764, Abruf am 08.06.2018)

In anderen Online-Diensten wird demgegenüber – genau so irrtümlich wie im Hohlspiegel-Fund – altgedient gesteigert, z. B. im Übersetzungsdienst http://igbo.xlingua.net/ig/german-russian/altgedient/42545,altgedient (Abruf am 08.06.2018): altgedientest.

53 *Aus der „Süddeutschen Zeitung":*

Besserer Fluglärm in Berlin

(Hohlspiegel 2012/20, S. 154)

Es gibt nicht schlechten/schlechteren und guten/besseren Fluglärm, sondern nur mehr oder weniger Fluglärm. Gemeint war vermutlich: Der Fluglärm ist geringer geworden – und weniger Fluglärm ist eben besser für die Menschen. Möglich wäre eine Formulierung wie: Mit dem Fluglärm ist es jetzt besser geworden.

2.1.5 Adverb

Adverbien sind Wörter wie hier, jetzt, gern, leider, vielleicht, wo, deshalb, davon. Sie sind im Unterschied zu Adjektiven nicht flektierbar – also nicht formveränderbar (→ E 31).

Wir nutzen Adverbien, um nähere Umstände von Sachverhalten (er kommt *gern*; er kommt *heute*) und von Aussagen (er kommt *leider* nicht; *vielleicht* kommt er) anzugeben.

Adverbien tun dies in folgenden syntaktischen Funktionen: (1) als Satzglied im *einfachen* Satz, und zwar als sogenanntes „Adverbial" (auch: „Umstandsangabe") (*Morgen* kommt Paul/*Wo* wird er schlafen?); (2) als Attribut in Nomengruppen (der Mann *dort*) oder Partizipialgruppen (der *gestern von mir gestellte* Antrag); (3) als Verknüpfungsmittel in Satzgefügen (Sie schlief tief, *wobei* sie leise schnarchte) und Satzreihen (Es regnete heftig, *deshalb* blieb Paul zuhause) (→ E 33); (4) als Stützwort (Korrelat), das voraus- bzw. zurückverweist auf einen untergeordneten Teilsatz *insgesamt* (Paula ärgerte sich *darüber*, dass wir so spät kamen/Dass Paula gekommen ist, *davon* hat Paul nichts gewusst) oder einen *Satzteil* im untergeordneten Teilsatz: *Wo* du jetzt sitzt, (*da*) saß auch immer Paul.

Unklarer Bezug

54 *Aus der „Kirchenzeitung für das Erzbistum Köln":*

Das Bild der Lövenicher Kirche hängt im Wohnzimmer von Paul Gabel, denn dort hat er sein Herzblut gelassen.

(Hohlspiegel 2011/6, S. 146)

Das Adverb dort hat Verweisfunktion; es kann auf einen Ort außerhalb des Textes verweisen (z. B. in einem Satz wie Siehst du den Vogel dort? – deiktische Funktion) oder, wie im vorliegenden Hohlspiegel-Fund, auf eine Stelle im Text (phorische Funktion). Man spricht deshalb auch von einem deiktisch-phorischen Adverb. Verstehensprobleme können entstehen, wenn der Bezug nicht eindeutig ist, wie das im Fund der Fall ist: dort kann sich beziehen auf Lövenicher Kirche (das ist offenbar gemeint) oder auf im Wohnzimmer von Paul Gabel. Aus zwei Gründen ist es naheliegend, das Adverb dort irrtümlich auf im Wohnzimmer … zu beziehen: Zum einen steht im Wohnzimmer kurz vor dort; zum andern hat im Wohnzimmer … schon die passende Form und die passende Bedeutung für eine lokale Umstandsangabe.

Durch Umstellung ließe sich Eindeutigkeit herstellen:

Im Wohnzimmer von Paul Gabel hängt das Bild der Lövenicher Kirche, denn dort …

Probleme mit der Verweisfunktion gibt es nicht nur bei deiktisch-phorischen Adverbien, sondern auch bei Pronomen (diese, der). Man könnte im Unterricht eine entsprechende Einheit zur deiktischen bzw. phorischen Funktion bei Adverbien und Pronomen anbieten. Entsprechende Hohlspiegel-Funde findet man insbesondere in Kap. 2.1.3 *(Pronomen)*, 4.1.3 *(Relativ-Satzgefüge)* und 4.2.3 *(Relativbeziehungen in Satzreihen)*.

Doppeldeutige Adverbien

55 *Aus dem „Treffpunkt Bramsche“:*

Bramsche vibriert

Sommerkulturprogramm lockt wieder umsonst nach draußen

(Hohlspiegel 2013/28, S. 134)

War das Kulturprogramm also auch dieses Jahr wieder völlig unattraktiv? – So könnte man den Satz missverstehen.

Der Schreiber hat die Mehrdeutigkeit von umsonst und die Bedingungen für dessen angemessenen Gebrauch nicht bedacht: umsonst bedeutet zum einen so viel wie kostenlos – es ist in dieser Bedeutung ein modales Adverb; zum andern bedeutet umsonst so viel wie vergebens – dann ist es ein „evaluatives“ Adverb. Die erste Bedeutung wird aktiviert bei Aussagen, in denen es um ein Leistungsangebot geht: Sie spielen/singen/kommen/arbeiten/… umsonst; im Hohlspiegel-Fund steht demgegenüber das Verb locken, im Kontext dieses Verbs springt umsonst in die naheliegende zweite Bedeutung um: das Locken war vergebens.

Lernende können sich als Übung zu beiden Verwendungsvarianten Sätze ausdenken.

2.1.6 Präposition

Präpositionen sind Wörter wie in, wegen, zufolge, um … willen. Es gibt ca. 50 bis 100 Präpositionen. Immer wieder werden neue Präpositionen gebildet: aus Verben (seinen Angaben *entsprechend*), aus Nomen (*zwecks* einer schnellen Terminabsprache), aus Adverbien (*links* des Flusses), aus Adjektiven (*gleich* seinem Bruder). Auch aus Präpositional*gruppen* wie *von der Seite* der Ankläger entwickeln sich durch Verfestigung *Präpositionen:* vonseiten. Komplexe Präpositionen werden dabei auf Dauer oft gekürzt: seitens.

Präpositionen stehen zusammen mit Nomen oder Pronomen, denen sie dann einen bestimmten Kasus vorgeben: den Genitiv (wegen des guten Wetters), den Dativ (mit ihr), den Akkusativ (in den Keller). Durch dieses Kasus-Vorgeben werden Präpositionen als eigene Wortart innerhalb der nichtflektierbaren Wörter definiert. Präpositionen kommen auch mit Adverbien vor (von *dort*), gelegentlich auch mit Adjektiven (von *klein* auf).

Die meisten Präpositionen stehen *vor* ihren Bezugswörtern – darauf bezieht sich auch der lateinische Fachterminus (prae- = „vor", -positio = „Stellung"). Einige stehen *nach* ihren Bezugswörtern (ihrer Aussage *zufolge*). Einzelne können wahlweise vor *oder* nach den Bezugswörtern stehen (*wegen* des Wetters / des Wetters *wegen*). Einzelne zweiteilige Präpositionen *umschließen* ihr Bezugswort: *um* des Friedens *willen*.

Mithilfe von Präpositionen beschreiben wir spezifische Verhältnisse zwischen Personen, Gegenständen, Sachverhalten: räumliche (neben, auf) (→ E 34), zeitliche (vor, bei), kausale (wegen), modale (*mit* Vergnügen) und viele weitere (*angesichts* ihrer Jugend; *betreffs* Terminabsprache; *zu* seinem Erstaunen).

Präpositionalgruppen stellen ihre Bedeutung in zwei syntaktischen Funktionen zur Verfügung: (1) als Satzglied: Er fuhr *nach Paris*; und (2) als Satzgliedteil/Attribut: Die *nach Paris* gefahrenen Freunde .../Die gestrige Fahrt *nach Paris* ... (→ E 35).

Mehrdeutigkeit von Präpositionen

56 *Aus der „Bild"-Zeitung:*

Angeln von Pontons verboten

(Hohlspiegel 2013/18, S. 146)

Was soll man da nicht angeln dürfen? Die schwimmenden Schiffsanleger können es ja wohl nicht sein. Ob Pontons hier ein Name für eine Fischart ist?

Solche Fragen zielen natürlich am Sinn des Verbotes vorbei. Es besagt, dass es verboten ist, von den Pontons aus zu angeln. Mit der Hinzufügung des Wörtchens aus wäre, wie die Umformulierung von den Pontons aus zeigt, der Sinn klar: Es handelt sich bei von ... (aus) um eine zweiteilige Präposition; sie hat hier eine Richtungs-Bedeutung – es gibt diese zweiteilige Präposition auch mit einer modalen Bedeutung, vgl.: *Von mir aus* kannst du von den Pontons aus angeln. Ist das Problem also damit erledigt, dass man sagt, bei Angeln von Pontons verboten sei einfach das aus vergessen worden? So einfach ist es nicht. In vielen Fällen ist es durchaus möglich, das aus wegzulassen, z. B. beim Satz Es ist verboten, von den Pontons (aus) Fische zu fangen. Es stellt sich also die Frage, warum Angeln von Pontons verboten ohne aus missverständlich oder zumindest irritierend ist, wenn in anderen Fällen das aus wegfallen kann. Zur Beantwortung dieser

Frage ist eine genauere grammatische Analyse nötig: angeln ist ein transitives Verb, bei dem man in der Regel ein Akkusativobjekt erwartet. Wenn ein solches Verb nominalisiert gebraucht wird (→ Kap. 2.2.3: *Konversion*), erscheint das Akkusativobjekt als präpositionales Attribut mit von (das Angeln *von Forellen*) oder als Genitivattribut (= als sogenannter „genitivus obiectivus"): das Angeln *der großen Lachsforellen*. Deshalb neigt man als Hörer/Leser dazu, bei einem nominalisierten transitiven Verb wie das Angeln ein darauf folgendes präpositionales von-Attribut valenzgebunden als Akkusativobjekt zu interpretieren: Es ist verboten, *Pontons* zu angeln.

Eine Rolle spielt auch, dass das Nomen in der Präpositionalgruppe von Pontons keinen bestimmten Artikel mit sich führt. Angeln von den Pontons verboten wäre weniger missverständlich. Der Unterschied zwischen Formulierungen mit und ohne Artikel wird auch deutlich an der Tatsache, dass man bei einem Angelverbot nicht eine Formulierung wie Angeln von den Fischen verboten erwartet; man formuliert ohne Artikel: Angeln von Fischen verboten, weil es um ein unbestimmtes Akkusativobjekt geht; es sind nicht schon erwähnte Fische gemeint. Bei der Formulierung mit dem Artikel könnte man auf die Idee kommen, die Fische hätten es verboten. Demgegenüber steht das Verbotsschild Angeln von den Pontons verboten in Sichtweite dieser Pontons – daher passt der bestimmte Artikel.

Man kann noch weitere Überlegungen darüber anstellen, welche anderen Präpositionalgruppen mit von bei Angeln … verboten möglich wären. Da kann man auf Formulierungen wie Angeln von der Hafenpolizei verboten kommen. Warum ergibt sich hier kein Missverständnis? Neben dem bestimmten Artikel, der hier wieder eine Rolle spielt, kommt das Passiv ins Spiel. Verboten ist eine verkürzte Passiv-Formulierung. Beim Passiv kann das Agens (= Subjekt bei der Formulierung im Aktiv) weggelassen oder als Präpositionalobjekt mit von (oder durch) genannt werden. Diese Option, die Präpositionalgruppe mit von nicht als Attribut zu Angeln, sondern als Ergänzung zu verboten zu interpretieren, wird durch unser Weltwissen nahegelegt, dass man die (Hafen-)Polizei nicht gut angeln kann, dass andererseits die Polizei das Recht hat, bestimmte Ordnungsregeln aufzustellen.

Didaktische Hinweise: Es ist für Lernende nicht schwer zu erkennen, inwiefern die Formulierung des Verbotes irritiert. Aber grammatisch genauer zu erklären, warum das so ist, wird recht anspruchsvoll. Als Einstieg zur Beschäftigung kann die Überlegung dienen, wo das Verbot gefunden sein könnte. Dabei wird sich auch zeigen, ob das Wort Ponton den Lernenden überhaupt bekannt ist. Wenn dann die Formulierung verbessert wird, kann es sein, dass die Lernenden mit dem Vorschlag Angeln von Pontons aus das Problem als erklärt und gelöst betrachten. Ausgehend von der Feststellung, dass das Problem mit der Präposition von zusammenhängt, kann man aber noch etwas systematischer über diese Präposition nachdenken. Dazu könnten die folgenden Formulierungen miteinander verglichen werden im Hinblick auf die Frage, welche syntaktische Bedeutung die Präposition von jeweils hat:

Angeln *vom Ponton (aus)* verboten (= Attribut zu angeln mit Richtungs-Bedeutung)

Angeln *von Fischen* verboten (= Patiens-Angabe als Attribut zu angeln: *wen* angeln?)

Angeln *von der Hafenpolizei* verboten (= Agens-Angabe als präpositionale Ergänzung zu verboten: *Wer* hat es verboten?)

Damit diese drei syntaktischen Bedeutungen der von der Präposition von eingeleiteten Präpositionalgruppe deutlich werden, sollen die Lernenden weitere Sätze zu den drei Bedeutungen bilden – oder die Lehrperson gibt Formulierungen vor, die den Bedeutungen zugeordnet werden sollen, z.B. der Blick vom Turm (lokal), Das Anbringen von Plakaten ist verboten (Patiens), Paul ist von Konrad verpetzt worden (Agens beim Passiv). Die Lernenden können sich überlegen, ob es noch weitere Bedeutungen von von gibt. Häufig ist die possessive Bedeutung, z.B. das Hausaufgabenheft von Verena. Man merkt bei der Suche nach der Bedeutung der Präposition von, dass es sich um ein ausgesprochen vielfältig verwendbares Wort handelt. Das ist ein Grund dafür, dass es bei seiner Verwendung zu Unklarheiten und Missverständnissen kommen kann.

Als eine kleine Denkaufgabe könnte noch die Frage gestellt werden, warum man die Patiensangabe bei nominalisierten Verben mal im Genitiv, mal präpositional mit von formuliert:

(An einem Affengehege im Zoo:) Füttern der Tiere verboten.

Hier wird der *bestimmte* Artikel verwendet, weil sich der Verweis auf die Tiere im Gehege bezieht. Dieser bestimmte Artikel hilft dem Leser zu erkennen, dass der Tiere Genitiv Plural ist.

(Am Eingang des Zoos:) Füttern von Tieren verboten.

Hier müsste demgegenüber der *unbestimmte* Artikel verwendet werden, weil das Hinweisschild nicht auf bestimmte Tiere bezogen ist, sondern auf jegliche Tiere. Für den unbestimmten Artikel (ein) gibt es im Deutschen aber keine Pluralform – daher würde es heißen: * Füttern Tiere verboten. Der Leser hätte nun aber keine Hilfe, zu verstehen, dass Tiere Genitiv Plural sein soll. Daher wählt man die verstehenssichere präpositionale Version mit von. Alternativ könnte man ein Adjektiv einfügen, das die Genitivform erkennen lässt:

Füttern *sämtlicher* Tiere verboten.

Die Mehrdeutigkeit von Präpositionen führt oft zu missverständlichen Formulierungen. Man mag annehmen, dass es sich um ein bloß semantisches Problem handelt. Das Beispiel mit den Pontons zeigt jedoch, dass man bei der Analyse auch auf syntaktische Zusammenhänge stößt, weil die semantischen Unterschiede auch mit syntaktischen Funktionen zusammenhängen.

Missverständnisse im Zusammenhang mit Präpositionen können auch darin bestehen, dass unklar ist, ob eine Präpositionalgruppe ein Attribut oder ein eigenes Satzglied ist. Solche Beispiele sind in Kap. 3.3.1 (*Zuordnung von Attributen,* Abschnitt „Attribut oder eigenes Satzglied?") angeführt – z. B. F 255: Männer mit echtem Pelz bedroht.

57 *Aus der Speisekarte einer Gaststätte in Neustift im Stubaital:*
Unsere Schnitzel werden vom Schwein zubereitet
(Hohlspiegel 2014/8, S. 146)

Hoppla – ist hier das Hausschwein zugleich Koch?

Das Satzglied vom Schwein kann entweder als Agens (das Schwein bereitet unsere Schnitzel zu) oder als Herkunftsangabe zum Lebensmittel verstanden werden.

58 *Aus der „Chemnitzer Morgenpost":*
Aus Eifersucht nach 10 Jahren Ehe
Mordversuch an der Badewanne
(Hohlspiegel 2012/S. 18, 150)

Da das Nomen Mord – wie auch hier Mordversuch – das Mordopfer mittels der Präposition an aufführt, scheint hier die Badewanne das Mordopfer zu sein (→ E 36).

59 *Aus den „Westfälischen Nachrichten":*
Nach dem Ergebnis der Obduktion wurde die Küsterin erschossen.
(Hohlspiegel 2012/S. 49, 174)

Nach hat hier die Bedeutung von laut (laut Ergebnis der Obduktion) oder zufolge (dem Ergebnis der Obduktion zufolge) – dieses präpositionale Satzglied gibt die Quelle für die Todesursachen-Vermutung an (→ E 37). Häufiger wird nach aber in temporaler Bedeutung verwendet; deshalb kann hier das Missverständnis entstehen.

60 *Aus der „Westdeutschen Allgemeinen Zeitung":*
Biowetter: Vor allem Rheumatiker leiden mit der feuchten Luft unter Gelenk- und Gliederschmerzen.
(Hohlspiegel 2011/43, S. 166)

Auf den ersten Blick scheinen die Rheumatiker mit der feuchten Luft mitzuleiden. Gemeint war natürlich *bei* der feuchten Luft oder *aufgrund* der feuchten Luft.

Man findet allerdings gelegentlich auch die Verwendung von mit, wie sie in diesem Fund beabsichtigt war, z. B.: *Mit der neuen amerikanischen Regierung* bietet sich für Europa eine völlig veränderte Situation.

61 *Aus dem „Schleswig-Holstein Journal":*

Zwölf Staaten in Europa erlauben mittlerweile die Ehe zwischen Schwulen und Lesben mit vollständiger Gleichstellung.

(Hohlspiegel 2015/27, S. 130)

Damit das Missverständnis nicht entsteht, muss man entweder auf die Präposition unter ausweichen oder die Präposition wiederholen: die Ehe zwischen Schwulen und zwischen Lesben.

62 *Aus der „Lausitzer Rundschau":*

Bleihaltige Munition sorgt insbesondere bei den Greifvögeln für Diskussionen.

(Hohlspiegel 2014/12, S. 142)

Der Satz wird eindeutig, wenn man die zugehörige Überschrift liest:

Jäger fordern „vernünftige" Munition

Diskussion um bleihaltige Geschosse beim Kreisjägertag / Mehrere vergiftete Seeadler gefunden

(http://www.lr-online.de/regionen/cottbus/Jaeger-fordern-vernuenftige-Munition;art1049,4504446, Abruf am 09.07.2016)

Es haben also nicht die Greifvögel mitdiskutiert, sondern das Thema „bleihaltige Munition" wurde vor allem bezogen auf Raubvögel heftig diskutiert, nachdem mehrere Seeadler, die mit Blei beschossenes Wild gefressen hatten, an Bleivergiftung gestorben waren.

63 *Aus der „Thüringer Allgemeinen Zeitung":*

Mehr Geld
für Löcher
auf Straßen
gefordert

(Hohlspiegel 2011/3, S. 154)

Klarer wäre hier: für die *Beseitigung* der Löcher.

64 *Aus den „Lübecker Nachrichten":*

Jusos beklagen: Zu wenig Wickeltische für Männer

(Hohlspiegel 2012/14, S. 150)

Die Präposition für klärt nicht, ob es um Männer geht, die selber noch gewickelt werden müssen, oder um Männer, die (ihre Kleinkinder) wickeln können sollen. Vermutlich ging es um die Ausstattung von Herrentoiletten mit Wickeltischen, damit nicht immer die Mütter unterwegs die Wickelarbeit verrichten müssen. Ein Hinweis: Der ehemalige US-Präsident Barack Obama hat im Oktober 2016 ein Gesetz unterzeichnet, das in den USA Wickeltische in öffentlichen Männertoiletten vorschreibt.

65 *Aus der „Rheinischen Post":*
Straßennamen für Frauen
RP-Leser schlagen berühmte Frauen vor, nach denen Straßen benannt werden sollten …
(Hohlspiegel 2011/33, S. 154)

Soll das bedeuten, dass zukünftig Straßen für Frauen anders heißen als für Männer? Klar wäre die Überschrift: Straßen nach Frauen benennen.

66 *Aus dem „Trierischen Volksfreund":*
Marco Huck wartet mit dem Sex bis nach der Ehe
(Hohlspiegel 2011/30, S. 142)

Sehr keusch!

Gemeint war vermutlich bis *zur* Ehe oder bis nach der Ehe*schließung*.

67 *Schild im Landkreis Würzburg:*
Kein Trinkwasser!
Abgabe nur an Bürger.
Bei Entnahme von Nicht-Bürgern
erfolgt Anzeige wegen Diebstahls.
(Hohlspiegel 2014/33, S. 134)

Unter Entnahme von Nicht-Bürgern versteht man naheliegenderweise, dass Nicht-Bürger entnommen werden. Bei Nomen wie Entnahme, die von *transitiven* Verben abgeleitet sind (und deren Valenzen übernommen haben), wird mit der Präpositionalgruppe von … in der Regel das Patiens dargestellt; für das Agens verwendet man in der Regel die – auf Agens-Darstellung spezialisierte – Präpositionalgruppe durch …, also: Nicht-Bürger entnehmen Wasser – die Entnahme von Wasser durch Nicht-Bürger. Bei Nomen zu *nicht*transitiven Verben – wie Wanderung oder Hoffnung – wird demgegenüber das Agens durch die Präpositionalgruppe von … dargestellt:

die gestrige Wanderung *von uns* – die Hoffnung *von Bürgern*

Wir sprechen von „in der Regel", weil es Fälle gibt, wo ein Nomen auf ein transitives Verb zurückgeht, das Agens aber – bedingt – mit von ... dargestellt werden kann:

Die Untersuchung/Untersuchungen von Prof. Peter hat/haben bei Paula einen Tumor ergeben.

Auch hier gilt aber verbindlich: Wenn auch das Patiens wiedergegeben wird, muss das Agens mit durch ... dargestellt werden:

Die Untersuchung von Paula *durch Prof. Peter* hat einen Tumor ergeben.

*Paulas Untersuchung *von Prof. Peter* hat einen Tumor ergeben.

Dies ist zwar ein korrekter Satz, sein Inhalt ist aber ein anderer: Hier ist Paula die Ärztin, und der Professor hat den Krebs.

Was für das Präpositionalattribut von .../durch ... gesagt wurde, gilt entsprechend für die Darstellung durch Genitivattribute und Possessivpronomen:

die Entnahme des Wassers (= Genitivattribut/Possessivpronomen in der Patiens-Rolle)

*die Entnahme der Nicht-Bürger/ *ihre Entnahme (= Genitivattribut/Possessivpronomen in der Agens-Rolle)

Prof. Peters Untersuchung(en)/seine Untersuchung(en) (= Genitivattribut/Possessivpronomen in der Patiens- oder der Agens-Rolle)

Didaktischer Hinweis: Vielleicht könnte man – nach der eigenen Untersuchung des Fundes – den Schülerinnen/Schülern die folgende Zusammenstellung aus einem Internet-Blog als Handout austeilen und vergleichen lassen, wie die Blog-Teilnehmer mit diesem Sprachproblem umgehen. (Die Postings sind um Smileys und Grüße gekürzt, die Usernamen sind anonymisiert.)

M

Internet-Diskussion zur Entnahme von Nicht-Bürgern

Das im Hohlspiegel zitierte Schild ist schon andern aufgefallen – z. B. einem der Mitglieder in einem Blog (und zwar im „α SonyUserforum"). Dieses Mitglied (= Mitglied 1) eröffnet im Galerieforum „Bildercafé" als Thema 55 am 6.8.2011 um 20.25 Uhr die Diskussion unter der Überschrift „Entnehmt keine ‚Nichtbürger'" mit dem Bild und folgendem Erstbeitrag:

Mitglied 1: Hallo. Bei diesem Schild an einer öffentlichen Wasserstelle mußte ich doch nachdenken! Wenn man bei Entnahme von Nichtbürgern wegen Diebstahls angezeigt wird, Was passiert, wenn durch Nichtbürger Wasser entnommen wird?

Es folgt nun ein Austausch mit 6 weiteren Mitgliedern bis 21.55 Uhr:

Mitglied 2: Und warum ist es Diebstahl ist wenn man Nichtbürger von dort entführt ... seltsamme Schilder gibts ...

Mitglied 3: Die armen Nichtbürger... Die haben es aber eng da drin! DAS sollte man zur Anzeige bringen!!!
(wizzisch! – vor allem ziemlich streng...ist das irgendwie ne Wasserversorgung?)

Mitglied 4: Interessant ist auch, dass man Bürger offensichtlich einfach so entnehmen kann. Scheinbar sind Bürger nicht so wertvoll wie Nichtbürger
Mitglied 1 antwortet auf die Anfrage von Mitglied 3: Das Schild hängt an einer Brauchwasser Entnahmestelle (Schlauch mit Absperrhahn und Wasserzähler). Dort können „Bürger" Fässer füllen um Weinberge zu bewässern.
Mitglied 3 antwortet auf die Auskunft von Mitglied 1: Mit Nichtbürgern?
Mitglied 5: Sind wir nicht ALLE Bürger ...
Mitglied 6 bezieht sich auf Mitglied 3: Womit sonst? Wären es keine Nichtbürger, könnte man ja keine entnehmen.
Mitglied 7 bezieht sich auf Mitglied 5: Aber Du bist vermutlich ein Nichtbürger des Marktes Eisenheim. Also könntest Du zur Bewässerung entnommen werden. Auch wenn das nicht erlaubt ist. Also Obacht.

Und noch ein Nachklapp am nächsten Morgen um 6.55 Uhr:

Mitglied 8: Mir stellt sich die Frage, ob nun der Bürger zum zweck der Bewässerung nur vom Bürger oder auch vom Nichtbürger entnommen werden darf, andererseits die Entnahme von Nichtbürgern ja verboten ist. Gilt dieses Verbot nun für alle Bürger und wie sieht es mit Anwohnern, Nachbarn oder Anliegern aus. Mir scheint das alles sehr unausgereift. Außerdem finde ich seltsam, dass eine Stadt, also nicht der Stadtrat oder ähnlich über Bürger und Nichtbürger einfach so verfügt und wann bin ich Bürger und wann Nicht? Schließlich will ich mich auch als Bürger fühlen.

(http://www.d7user.de/forum/showthread.php?t=106800)

Probleme mit Richtungs-Präpositionen

68 *Aushang in Karlsruhe:*
VORBEI sind die Zeiten,
dass Sie wegen Ihres Zahnersatzes
nach Ausland fliegen/fahren müssen.
(Hohlspiegel 2014/28, S. 138)

Das Beispiel lädt zum Nachdenken an, weil man sagen kann: nach Tschechien, aber nicht nach Ausland. Warum ist nach Ausland nicht gebräuchlich? Lernende können zu fahren richtungsbezogene Präpositionalgruppen mit in und nach zusammenstellen und nach einer Regularität suchen: Ich fahre nach Griechenland, nach Rom, aber in die Berge, in die Heimat. Auf den ersten Blick entspricht dies dem Unterschied zwischen Eigenname und Begriff: Griechenland und Rom sind Eigennamen (die man *ohne* Artikel verwendet), Berge und Heimat sind räumliche/emotionale Begriffe (die man *mit* Artikel verwendet).

Das stimmt aber so noch nicht ganz: Ich fahre in die Schweiz, in die Toscana. Auch Schweiz und Toscana sind Eigennamen einer Nation bzw. einer Landschaft; sie werden aber mit Artikel verwendet. Offenbar wählen wir nach, wenn man keinen Artikel zum Nomen setzen kann, sonst verwenden wir in. Zu dieser Hypothese passt dann auch, dass man sagen kann: Dieser Roman führt uns in das Rom des 19. Jahrhunderts.

Aber noch gibt es weitere Probleme: Warum können wir nicht sagen Ich gehe nach Aldi (außer wir sprächen Ruhrgebiets-Deutsch), sondern sagen Ich gehe zu Aldi? Weil man diese Ortsangaben (Firmen, Institutionen usw.) als räumlichen „Punkt" betrachtet, in den man nicht wie in eine Stadt oder ein Land hineingehen kann?

Eine Empfehlung: Es könnte spannend sein, die Präpositionswahl in anderen Sprachen – z.B. den Schulfremdsprachen – vergleichend zu betrachten: Im Englischen wird zwischen Ortsumfängen überhaupt nicht unterschieden: I go to Greece, to the Toscana, to Rome, to Aldi. Und im Italienischen wird zwischen großen und kleinen Ortsumfängen unterschieden: Vado in Grecia, in Germania – aber Vado à Roma, à Aldi. Die Sprachen haben also unterschiedliche Raumkonzepte, nach denen sie räumliche Angaben gestalten. Vielleicht können Schülerinnen/Schüler mit weiteren Sprachen und deren Raumkonzepten zur vergleichenden Analyse beitragen.

Anschließend kann man weitere richtungsbezogene Formulierungen suchen, z.B. Ich fahre auf das Jungfraujoch, ich fahre über den See, ich fahre hinter das Haus. Worin ist jeweils die Wahl der Präposition begründet? Anschließend könnte man über das folgende, ungewöhnliche Beispiel grübeln:

69 *Aus dem „Weser-Kurier":*
Unter Wasser über den Bosporus
(Hohlspiegel 2010/51, S. 170)

Gemeint ist der Tunnel, der die beiden durch die Meerenge des Bosporus voneinander getrennten Teile Istanbuls verbindet.

2.1.7 Konjunktion

Konjunktionen sind Wörter wie und, weil, obwohl, als (→ E38).

Es gibt ca. 70 Konjunktionen. Unter ihnen finden sich auch paarige wie weder … noch und mehrwortige wie wenn auch.

Konjunktionen helfen Teilsätze, Satzteile und Wörter miteinander zu verbinden (→ E39): *Unter*ordnende Konjunktionen wie wenn, weil, dass, ob verbinden Bausteine mit *unterschiedlichem* syntaktischem Rang (Er blieb zuhause, *weil* er krank war); *neben*ordnende Konjunktionen wie und, oder, denn, aber, sondern verbinden Bausteine mit *gleichem* syntaktischem Rang (Sie schlief, *denn* sie war müde); die *zuordnenden* Konjunktionen wie und als operieren überwiegend zwischen Satzteilen (→ E 40): Sie war mindestens so intelligent *wie ihr Mann. Als Vorsitzender* ist er nicht sehr beliebt.

Unklare Bezüge

70 *Aus der „Rheinpfalz“:*

„Es gilt künftig folgende Regelung: Die besonders günstige Familienkarte gilt für zwei Erwachsene mit zwei Kindern oder Enkeln. Wenn die beiden Erwachsenen nicht Vater und Mutter oder Großvater und Großvater, sondern Großvater und Mutter oder Vater oder Großmutter und Mutter oder Vater sind, wird nun auch die entsprechende Begünstigung gewährt“, teilte Schubert mit.

(Hohlspiegel 2015/2, S. 138)

Die vielen Konjunktionen (und, oder) haben offensichtlich auch den Schreiber verwirrt: Statt Großvater und Großvater muss es natürlich Großvater und Großmutter heißen.

Die Entschlüsselung des Satzes bleibt aber auch so eine kleine Logelei. Man könnte zur Klärung vier unterschiedliche Vorgehensweisen wählen:

1 Man versucht eine typografische Visualisierung, etwa in der folgenden Art:

  Wenn die beiden Erwachsenen
  nicht
    Vater und Mutter
    oder Großvater und Großmutter (= Großvater zu Großmutter korrigiert),
  sondern
    Großvater und Mutter oder Vater
    oder Großmutter und Mutter oder Vater
  sind, …

2 Man verdeutlicht durch Einkreisen, was jeweils zusammengehört. Bei der Wortfolge nach sondern würde z. B. Großvater und Mutter oder Vater eingekreist und zusätzlich innerhalb dieser Einkreisung auch noch Mutter oder Vater.

3 Man sucht eine einfachere, klarere Formulierung, z. B.:

  Wenn die beiden Erwachsenen nicht die *beiden* Eltern oder die *beiden* Großeltern sind, sondern ein Elternteil mit einem Großelternteil, …

4 Man liest den Satz langsam vor und markiert mit Pausen, was jeweils zusammengehört.

71 *Aus einer Werbung der Firma „Pro-Idee":*
Handwerkskunst aus dem Erzgebirge –
aber in beeindruckend gelungenem Design.
(Hohlspiegel 2008/42, 206)

Bei diesem Beispiel macht das aber Schwierigkeiten, weil man im Satzteil davor keinen expliziten Bezugspunkt findet. Also sucht man einen impliziten Kontrast; der liegt entweder in Handwerkskunst – als könne Handwerk normalerweise nicht gutes Design schaffen – oder aber in der Produktionsregion Erzgebirge – die damit als Region geringer ästhetischer Kompetenz abgewertet würde.

72 *Aus der „Hessischen/Niedersächsischen Allgemeinen":*
Naturschutzverbände fordern, die Jagd auf Singvögel wie Rabenkrähen, Elstern und Feldhasen ganz zu verbieten.
(Hohlspiegel 2015/48, S. 162)

Offenbar war wie als anreihende Konjunktion im Sinne von sowie gemeint; ohne ein erneutes wie auf ... verliest man die Konstruktion so, dass wie eine Beispielreihe anbietet – und da hüpft dann der Feldhase natürlich aus der Reihe.

73 *Aus der „tv Hören und Sehen":*
Studien zeigen: Nicht falsche Ernährung, zu
wenig Bewegungsmangel oder schlechte
Gene sind schuld an Übergewicht.
(Hohlspiegel 2016/4, S. 138)

In gesprochener Sprache kann man den Gegensatz „falsche Ernährung" gegenüber „zu wenig Bewegung/schlechte Gene" durch die Stimmführung hinreichend deutlich machen. Schriftsprachlich aber braucht man ein explizites Kontrastmittel – hier wohl am ehesten die nebenordnende Konjunktion sondern vor zu wenig Bewegungsmangel; sie markiert den Anfang des Gegensatzes. Nur so vermeidet man, dass man die Negationspartikel nicht auch auf wenig Bewegungsmangel oder schlechte Gene bezieht.

Neben dieser fehlenden Konjunktion zeigt dieser Fund noch ein weiteres Problem: Der für Übergewicht mitverantwortliche Mangel an Bewegung wird hier doppelt ausgedrückt – durch das Grundwort -mangel im Kompositum Bewegungsmangel und zusätzlich durch das komplexe Attribut zu wenig. Dadurch kippt die Aussage in ihr Gegenteil.

2.1.8 Partikel

Partikeln (im *engeren* Sinne) sind Wörter wie sehr, nur, nein, wohl, ja, hallo.

Sie sind diejenigen unter den nicht flektierbaren Wörtern, die nicht Adverbien und nicht Präpositionen und nicht Konjunktionen sind.

Partikeln spezifizieren Aussagen (z.B. Gradpartikeln wie sehr, → E41), kommentieren sie (z.B. Fokuspartikeln wie besonders, z.B. in besonders er, oder Kommentarpartikeln wie sozusagen), moderieren sie (Einstellungspartikeln wie z.B. ja oder denn, z.B. in Du bist ja komisch! Was hast du denn? → E43) und dienen der Steuerung von Gesprächsverläufen (z.B. gliederungsverdeutlichende Partikeln wie so!) (→ E44).

Partikeln – egal aus welcher Untergruppe – weisen in ihrem Stellungsverhalten Besonderheiten auf; sie sind also in jeder Hinsicht „Wortart-Spezialisten", für die entsprechend spezielle Bedingungen gelten(→ E42).

Fokuspartikel (→ E45)

74 *Aus der „Neuen Zürcher Zeitung":*
36-jähriger Italiener hat bereits vor seinem Tod Suizidabsichten geäußert.
(Hohlspiegel 2017/36, S. 130)

Wann sonst hätte er Selbsttötungsabsichten denn äußern können, wenn nicht vor seinem Tod?

Gemeint ist offenbar, dass der Mann vor seinem Tod bereits seine Selbsttötung angekündigt hatte, dass die also nicht ganz überraschend kam. Die bloße Umstellung der Fokuspartikel bereits führt also hier zu der gemeinten Aussage:

36-jähriger Italiener hat vor seinem Tod bereits Suizidabsichten geäußert.

Bereits – oder auch schon – und das Gegenstück erst beleuchten eine Aussage unter zeitlichem Gesichtspunkt. Solche Fokuspartikeln muss man – wenn man nicht im Mündlichen mit besonderen Betonungs- und Stimm-Informationen arbeitet – in der Regel direkt vor dem platzieren, was man so beleuchten will.

75 *Aus der „Halterner Zeitung":*
Die Anschaffung einer solchen Pumpe kostet rund 20000 Euro. Mit ihr lässt sich die Hälfte oder sogar ein Drittel der Kosten einsparen.
(Hohlspiegel 2008/18, S. 194)

Rechenschwäche? Oder sprachlicher Irrtum: Meinte der Autor vielleicht die Hälfte oder *zumindest* ein Drittel bzw. hat er die Reihenfolge verwechselt und meinte ein Drittel oder sogar die Hälfte? Die Wörter sogar und zumindest, um die es hier geht, sind Fokuspartikeln. Sie fokussieren das nachfolgende Satzglied in gegensätzlicher Weise.

76 *Aus der Lippstädter Zeitung „Der Patriot“:*
Arbeitslosigkeit steigt
auf 3 Millionen
Zahlen entwickeln sich trotz Winterflaute gut
(Hohlspiegel 2015/7, S. 138)

Hier fehlt eine Angabe, die die Zahl 3 Millionen in das gewünschte Licht rückt, nämlich als überraschend niedrige Zahl – nur (= eine Fokuspartikel): Arbeitslosigkeit steigt auf *nur* 3 Millionen – jetzt liest man diese Zahl als „gute" Information.

77 *Aus dem „Deutschen Ärzteblatt“:*
Zahl des Monats
45,5
Prozent der berufstätigen Ärztinnen und Ärzte sind Frauen.
1991 waren es noch 33,6 Prozent.
(Hohlspiegel 2016/6, S. 146)

Die Fokuspartikel noch wäre angemessen, wenn ein *Rück*gang betont werden sollte, also z. B.: 1991 waren es noch 50 Prozent (also mehr als heute). Der Prozentsatz war früher aber niedriger; deshalb wäre die Fokuspartikel erst angemessen. Sie fokussiert den Ausgangspunkt einer Steigerung.

2.2 Wortbildung

Wir brauchen in unserer Sprachgemeinschaft immer wieder neue Wörter – für neue Gegenstände (Erfindungen), neue Institutionen, neue Ideen. Dafür gibt es zwei Strategien:

- Man kann einem bereits vorhandenen Wortkörper eine zusätzliche Wortbedeutung zuordnen, z. B. hat Bank – also das Sitzmöbel – eine zweite Bedeutung aufgepackt bekommen: Bank als Geldhaus.
- Man kann einen neuen Wortkörper schaffen.

Für diese zweite Strategie gibt es *drei* Verfahren:

- Das *erste* Verfahren: Es wird ein gänzlich neuer Wortkörper erfunden – z. B. Spunk, das Pippi Langstrumpf in Taka-Tuka-Land erfunden hat. Eine solche *Wortschöpfung* geschieht bei einer so ausgebauten Sprache wie der deutschen seit Langem nur noch selten, am ehesten bei Produktnamen.

- Das *zweite* Verfahren: Es wird ein fremdsprachlicher Wortkörper übernommen – z. B. das englische Verb (to) mail – und in seiner Flexion den Regeln der deutschen Sprache angepasst: mailen.
- Das *dritte* Verfahren: Unter Nutzung vorhandenen Wortmaterials wird ein neuer Wortkörper gebildet. Dieses dritte Verfahren ist das mit Abstand produktivste.

Innerhalb dieses dritten Verfahrens lassen sich drei Grundverfahren unterscheiden:

- Wortzusammensetzung (Komposition) – z. B. Haus + Hund = Haushund (→ E 46)
- Wortableitung (Derivation) – z. B. Haus + -lich = häuslich
- Konversion – z. B. laufen ▸ Lauf; laufen ▸ (das) Laufen

2.2.1 Wortzusammensetzung (Komposition)

Zusammengesetzte Wörter (Komposita) sind Wörter wie Würfelzucker, Schwarzgeld, Rennauto, Lastkraftwagen, Elektrorollerfahrerlaubnis, dunkelgrau, kugelstoßen.

Wir können unendlich viele Komposita bilden. Im Deutschen sind nämlich auch Zusammensetzungen aus drei und mehr Wörtern möglich: Jedes Kompositum kann seinerseits wieder Teil eines noch komplexeren Kompositums werden: Wagen ▸ Kraftwagen ▸ Lastkraftwagen ▸ Lastkraftwagenverkauf ▸ Lastkraftwagenverkaufsveranstaltung ▸ … Die meisten dieser möglichen Komposita stehen nicht in Wörterbüchern; wer Deutsch als Fremdsprache lernt, kann daher Probleme mit komplexen Komposita haben: Die Gesamtbedeutung muss aus den Bedeutungen der Bestandteile erschlossen werden (→ E 47).

Ein Kompositum wie Würfelzucker besteht aus zwei Wörtern: Das erste der beiden bestimmt die Bedeutung des zweiten näher – Würfelzucker ist würfelförmiger Zucker. Das erste – das linke – Wort heißt daher *Bestimmungs*wort, das zweite – das rechte – heißt *Grund*wort. Das ist für die grammatische Charakteristik (Wortart, Flexion) verantwortlich (→ E 48).

Auch mehrfach zusammengesetzte Wörter kann man grundsätzlich in zwei Wortteile aufgliedern: Bei Hauskauf|finanzierung ist -finanzierung das Grundwort, Hauskauf- ist das Bestimmungswort; dieses Bestimmungswort ist seinerseits ein Kompositum. Solche mehrfach zusammengesetzten Wörter kann man also Schritt für Schritt in jeweils zwei Wortteile zerlegen.

Die Stelle im Wortinneren, an der Bestimmungswort und Grundwort aneinanderstoßen, nennt man *Fuge*. Fugen können mit sogenannten *Fugenelementen* gefüllt sein: -s- in Liebesleid, -e- in Schweinebraten, -es- in Kindesmund, -er- in Männergruppe, -en- in Menschenauflauf, -ens- in Herzenswunsch.

Komposition stellt nicht nur *neue Wörter* für *neue* Bedeutungseinheiten zur Verfügung; sie ermöglicht auch die Verdichtung von Aussagen: ein Haus aus Holz ▸ ein Holzhaus (→ E 49).

Linksverzweigung/Rechtsverzweigung bei mehrgliedrigen Komposita

78 *Aus der „Hessischen/Niedersächsischen Allgemeinen":*
Kinderpflanzaktion
(Hohlspiegel 2012/20, S. 154)

Ist die Kinderquote inzwischen etwa so alarmierend gering, dass man zu unkonventionellen gentechnischen Methoden zur Züchtung von Nachwuchs greift? Beim ersten Lesen der Überschrift könnte man meinen, hier sei von einer solchen Aktion zum Pflanzen von Kindern die Rede. Gemeint ist das natürlich nicht, es geht vielmehr um eine Pflanzaktion, die *für* Kinder angeboten wird. Um dies knapp in einer Überschrift anzugeben, hat der Verfasser eine Möglichkeit genutzt, die für die deutsche Sprache kennzeichnend ist: Man kann alle möglichen Komposita frei bilden – und manchmal läuft das schief. Bei Komposita mit drei und mehr Konstituenten ist diese Gefahr besonders groß.

Um den Grund für das Missglücken der Formulierung zu erkennen, muss man das Kompositum in seine Konstituenten gliedern und deren strukturellen Zusammenhang untersuchen. Es geht also um Kinder, Pflanz und Aktion. In einem ersten Schritt teilt man ein Kompositum in zwei Konstituenten, wobei bei Komposita aus mehreren Wörtern die Konstituenten jeweils ihrerseits ein Kompositum sein können. Es ergeben sich für die Kinderpflanzaktion zwei Möglichkeiten:

(1) Kinder + pflanz + aktion — Bestimmungswort (Kinder + pflanz) + Grundwort (aktion)

(2) Kinder + pflanz + aktion — Bestimmungswort (Kinder) + Grundwort (pflanz + aktion)

Die beiden Varianten unterscheiden sich in ihrer Bedeutung, deshalb ist das Kompositum missverständlich. In der Grammatik spricht man bei Variante (1) von Linksverzweigung (links – also beim Bestimmungswort – gibt es bei Kinder + pflanz zwei Zweige), bei Variante (2) von Rechtsverzweigung (rechts – also beim Grundwort – gibt es bei pflanz + aktion zwei Zweige).

An einem Beispiel, bei dem beide Varianten einen Sinn ergeben, kann man den Unterschied noch klarer erkennen:

(1) Kindergarten-Platz (wir haben endlich für unser Kind einen Kindergartenplatz gefunden):
(Kinder + garten) + platz

(2) Kinder-Gartenplatz (ich habe in meinem Garten extra einen Platz für Kinder eingerichtet):
Kinder + (garten + platz)

Wenn man Kindergartenplatz ohne Bindestrich schreibt, gibt es, anders als bei Kinderpflanzaktion, keine Gefahr für ein Missverständnis. Man versteht automatisch die Bedeutungsvariante (1). Woran liegt das? Kindergarten ist eine uns gesellschaftlich vertraute Wortfügung, die man auf Anhieb als Lexem wahrnimmt. Bei Kinderpflanzaktion jedoch sind weder (das) Kinderpflanz(en) noch Pflanzaktion geläufige Begriffe.

Bei Kinderpflanzaktion wird das Missverständnis auch dadurch begünstigt, dass pflanz(en) ein Akkusativobjekt verlangt und man deshalb dazu neigt, beim ersten Lesen Kinder als einem Akkusativobjekt entsprechend abhängig vom Verbstamm pflanz zu interpretieren. Man würde dabei also, grammatisch gesprochen, das Bestimmungswort Kinderpflanz seinerseits als ein valenzgebundenes Kompositum aus dem Grundwort pflanz und dem Bestimmungswort Kinder einstufen (wie z. B. Rosenpflanzaktion).

Zur Verdeutlichung der Bedeutung von Komposita kann man sie in ein Nomen mit präpositionalem Attribut umformulieren; das ergibt in der ersten Stufe

(1) *Aktion zum Kinderpflanzen

(2) Pflanzaktion für Kinder

und in der zweiten Stufe dann:

(1) *Aktion zum Pflanzen von Kindern

(2) Aktion zum Pflanzen für Kinder

Das Grundwort, also der letzte Bestandteil, wird dabei als erstes Wort gesetzt, als Kopf der Wortgruppe.

In der gesprochenen Sprache kommt es weniger schnell zum Missverständnis, denn durch die Sprechweise kann man die gemeinte Bedeutung unterstützen: Wenn man zusätzlich zum Hauptakzent auf Kinder einen Nebenakzent auf pflanzaktion setzt, dürfte klarer sein, was gemeint ist. In der Regel verhindert auch der weitere Kontext ein Missverständnis. Schriftlich könnte man zur Verdeutlichung einen Bindestrich nach Kinder setzen: Kinder-Pflanzaktion; die amtlichen Rechtschreibregeln lassen diese Bindestrich-Schreibung ausdrücklich zu. Bei einer Schreibung Kinderpflanz-Aktion dagegen würde man zunächst eher annehmen, dass Kinder gepflanzt werden.

Didaktische Hinweise: Leitfrage im Unterricht wäre die Frage, warum bei Kinderpflanzaktion ein Missverständnis entstehen kann. Der Vergleich mit weiteren Komposita kann der Vertiefung der Überlegungen dienen; geeignet sind dafür z. B. die Komposita:

Kindergartenplatz (= Kindergarten-Platz)

Kinderspielplatz (= Kinder-Spielplatz)

Durch die Schreibung mit Bindestrich kann die innere Struktur der dreigliedrigen Komposita verdeutlicht werden. Die Lernenden können sich auch grafische Darstellungen ausdenken, die die beiden Strukturvarianten veranschaulichen, z. B. Einkreisungen, Baumdiagramm, Partitur-Schreibweise u. a. Drei Beispiele:

(Kinder + garten) + platz

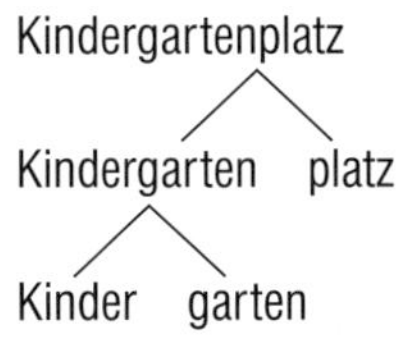

Als anschließende Übung können sie weitere mehrgliedrige Komposita suchen und diese den beiden Strukturvarianten zuordnen, z. B. einfach durch Schreibung mit Bindestrich. Bei hinreichender Erfahrung mit dreigliedrigen Komposita sollten auch viergliedrige angesprochen werden. Gegebenenfalls kann man dann auch die eher seltenen Fälle mehrgliedriger Komposita ansprechen, in denen – wie bei Dreizimmerwohnung – als Bestimmungswort eine Wort*gruppe* (drei Zimmer) verwendet wird. Dieses Kompositum kann man weder als Linksverzweigung einstufen (weil es das Wort Dreizimmer nicht gibt) noch als Rechtsverzweigung (weil es das Wort Zimmerwohnung nicht gibt).

Ein Hohlspiegel-Fund, der der Kinderpflanzaktion analog ist, ist folgender:

79 *Anzeige aus dem Amtsblatt der Stadt Herrenhut:*
Rentnerschlachtfest
am 2.10.2012, ab 16.00 Uhr
mit Schlachtebuffett, 12.- EUR/Person
noch freie Plätze
(Hohlspiegel 2012/42, S. 170)

Die gemeinte Bedeutung ist hier Rentner-Schlachtfest. Auffällig ist auch das Kompositum Schlachtebuffett mit einem unüblichen Fugenelement.

Neben der Links- und Rechtsverzweigung bei mehrgliedrigen Komposita, die in diesen Beispielen der Doppeldeutigkeit zugrunde liegt, gibt es weitere Aspekte, unter denen Komposita fehleranfällig sind. Im Folgenden führen wir Funde zu komplexen Komposita (mehr als drei Konstituenten), zu unüblichen Komposita, zum Problem der Fugenelemente, zu Attribut oder Bestimmungswort, zu irritierenden semantischen Wirkungen durch unklare Komposita, zu adjektivischen Komposita und zur Schreibung von Komposita an.

Komplexe Komposita

80 *Aus einem Schreiben der DKV:*
Das oben genannte Punktesystem ist in der ‚Krankenversicherungsbeitragsanteilsermittlungsverordnung vom 11. August 2009, BGBl. I S 2730‘ (KVBEVO) geregelt.
(Hohlspiegel 2011/11, S. 162)

Prinzipiell können im Deutschen Komposita mit beliebig vielen Konstituenten gebildet werden. Allerdings können allzu komplexe Komposita das Verstehen erschweren – und sie werden manchmal auch zur Belustigung zitiert.

In der Verwaltungssprache findet man oft solche Wortungetüme. Die grammatische Analyse ist knifflig; aber wenn man schrittweise vorgeht, gelingt sie.

Unübliche Komposita

Die große Freiheit, die die deutsche Grammatik bei der Wortbildung gestattet, führt dazu, dass man in Zeitungstexten oft sehr ungewöhnliche Komposita findet, deren Bedeutung nicht unbedingt auf Anhieb verstanden wird. Solche Beispiele können anfällig für Missverständnisse sein und deshalb auch zum grammatischen Nachdenken anregen.

81 *Aus einer Anzeige im „Badischen Tagblatt":*
Männer-Schlussverkauf im UG!
(Hohlspiegel 2013/31, S. 134)

Die beiden Bedeutungsvarianten kann man grammatisch veranschaulichen, wenn man das Kompositum in „Nomen + präpositionales Attribut" umformuliert: Schlussverkauf für Männer oder *Schlussverkauf von Männern. Die missverstandene Variante kann auch aus Valenzgründen naheliegen, da Verkauf, abgeleitet von (etwas) verkaufen, eine Patiensangabe erwarten lässt (beim Verb als Akkusativobjekt, beim Kompositum als Bestimmungswort).

Strukturell ähnlich ist das folgende Beispiel:

82 *Aus einem Werbeprospekt der Firma „Edeka":*
Kinder-Aufbewahrungstruhe
(Hohlspiegel 2012/14, S. 150)

Eine Fehldeutung wird bei ungewohnten Komposita oft unterstützt durch vertraute Formulierungen, die geläufig sind und die bewusst oder unbewusst assoziiert werden; wir weisen bei den folgenden Beispielen stichwortartig darauf hin. Im Unterricht können die Lernenden selbst nach Formulierungen suchen, die ein Missverständnis unterstützen.

83 *Aus dem Kasseler Anzeigenblatt „Extra Tip":*
Rentner-Roulade
mit Rotkraut und Kartoffeln .... € 6,90
(Hohlspiegel 2008/30, S. 158)

Vgl. Kohlroulade = „Roulade aus Kohl".

84 *Aus „Der Reporter – das Familienwochenblatt":*
Polizei warnt vor Dämmerungseinbrüchen
(Hohlspiegel 2009/47, S. 166)

Vgl. Die Dämmerung bricht ein.

85 *Aus der „Gießener Allgemeinen":*
Schlaganfall-Gruppe sucht neue Mitglieder
(Hohlspiegel 2013/38, S. 164)

Vgl. das Muster Badminton-Gruppe, Trommel-Gruppe.

86 *Schild in Polling (Oberbayern):*

(Hohlspiegel 2016/2, S. 130)

Na gut, dann schweigen wir halt beim Wandern!

Dieser Begriff ist uns nicht auf Anhieb vertraut. Wenn man ihn zu erschließen versucht, kommt man auf ein Kompositum von Unterhaltung und Weg – die Bedeutung könnte also sein, dass man sich auf solchen Wegen (gut) unterhalten kann. – Das macht natürlich wenig Sinn. Faktisch handelt es sich um einen Fachausdruck – Unterhaltungswege dienen der Möglichkeit, Flüsse, Dämme usw. zu unterhalten, also zu pflegen und zu reparieren.

Auch diese Lesart bleibt angesichts des Fotos irritierend – soll das Schild anzeigen, dass der Weg nicht der Unterhaltung des Baches/Dammes/Waldes dient? Oder geht es darum, dass dieser Weg selber nicht unterhalten, also nicht zuverlässig geräumt wird (wahrscheinlich ist das gemeint)?

Beim folgenden Beispiel geht es um ein missverständliches Adjektiv als Bestimmungswort:

87 *Aus der „Rheinischen Post":*
Fundamentalsteine der Schule
gingen in den Ruhestand
(Hohlspiegel 2007/9, S. 202)

Bedeutung von Komposita

88 *Aus den „Niederrhein Nachrichten":*
Berufskolleg Geldern
bekämpft den Wissensdurst
(Hohlspiegel 2016/37, S. 138)

Schade!

Das Grundwort Durst hat zwar eine negative Bedeutung, aber man bekämpft ihn nicht, vor allem nicht, wenn er Grundwort des metaphorischen Kompositums Wissensdurst ist. Dieses hat eine positive Bedeutung. Bekämpft man den Wissensdurst, ist Lernen tot.

Nach dem folgenden Eintrag – einer Pressemitteilung der Kreisverwaltung Kleve – bekämpft das Berufskolleg Geldern nicht nur den Wissensdurst, sondern auch den Bildungshunger:

22.08.2016
Berufskolleg Geldern bekämpft Bildungshunger und Wissensdurst
Beste Zutaten und professionelle Zubereitung – zukunftsweisender Neubau
Kreis Kleve – Man nehme entscheidungsfreudige Kreistagspolitiker, einen Landrat, für den „Bildung alles ist", ein 40.000 Quadratmeter großes Grundstück, 36 Millionen Euro, ein bewährtes Bauleitungsteam, engagierte Handwerker und zwei Jahre Zeit. Dank bester Zutaten und professioneller Zubereitung konnte das neue Berufskolleg Geldern des Kreises Kleve pünktlich zum Schuljahresbeginn an den Start gehen und mit einer Größe von rund 2.400 Schülerinnen und Schülern ein eindrucksvolles Zeichen gegen Bildungshunger und Wissensdurst setzen […]
(https://www.kreis-kleve.de/de/aktuelles/berufskolleg-geldern-bekaempft-bildungshunger-und-wissensdurst/)

Fugenelemente

89 *Aus „Sonntag Aktuell":*
Des Kurfürsten Carl Philipps erste Ehefrau starb früh, im Kinderbett.
(Hohlspiegel 2011/48, S. 162)

Dem Beispiel liegt eine Verwechslung von Kindbett (= Wochenbett, auch als Kindsbett bezeichnet) und Kinderbett zugrunde. An diesem Beispiel kann man auf das Phänomen der Fugenelemente bei Komposita eingehen (→ E 52). Kinderbett enthält das Fugenelement -er, Kindbett dagegen weist kein Fugenelement auf, Kindsbett das Fugenelement -s. Carl Philipps Ehefrau ist im Kindbett, nach der Geburt eines Kindes, gestorben und nicht als verheiratetes Kind im Kinderbett. Weitere Fugenelemente im Deutschen, nach denen die Lernenden suchen könnten, sind -e-, -es-, -er-, -en-, -ens-.

Attribut oder Bestimmungswort?

90 *Aus dem „Schwarzwälder Boten“:*
Das Mädchen besuchte vier Jahre lang den körperbehinderten Kindergarten in Hechingen.
(Hohlspiegel 2014/6, S. 146)

Dieses Beispiel kann man unter zwei Aspekten analysieren. Der Fehler kann dadurch korrigiert werden, dass man Körperbehinderten-Kindergarten schreibt, also Kompositum statt „Attribut + Nomen“. Oder man sieht in dem Beispiel den häufigen Irrtum, dass das Attribut, das sich sinngemäß eigentlich auf das Bestimmungswort von Kindergarten bezieht (körperbehinderte Kinder), vor das Kompositum gesetzt wird, wodurch der Kindergarten als behindert erscheint. Zu diesem Phänomen haben wir weitere Beispiele im Unterkapitel zu den Attributen angeführt – die Funde 274–281.

Unklare Komposita

91 *Aus der „Neuen Westfälischen“:*
Verhütungsmittel Fahrradhelm
(Hohlspiegel 2011/49, S. 178)

Da Verhütungsmittel üblicherweise als Mittel zur Empfängnisverhütung verstanden wird, entsteht hier eine ungewollte Assoziation. Gemeint ist hier die Verhütung von Verletzungen; eindeutig wären Formulierungen wie Verletzungsverhütungsmittel Fahrradhelm oder Fahrradhelm als Mittel zur Verhütung von Verletzungen. Beides sind allerdings allzu umständliche Formulierungen. Wenn es um eine Überschrift geht, müsste man andere Formulierungen suchen, z. B. Verletzungsschutz durch Fahrradhelm.

92 *Aus der „Oberhessischen Presse":*
Westerwelle bietet Gasvernichtung an
Außenminister: „Wir haben erhebliche Erfahrung" ...
(Hohlspiegel 2013/38, S. 164)

Gasvernichtung kann Vernichtung von Gas/des Gases (hier gemeint, es geht um syrisches Giftgas) oder Vernichtung durch Gas sein. Durch die zitierte Äußerung des Ministers ergibt sich bei der zweiten Bedeutung eine fatale Assoziation. Das Beispiel zeigt, dass der funktionale Zusammenhang von Grund- und Bestimmungswort bei Komposita nicht markiert ist. Sowohl durch Gas vernichten als auch Gas vernichten kann nominalisiert werden zu Gasvernichtung. Die gemeinte Bedeutung wird in der Regel durch den Kontext erschlossen – im Beispiel führt allerdings das folgende Ministerzitat in die Irre. Überschriften von Zeitungsmeldungen sind für entsprechende Unklarheiten besonders anfällig, weil verbale Formulierungen zugunsten von nominalen vermieden werden.

93 *Aus den „Salzburger Nachrichten":*
Trotzdem gibt es laut Küberl einige Fragen, die jetzt geklärt werden müssen, unter anderem, was Schlichtheit, Einfachheit und Solidarität in der Kirche bedeuten. „Man muss fairerweise sagen, dass die deutsche Kirche viel gegen die Armutsbekämpfung tut."
(Hohlspiegel 2013/45, S. 170)

So kirchenkritisch, wie die Formulierung nahelegt, ist die zitierte Äußerung sicher nicht gemeint. Grammatisch geht es um das Verhältnis der Präposition zum Kompositum. Inhaltlich ist ein Bezug auf das Bestimmungswort Armut gemeint (Die Kirche tut viel gegen Armut); das funktioniert grammatisch aber nicht, denn die Präposition wird auf das Grundwort bezogen, sodass sich ergibt: Die Kirche tut viel gegen die Bekämpfung der Armut, was hier sicher nicht gemeint ist.

94 *Aus der „Apothekenumschau":*
Begründete Zuversicht: Malaisen der Prostata sind kein Männerschicksal.
(Hohlspiegel 2012/44, S. 162)

Der Satz kann so missverstanden werden, dass nicht nur Männer Prostata-Probleme hätten. Gemeint ist, dass Prostata-Probleme nicht als „Schicksal" angesehen werden sollen, gegen das man ohne Einflussmöglichkeit ist. Diese gemeinte Aussage könnte man mühelos erreichen, indem man das Bestimmungswort Männer- streicht; dadurch würde sich die „Negations-Kraft" des Indefinitpronomens kein direkt auf das Grundwort Schicksal richten. Wenn aber wie im Fund das Pronomen kein auf das Kompositum Männerschicksal zugreift, wird bestritten, dass Prostata-Probleme (nur) Männer betreffen – und als Leser kommt man auf die natürlich absurde Idee, auch Frauen hätten vielleicht Prostata-Probleme. – Grammatisch geht es hier also um eine interessante Wechselwirkung zwischen dem negationshaltigen Pronomen kein und dem Bestimmungs- bzw. dem Grundwort eines Kompositums.

Adjektivische Komposita

95 *Aus der Memminger Zeitung:*
Oberkörperfreier Mann
schießt auf den Bodensee
Einen martialischen Auftritt hat am …
(Hohlspiegel 2014/39, S. 154)

Der Mann kann allenfalls noch „aus der Hüfte" geschossen haben! Denn Komposita mit -frei haben die Bedeutung frei von; der oberkörperfreie Mann ist frei von Oberkörper, also ohne Oberkörper, vgl. Wörter wie säurefrei (= ohne Säure), keimfrei (= ohne Keime) (→ E 53). Man kann mit freiem Oberkörper nicht zum Kompositum oberkörperfrei umformen. Das lässt sich mit der Valenz von frei erklären, vgl. frei *von etwas.*

96 *Aus dem „Schwarzwälder Boten":*
Ein Rätsel um herrenlose Damenunterwäsche beschäftigt die Polizei im Main-Tauber-Kreis.
(Hohlspiegel 2015/25, S. 138)

Herrenlos soll hier die Bedeutung von ohne Eigentümer, gleich ob Mann oder Frau, haben; die Ursprungsbedeutung von herren- ist dabei verblasst (→ E 50). Aber in der Nachbarschaft zu Damen- aktiviert man beim Lesen auch wieder die Herkunftsbedeutung des Bestimmungsworts und rätselt amüsiert, was die Damenunterwäsche hier mit Herren zu tun haben könnte.

97 *Aus der „Ostsee-Zeitung":*
Ausschüsse beraten ganzjährige Mittagspause
(Hohlspiegel 2013/29, S. 138)

Von einer Mittagspause, die ein ganzes Jahr dauert, mag mancher Arbeitnehmer träumen. Aber gemeint ist leider nur eine ganzjährig *geltende* Mittagspause. Es geht, wie Online-Nachrichten der „Ostsee-Zeitung" zeigen, darum, Regelungen für den Lärmschutz in der Gemeinde Graal-Müritz zu treffen und dabei für das ganze Jahr eine Mittagsruhe festzulegen.

98 *Werbeschild in Naumburg:*
Torten
Hausbackener Kuchen
(Hohlspiegel 2014/38, S. 150)

Das Adjektiv hausbacken versteht man heute in der Regel in der übertragenen Bedeutung von „bieder, uninteressant". Insofern ist dieser Werbeschuss nach hinten losgegangen. Gemeint ist haus*ge*backen. Früher allerdings war auch in dieser Bedeutung hausbacken geläufig, man vgl. altbacken, das neben der übertragenen Bedeutung auch heute noch im Sinne von „nicht mehr frisch, trocken" für Backwaren verwendet werden kann.

99 *Überschrift im „Vogtland-Anzeiger":*
Zwickauer am meisten volltrunken.
(Hohlspiegel 2009/41, S. 182)

Volltrunken hat superlativische Bedeutung; deshalb irritiert es, dass es mit am meisten kombiniert wird, das ebenfalls das nachfolgende Adjektiv steigert. Gemeint ist offenbar am häufigsten volltrunken; dieser Superlativ konkurriert nicht mit volltrunken, weil er als eigenes Satzglied fungiert, syntaktisch also nicht zu volltrunken gehört.

Wie bei den Nomen gibt es auch bei den Adjektiven ungewöhnliche Komposita, die wohl originell gemeint, aber missverständlich sind. Dazu zwei von uns nur kurz kommentierte Beispiele:

100 *Schild in Rottenburg am Neckar:*
Wiederwilliges Parken wird angezeigt!!
(Hohlspiegel 2015/5, S. 138)

Vgl. widerrechtlich, mutwillig, wiederholt.

101 *Aus dem „Schwarzwälder Boten":*
SPD spinnewütend auf Clement.
(Hohlspiegel 2008/6, S. 150)

Wortkreuzung aus spinnefeind und stinkwütend (→ E 51).

Schreibung von Komposita

Komposita müssen zusammengeschrieben oder mindestens mit Bindestrich verbunden sein. Dem wird manchmal nicht gefolgt; das kann eine Auswirkung des englischen Sprachgebrauchs sein (als Beispiel aus einer

PC-Anleitung: engl. system software, operating system, deutsch Systemsoftware, Betriebssystem), die im Deutschen zu missverständlichen Formulierungen führen kann.

102 *Aus dem TV-Magazin „Prisma":*

Der irische stämmige Regisseur Eoin Moore inszenierte einen spannenden Stuttgarter Fall, bei dem auch unangenehme Themen wie Altersdemenz angesprochen werden.

(Hohlspiegel 2010/1, S. 134)

Durch irische stämmige statt irischstämmige kippt die Bedeutung von stämmig in „kompakt gebaut" um. Und zugleich tritt irische als gleichrangiges Adjektiv-Attribut neben stämmige und bewirkt dadurch eine unzutreffende Nationalitätsbehauptung – Moore ist nicht Ire, er ist irischer Abstammung.

103 *Aus der „Ärzte Zeitung":*

Der Auftrag von KBV und KVen beschränkte sich auf den Kollektivvertrag: „Es gibt bereits ein vernünftiges System – das vor allem Datenschutz gesichert ist", sagt Weigeldt.

(Hohlspiegel 2011/43, S. 166)

Durch Datenschutz gesichert statt Datenschutz-gesichert verkehrt sich der Sinn. Und im Gefolge dieser fehlenden Zusammenschreibung wird das Adverbial vor allem zu einem Präpositionalobjekt (etwas *vor etwas* sichern).

104 *Flyer einer Hamburger Firma:*

Wir machen Ihren Computer fit und
Viren resistent.

(Hohlspiegel 2012/43, S. 174)

Da dürfte sich wohl vor allem die Hacker-Szene freuen!

Im folgenden Fund entsteht das Verstehensproblem durch den irreführend gesetzten Bindestrich:

105 *Aushang in einem Souvenirladen auf der Eng-Alm in Österreich:*

Wanderbauch-Taschen
€ 14,50

(Hohlspiegel 2016/36, S. 138)

Ohne Bindestrich hätte man wahrscheinlich – aufgrund der Kenntnis, dass beim Wandern Nierentaschen oder Bauchtaschen getragen werden (um den

Oberkörper zu entlasten und die Hände frei zu haben) – kein Fehlverstehen entwickelt. Und ein Trennstrich nach Wander – also Wander-Bauchtaschen – hätte die Konstruktion gänzlich klargemacht.

2.2.2 Wortableitung (Derivation)

Wortableitungen sind Wörter wie auslachen, unklug, Dummheit, lustig, Erkundung, Männchen, Gerenne, verschönern.

Eine Wortableitung (Derivation) entsteht, wenn ein Wortableitungsbaustein (Derivations-Morphem) mit einem einzelnen Wort verbunden wird: ent- + laufen ▸ entlaufen, Kind + -lich ▸ kindlich. Die Wortableitungsbausteine sind keine selbstständigen Wörter, sondern Wortbildungsinstrumente; nur in wenigen Fällen treten sie auch als selbstständige Wörter in zumindest ähnlicher Bedeutung auf – vgl. ab als Wortableitungsbaustein in abreisen und ab als Präposition in Wortgruppen wie z. B. ab diesem Tag.

Der Wortableitungsbaustein wird entweder *vor* das Basiswort gesetzt (*Präfix;* von lateinisch prae = „vor") – diese Variante der Wortableitung heißt Präfixbildung oder Präfigierung (→ E 55); oder er wird an das *Ende* des Basisworts (*Suffix:* von lateinisch sub = „nach") geheftet – diese Variante heißt Suffixbildung oder Suffigierung (→ E 56).

Wörter wie Gebirge sind durch *gleichzeitige* Präfigierung (Ge-) und Suffigierung (-e) auf der Basis des Worts Berg gebildet worden; Wörter wie verarzten durch gleichzeitige Präfigierung (ver-) und Konversion (s. u.) auf der Basis des Worts Arzt.

Fehlgebildete Wortableitungen

106 *Aus dem Mindelheimer Monatsmagazin „StadtLeben":*
Hochalpine Traum- und Extremtouren
14. März
Traumatische Erlebnisse am Matterhorn und fantastische Steileisklette-rei …
(Hohlspiegel 2008/16, S. 186)

Gemeint ist offensichtlich traum*haft*, auch wenn Extremtouren durchaus auch zu traumatischen Erlebnissen führen können. Der Schreiber hat also zwei auf den ersten Blick ähnliche Wörter verwechselt.

Grammatisch interessant ist die Überlegung, von welchem Wort die Adjektive abgeleitet sind: Das Adjektiv traumhaft ist vom deutschen Nomen Traum mithilfe des Suffixes -haft abgeleitet. Demgegenüber ist trauma*tisch* eine Suffixbildung zum Wort Trauma, einem Fremdwort aus dem Griechischen. Weil der Schreiber offenbar vorschnell traumatisch als Suffixbildung zu Traum eingeschätzt hat, verkehren sich die wunderbaren Erlebnisse, von denen berichtet werden soll, in katastrophale.

Das Beispiel zeigt, dass es bei der Verwendung von Ableitungen zur Vermeidung falscher Wortwahl sinnvoll sein kann, darüber nachzudenken, auf welches Wort eine Ableitung zurückgeht.

107 *Aus einer Anzeige für ein Wohnprojekt in „Der Grazer":*

> Die barrierefreie Planung bestätigt die Nachhaltigkeit des Wohnens. Ein weiteres Kriterium bei der Umsetzung der Planung war die Uneinsichtigkeit unter den Bewohnern.
>
> (Hohlspiegel 2010/21, S. 142)

Gemeint ist vermutlich Unein*sehbarkeit*.

Auch bei der Panne in diesem Satz kann ein genauerer grammatischer Blick auf das abgeleitete Wort Uneinsichtigkeit erhellen, was schiefgelaufen ist: Uneinsichtigkeit ist abgeleitet vom Adjektiv uneinsichtig (Suffix -keit); dieses ist seinerseits eine Ableitung zu einsichtig (Präfix un-); einsichtig ist eine Ableitung zu Einsicht (Suffix -ig); und das kann man auf einsehen zurückführen. Nun hat einsehen eine wörtliche und eine übertragene Bedeutung; das gilt auch für Einsicht, vgl. Einsicht in die Unterlagen nehmen bzw. er zeigt keine Einsicht. Beim Adjektiv einsichtig und entsprechend bei uneinsichtig hat sich die übertragene Bedeutung durchgesetzt, sodass auch die davon abgeleitete Uneinsichtigkeit im Sinn von „mentaler Starrheit" verstanden wird und nicht etwa als Verhinderung des Hineinsehens.

Man kann die Wortbildung der beiden Nomen durch die folgende Gegenüberstellung veranschaulichen:

sehen ▸ einsehen ▸ Einsicht ▸ einsichtig ▸ uneinsichtig ▸ Uneinsichtigkeit
sehen ▸ einsehen ▸ einsehbar ▸ uneinsehbar ▸ Uneinsehbarkeit

Solche Aufgliederungen können sich die Lernenden als Strategie für das Durchschauen von Ableitungen aneignen.

108 *Unter der Überschrift „Tierschützer stürmen Planungsbüro in Brinkum" aus dem Weser-Kurier:*

> Die Protestanten veranstalteten daraufhin vor dem Gelände eine spontane Kundgebung.
>
> (Hohlspiegel 2014/34, S. 138)

Da stutzt man: Ist das Ganze vielleicht nur ein kaschierter Glaubenskrieg?

Eher steht der Schreiber ein wenig auf Kriegsfuß mit den Wortableitungen. Eigentlich hat er sich grammatisch durchaus kompetent verhalten. Es geht um die Tierschützer, die protestieren. Ein Protestant ist einer, der protestiert (zum Verb protestare). Allerdings hat im Deutschen dieses Fremdwort eine auf die Religion bezogene Bedeutungsverengung erfahren. Jemand, der protestiert, wird im allgemeinen Sinn mit dem nach deutscher Grammatik nominalisierten Partizip Protestier*ender*, unter Umständen auch mit der Ableitung Protestier*er* bezeichnet.

109 *Hinweisschild vor dem Zoo in Wismar:*

Bei Verschlossenheit
des Tores bitte Drehkreuz
hinter dem Haus
des Gastes benutzen

(Hohlspiegel 2012/45, S. 158)

Auch bei diesem Beispiel kann die Überlegung, wovon Verschlossenheit abgeleitet ist, hilfreich sein. Es handelt sich um eine Ableitung vom Adjektiv verschlossen; dieses Adjektiv ist doppeldeutig: Es bedeutet zum einen geschlossen, zum andern – in metaphorischer Bedeutung – unzugänglich, scheu. Eine Ableitung mithilfe des Suffixes -heit ist nur in der zweiten Bedeutung möglich. Wenn man das Adjektiv verwendet, gibt es kein Missverständnis: Bei *verschlossenem* Tor bitte …

110 *Flucht- und Rettungsplan in einem Hotelzimmer in Coesfeld:*

In Sicherheit bringen

- Gefährliche Personen mitnehmen
- Türen schließen
- […]

(Hohlspiegel 2014/2, S. 142)

Ob die Mitnahme gefährlicher Personen wirklich mehr Sicherheit verschafft?

Gemeint ist allerdings nicht gefährlich, sondern gefährdet. Beide gehen auf Gefahr zurück, allerdings auf unterschiedliche Weise: gefähr*lich* ist eine Derivation zu Gefahr; gefähr*det* dagegen ist Partizip II zum Verb gefährden, das seinerseits auf Gefahr zurückgeht.

111 *Aus der „Rheinischen Post":*

Den Putschversuch gegen Präsident
Erdoğan spielte Kuzu herunter,
ebenso die kurzweilige Inhaftierung der
niederländisch-türkischen Bloggerin
Ebru Umar im April in Ankara.

(Hohlspiegel 2016/44, S. 154)

Ob Ebru Ulmar ihre Haftzeit wirklich als kurzweilig empfunden hat?

Gemeint war kurzfristig oder kurzzeitig. Das Adjektiv kurzweilig ist eine Suffixbildung zum Nomen Kurzweil, das wiederum eine Verfestigung der Nomengruppe kurze Weile zu Kurzweil (Gegenbegriff: Langeweile) ist. Während Weile noch emotional neutral eine eher kurze Dauer bezeichnet, wird Kurzweil aus der Erlebensperspektive als angenehme unterhaltsame Zeitspanne verwendet – kurzweilig bedeutet daher unterhaltsam, amüsant.

112 *Aus den „Hohberg Nachrichten":*

Bürgermeister Klaus Jehle mit drei Gemeinderäten fuhren gekonnt auf einer Rikscha mit Begleitrad auf der Zielgerade mit Wein, Baguette und Salami und verkosteten nicht nur die Zuschauer, sondern auch sich selbst.

(Hohlspiegel 2013/26, S. 174)

Haben der Bürgermeister und die Gemeinderäte an den Bürgern und dann auch an sich selbst geknabbert?

Der Schreiber hat die Verben verköstigen und verkosten verwechselt – verköstigen bedeutet, jemanden mit Essen zu versorgen; verkosten bedeutet, selber testhalber etwas von einer noch nicht vertrauten Speise zu sich nehmen. Hier geht es darum, dass der Bürgermeister und drei der Seinen auf diesem Fest die Bürger mit Essen aus ihrer Rikscha versorgt, sie also verköstigt haben.

Das Verb verkosten ist eine Präfixbildung zum Verb kosten (= den Geschmack prüfen). Das Verb verköstigen ist eine Präfix-Suffix-Bildung durch simultanes Hinzutreten von Präfix ver- und Suffix -ig(en) an das Nomen Kost.

Es gibt auch noch ein zweites grammatisches Problem: Das Subjekt entscheidet über die Numerusform des Finitums: Hier ist Bürgermeister Klaus Jehle Subjekt; es steht im Singular; denn zwar fuhren drei seiner Gemeinderäte mit ihm in der Rikscha, aber es war Jehle *mit ihnen,* nicht Jehle *und sie* (das wäre ein Subjekt im Plural). In Kapitel 3.1 (*Prädikat,* Abschnitt *Kongruenz im Numerus*) haben wir den Fund unter Nummer 190 erneut angeführt und erläutert.

Drei weitere Funde zu verkosten:

113 *Aus der „Witzenhäuser Allgemeinen":*

Carina und Carsten Neumeier verkosteten die Gäste bei der Premiere des Films „Terra Madre"

(Hohlspiegel 2009/12, S. 170)

114 *Aus dem „Mitteilungsblatt Graben-Neudorf":*
Zuletzt backte sie mehrere Kuchen und Torten für die Adventsfeier im vergangenen Winter in den unterschiedlichsten Geschmacksrichtungen und verkostete so die anwesenden Mitglieder.
(Hohlspiegel 2014/16, S. 152)

115 *Aus der „Badischen Zeitung":*
Soldaten mussten verkostet werden
(Hohlspiegel 2015/36, S. 140)

Ein neues preiswertes Verfahren zur Rekrutenauswahl?

116 *Aus der „Hörzu":*
Bei der Vorhersage von Erdbeben fehlt es an Präzision, die Tektonik macht, was sie will. Experten arbeiten fiebrig an der Verbesserung der Frühwarnsysteme
(Hohlspiegel 2015/35, S. 138)

Waren die Experten also krank?

Zum Verb fiebern gibt es zwei abgeleitete Adjektive: fiebrig und fieberhaft. Im Fund ist fieberhaft gemeint. Im Gegensatz zu fiebrig wird der Wortteil fieber hier metaphorisch verstanden.

117 *Aus der Fachzeitschrift „Kino & Co":*
Heike Makatsch und Suzan Anbeh sorgen auch optisch für weitere hochklassige Besetzung in diesem atmosphärischen, psychologischen Gänsehäuter, nach dem auch fortgeschrittene Spannungsliebhaber nicht mehr ganz so gut einschlafen werden.
(Hohlspiegel 2009/47, S. 166)

Gänsehäuter ist eine ungewöhnliche Wortbildung. Gemeint ist wohl, dass der Film beim Rezipienten Gänsehaut hervorruft, also ein Gänsehaut-Erzeuger ist. Grammatisch handelt es sich um eine Ableitung vom Nomen Gänsehaut. Man tendiert als Leser aber zunächst dazu, -häuter als Ableitung vom Verb häuten zu interpretieren, Gänse wären dann das zugeordnete Akkusativobjekt, ein Gänsehäuter entsprechend jemand, der Gänse häutet. Diese Interpretation entspricht einem verbreiteten Wortbildungsmuster: Von Verben können mit dem Suffix -er Nomen abgeleitet werden, die den Handelnden bezeichnen, vgl. Straßenkehrer = „einer, der die Straße kehrt". Natürlich merkt man beim Lesen des Hohlspiegel-Funds gleich, dass die Deutung als Ableitung von häuten hier inhaltlich unsinnig ist.

118 *Aus einem Bericht auf Gmx.de:*
... anders als in Deutschland sind in den USA die Leitungen meist überirdisch verlegt.
(Hohlspiegel 2017/38, S. 146)

Dieser Berichtsauszug ist sehr wahrscheinlich in den Hohlspiegel aufgenommen worden, weil man in überirdisch eine Verwechslung mit oberirdisch sah; überirdisch bedeutet meistens „schöner als von Menschen gemacht", oberirdisch meint technisch die Lage des Kabels oberhalb der Erdoberfläche. Ganz so einfach ist die Sache allerdings nicht: Im *Duden*-Online-Wörterbuch wird auch überirdisch in der Bedeutung von oberirdisch aufgeführt. Und es gibt sogar auch Belege für übererdig/untererdig und übererdisch/untererdisch.

Ein wortbildungstechnischer Hinweis: Für die Wortpaare übererdisch/untererdisch wie auch übererdig/untererdig kann man davon ausgehen, dass es Adjektive sind, die von Wort*gruppen* abgeleitet sind:

über der Erde / unter der Erde ▸ übererdisch/untererdisch

Es gibt nämlich kein Wort erdisch, das dann mit dem Bestimmungswort über bzw. unter zusammengesetzt wird. Entsprechend auch für untererdig/übererdig: Hier gibt es zwar das Adjektiv erdig, aber damit ist der Geschmack und die Konsistenz einer Substanz gemeint, nicht ihre Lage.

Bei überirdisch/unterirdisch wie auch bei oberirdisch kann man demgegenüber annehmen, dass es Kompositionen zum Adjektiv irdisch sind.

Genus/Gender bei Derivationen

119 *Aus dem Magazin „BIOSpektrum":*
Liebe Mitgliederinnen und Mitglieder der GfE,
(Hohlspiegel 2008/16, S. 186)

Ob es sich hier um eine Panne oder um Klamauk handelt, ist nicht ersichtlich. Die Formulierung Mitgliederinnen und Mitglieder wird gerne als Verspottung der Bemühungen um einen politisch korrekten Umgang mit Genus-Bezeichnungen verwendet. Formal liegt eine Anlehnung an Formulierungen wie Mitbürger und Mitbürgerinnen oder Schülerinnen und Schüler vor. Nun ist allerdings das Wort Mitglied kein Maskulinum wie Mitbürger oder Schüler, sondern ein Neutrum: *das* Mitglied. Es ist also unsinnig, dazu aus Gründen politischer Korrektheit ein Femininum bilden zu wollen.

Auch ist die Endung -er bei Mitglied*er* nicht Ableitungssuffix wie bei Schül*er* (zu Schule), sondern Pluralsuffix, vgl.:

der Schüler – die Schüler
das Mitglied – die Mitglieder

Eine ähnlich fehlgebildete genusbezogene Formulierung zeigt auch das folgende Beispiel:

120 *Aus der „Nürnberger Zeitung":*
6500 Witwer wurden am Zensus-Stichtag in Nürnberg erfasst – und fast fünfmal so viele Witwerinnen.
(Hohlspiegel 2014/1, S. 134)

Zu Witwer existiert das Femininum Witwe.

Zu Genus-/Genderproblemen findet man auch Beispiele in Kap. 2.1.2 (*Nomen;* → F 29–32).

2.2.3 Konversion (Nominalisierung)

Unter Konversion versteht man die Umwandlung eines Wortes in ein Wort einer anderen Wortart ohne (erkennbare) morphologische Umwandlungsmittel. Man unterscheidet zwei Verfahren der Konversion:

1 *Lexikalische Konversion* wie z. B. die Umwandlung von laufen zu Lauf. Hier wird aus einer *Stamm*form des Verbs (also unter Verlust des nur für Verben vorgesehenen Infinitiv-Flexionsmorphems -en) ohne Verwendung von Suffixen ein Nomen gebildet. Diese Art der Konversion führt zu echten neuen Wörtern, die im Lexikon stehen (daher die Bezeichnung „lexikalische Konversion"). Entsprechend bei fischen aus dem Nomen Fisch (Achtung: das -en von fischen hat nichts mit Wortbildung zu tun, sondern ist die Flexionsendung des Infinitivs, der bei Verben im Deutschen als Zitierform benutzt wird).

2 *Syntaktische Konversion* wie z. B. die Umwandlung von laufen zu (das) Laufen. Hier wird eine *Flexions*form in der Regel nur vorübergehend *als Nomen* benutzt – bei Verben benutzt man dazu die Infinitivform, bei Adjektiven eine der nach Genus und gegebenenfalls nach Komparation geprägten Formen: der gute Mensch ▸ der Gute; ein guter Mensch ▸ ein Guter; die bessere Frau ▸ die Bessere; das beste Ereignis ▸ das Beste. Jedes Verb und jedes Adjektiv kann als syntaktisches Nomen benutzt (= nominalisiert) werden; auch einige Pronomen (ein schwaches *Ich*) und Adverbien (im *Hier* und *Jetzt*) können nominalisiert werden. Diese Art der Konversion führt jedoch nicht zu echten neuen Wörtern (die im Lexikon stehen), sondern nur zu neuen *syntaktischen* Wörtern. In einzelnen Fällen können allerdings solche syntaktischen Nomen – z. B. ein Linker – nachträglich zu festen Nomen lexikalisiert werden, die dann auch ins Lexikon aufgenommen werden.

Im Gefolge lexikalischer Konversion entstehen vorrangig neue Nomen, aber auch neue Verben und vereinzelt auch neue Adjektive (Spitze ▸ spitze). Syntaktische Konversion führt demgegenüber grundsätzlich zu syntaktischen *Nomen.*

Ein Hinweis zur Terminologie: Soweit durch lexikalische/syntaktische Konversion neue Nomen bzw. syntaktische Nomen entstehen, spricht man statt von Konversion auch von „Nominalisierung" (oder – wenn man für die Wortart Nomen den Fachterminus „Substantiv" verwendet – von „Substantivierung").

Wir verwenden aus drei Gründen den Terminus „Konversion": (1) Der Begriff „Nominalisierung" (und entsprechend auch „Substantivierung") deckt nur einen Teil des Begriffsumfangs von „Konversion" ab – nämlich nur Konversionen, bei denen neue bzw. syntaktische *Nomen* entstehen; (2) zudem gibt es keinen analogen Fachterminus wie „Verbalisierung" für diejenigen lexikalischen Konversionen, bei denen neue *Verben* entstehen (Fisch ▸ fischen, Flöte ▸ flöten); (3) dazu kommt, dass der Terminus „Konversion" eindeutiger gebraucht wird als der Terminus „Nominalisierung" (und „Substantivierung"): Unter Nominalisierung (bzw. Substantivierung) wird nämlich in manchen Grammatiken *jede* Art der Erzeugung von Nomen verstanden, auch z. B. die Erzeugung des Nomens Erzeugung vom Verb erzeugen – also eine Wortableitung.

Als *Verb* aber verwenden wir bei Konversionsvorgängen, wenn sie zu Nomen führen, „nominalisieren" – also nicht „konvertieren"; wir tun das, weil „konvertieren" zu sehr mit Glaubenswechsel assoziiert werden könnte.

Derivation oder lexikalische Konversion?

121 *Aus der „Stuttgarter Zeitung" (über die Pläne zu einer verschärften staatlichen Bankenaufsicht):*

Die Kanzlerin will künftig „Manager besser in Haft nehmen"

(Hohlspiegel 2008/43, S. 194)

Vielleicht gar keine schlechte Idee.

Sinngemäß müsste es Haftung statt Haft heißen. Beide Wörter hängen mit dem Verb haften zusammen – das eine als Derivation (Ableitung) mit dem Suffix -ung (Haft*ung*), das andere als lexikalische Konversion (Haft). An diesem Beispiel kann man gut den Unterschied der beiden Wortbildungsarten Derivation und Konversion erkennen. Heute kann man nur Haftung inhaltlich mit dem Verb haften verbinden (vgl. er haftet für den Unfallschaden, er übernimmt die Haftung). Die Wortbedeutung von Haft findet man aber noch im abgeleiteten Verb *ver*haften.

Nomen oder syntaktische Konversion?

122 *Aus der „Gmünder Tagespost“:*

Seitdem kann er viel Zeit seinem Hobby widmen – Vögeln.

(Hohlspiegel 2015/17, S. 140)

Ein ziemlich zweideutiger Satz!

Grammatisch unklar ist, ob Vögeln ein Nomen im Dativ Plural oder ein als Nomen gebrauchtes Verb (eine sogenannte „syntaktische Konversion") im Dativ Singular ist. Eindeutigkeit hätte durch die Verwendung eines Artikels hergestellt werden können: *den* bzw. *dem* Vögeln. Der Artikel macht klar, ob es um Singular oder Plural geht. Eindeutig wäre auch Vögel; der Gedankenstrich würde dann einem Doppelpunkt entsprechen.

Syntaktische Konversion oder Nomen?

123 *Aus einer Bildunterschrift der „Mittelbayerischen Zeitung“:*

Ein Sichtschutzzaun an der A3 (im Hintergrund) schützt den Verkehr vor Staub und die Bauarbeiter vor neugierigen Blicken der Autofahrer, die nicht ungefährlich sind.

(Hohlspiegel 2013/31, S. 134)

Das Beispiel ist etwas knifflig für eine Analyse. Zunächst ist unklar, ob sich das Relativpronomen die auf die Autofahrer oder auf die Blicke der Autofahrer bezieht. Aber weder die Blicke noch die Autofahrer sollen als nicht ungefährlich bezeichnet werden, vielmehr ist das neugierige Blicken (= Hinschauen) auf die Bauarbeiter für die Verkehrssicherheit gefährlich. In der Formulierung vor neugierigen Blicken kann Blicken aber nur Plural zu Blick sein; als nominalisiertes Verb (= syntaktische Konversion) wäre Blicken dagegen Singular; die Endung des Attributes müsste dann -em sein: vor neugierig*em* Blicken. Man kann den Unterschied auch grammatisch so beschreiben: Die Endung -en in Blicken kann entweder Infinitiv-Endung oder Deklinations-Endung beim Dativ Plural sein.

Grammatisch korrekt müsste es heißen: vor neugierigem Blicken ..., das nicht ungefährlich ist.

Syntaktische Konversion oder attributives Adjektiv?

124 *Aus „Blick aktuell“:*

Zwei verletzte
& fünf beschädigte PKW

(Hohlspiegel 2015/49, S. 162)

Bei verletzte handelt es sich um eine syntaktische Konversion, die daher Großschreibung verlangt; sonst missversteht man verletzte als attributives Adjektiv zu PKW – und das Ganze als etwas übermäßig empathischen Umgang mit Autos.

Der folgende Fund ist erheblich kniffliger:

125 *Aus der „Pforzheimer Zeitung":*

Grüner Schlauch hält Asylrecht
für aus der Zeit gefallen

(Hohlspiegel 2017/41, S. 146)

Wäre die Parteizugehörigkeit in folgender Weise formuliert worden, wäre kein Missverständnis möglich geworden:

Der Grüne Schlauch hält Asylrecht für aus der Zeit gefallen

Hier würde durch die Großschreibung von Grüne klar angezeigt, dass Grüne kein attributives Adjektiv zum Nomen Schlauch ist, sondern ein Nomen mit einem nachfolgenden attributiven Nomen (= dem Eigennamen Schlauch). Im Originalfund hilft die Großschreibung demgegenüber nicht – hier würde das erste Wort so oder so großgeschrieben.

Eine weitere Option wäre die Formulierung Schlauch von den Grünen; hier wird die Parteizugehörigkeit in Form eines präpositionalen Attributs nachgeliefert. Freilich könnte man hier Schlauch zunächst als Bewässerungsinstrument missverstehen.

Die Parteibezeichnung Die Grünen wie auch die individuelle Parteizugehörigkeit eine Grüne/ein Grüner und die Grüne/der Grüne sind wortbildungsgeschichtlich gesehen syntaktische Konversionen; diese – zunächst als Nomen gebrauchten – Adjektive sind aber inzwischen längst als eigenständige Nomen etabliert und stehen dementsprechend im Lexikon.

Syntaktische Konversion oder Infinitiv?

126 *Aus einem „Bericht zur Lernentwicklung" einer Hamburger Grundschule:*

Beim freien schreiben solltest du noch stärker auf die Groß- und Kleinschreibung achten.

(Hohlspiegel 2012/40, S. 154)

Da möchte man der Lehrperson raten, die Aufforderung, die sie für das Kind formuliert, selber zu beachten.

Der Rechtschreibfehler im Beispiel ist syntaktisch begründet. Schreiben ist zwar ein Verb, aber in der Wortgruppe beim freien Schreiben liegt es nominalisiert – als syntaktische Konversion – vor. Das sieht man daran, dass ihm ein

Artikel (verschmolzen mit einer Präposition) und ein flektiertes Adjektiv als Attribut beigefügt sind.

Die Entscheidung, ob man einen Infinitiv groß oder klein schreiben soll, ist nicht immer leicht zu treffen. Bei Frei schreiben macht mir Spaß schreibt man nach den *Amtlichen Regeln* schreiben klein, weil frei nicht flektiert ist und damit adverbial gebraucht wird; es handelt sich also um eine Infinitivkonstruktion und nicht um das Wortbildungsverfahren „syntaktische Konversion". Bei Mir macht schreiben/Schreiben Spaß ist Groß- *oder* Kleinschreibung möglich, weil kein Artikel, keine Präposition, kein Adjektiv und kein Adverb bei der syntaktischen Bestimmung hilft.

Man kann zu Schreiben als Nomen noch eine weitere Unterscheidung treffen:

(a) Beim freien Schreiben mache ich noch viele Fehler

(b) Ich danke dir für das Schreiben, das du an mich gerichtet hast

In (b) ist Schreiben zu einem eigenen Nomen geworden, dessen Bedeutung (= Schriftstück) sich von der des Verbs schreiben gelöst hat. Es ist – analog zu die Grünen – lexikalisiert worden (und steht im Lexikon).

127 *Aus dem Anzeigenblatt „Verler Leben":*

Wir möchten zukünftig keine Steuererhöhung und freiwillige Leistungen streichen! Die Verler CDU kämpft gegen den „Schwächungspakt" der rot-grünen Landesregierung.

(Hohlspiegel 2013/46, S. 186)

Man liest Wir möchten zukünftig … freiwillige Leistungen streichen, gemeint ist vermutlich das Gegenteil. Zutreffend wäre eine Formulierung wie

Wir möchten zukünftig keine Steuererhöhung und *kein Streichen* freiwilliger Leistungen.

Dadurch, dass der Infinitiv durch eine Konversion ersetzt und kein eingefügt ist, wird der Sinn klar. Auch eine Formulierung mit abgeleitetem Nomen – analog zu Steuererhöh*ung* – wäre möglich: keine Streichung freiwilliger Leistungen.

Valenz bei syntaktischen Konversionen

128 *Schild an einem Fischweiher in Saarbrücken-Ensheim:*

Baden, Verunreinigen,
Einlassen von Hunden,
Angeln von Unbefugten
ist verboten!

(Hohlspiegel 2014/41, S. 158)

Dürfen da keine unbefugt Badende mit der Angel aus dem Weiher herausgefischt werden?

Missverständlich ist hier das Attribut von Unbefugten: Gemeint ist es als Agens-Angabe: Unbefugte dürfen nicht angeln. Man versteht es aber als Patiens-Angabe: Man darf keine Unbefugten angeln. Die Regularität, die hier maßgebend ist, lässt sich durch die folgenden Sätze verdeutlichen:

Unbefugte angeln Fische.

Angeln *von* Fischen *durch* Unbefugte ist verboten.

Wie man sieht, wird bei der Konversion von angeln das Subjekt (= Agens) des Ausgangssatzes zu *durch* Unbefugte, das Akkusativobjekt (= Patiens) dagegen zu *von* Fischen. Dementsprechend versteht man im Hohlspiegel-Fund von Unbefugten als Patiensangabe zu Angeln.

Man kann mit dem Hohlspiegel-Fund auch so arbeiten, dass man die beiden Fügungen Einlassen von Hunden und Angeln von Unbefugten miteinander vergleicht. Warum ist nur Angeln von Unbefugten missverständlich?

Als anschließende Übung könnte man mit der folgenden Zusammenstellung arbeiten:

Das Wegwerfen von Abfall ist verboten.

Das Parken von Besuchern ist verboten.

Das Grillen von Minderjährigen ist verboten.

Das Trinken von Alkohol ist verboten.

Welche Sätze sind missverständlich? Woran liegt das?

Die hier vorliegende Regularität gilt für Konversionen von transitiven Verben. Man vgl. dazu:

(a) Das Töten von Igeln ist verboten.

(b) Das Sterben von Igeln geht weiter.

Bei (a) vertritt von Igeln das Patiens (die Igel werden getötet), bei (b) das Agens (die Igel sterben). Wie ist das möglich, ohne dass es zu einem Missverständnis kommt? In (b) handelt es sich um die Konversion eines intransitiven Verbs. Man könnte die Regularität deshalb auch so beschreiben: Wenn die Konversion auf ein *transitives* Verb zurückgeht, ist das von-Attribut durch das Patiens besetzt, für das Agens muss deshalb auf ein durch-Attribut ausgewichen werden. Bei *intransitiven* Verben steht das von-Attribut für die Agens-Angabe zur Verfügung.

Man kann die hier erörterten Zusammenhänge auch valenztheoretisch begründen. Konversionen von Verben tragen die Valenzeigenschaften des Verbs mit sich. Weil angeln mit der Erwartung eines Akkusativobjektes (Valenz) verbunden ist, wird ein hinzugefügtes von-Attribut als Vertreter eines Akkusativobjektes verstanden. Zu entsprechenden valenztheoretisch erläuterten Problemen bei Nomen, die von Verben abgeleitet sind, finden man zwei Beispiele in Kap. 2.1.2 (*Nomen;* → F 33 und 34).

129 *Aus dem Zürcher Konsumentenmagazin „K-Tipp":*

Mehr als die Hälfte
der Schweizer Briefkästen sind
mit Stopp-Reklame-Klebern versehen.
Die Post will das ändern. Deshalb
sollen die Pöstler bei den
Kunden klingeln und sie zum Abkratzen
überreden.

(Hohlspiegel 2016/4, S. 138)

Ziemlich drastische Maßnahme, finden wir! Und vermutlich erfolglos in den meisten Fällen.

Was ist los? Die Kunden sollen natürlich nicht selber „abkratzen", sondern die Reklame-Stopp-Aufkleber abkratzen. Da zu dem als Nomen verwendeten Verb Abkratzen die erwartete Ergänzung (hier: der Aufkleber) nicht hinzugefügt ist, springt für den Leser die Bedeutung von Abkratzen um in Sterben. Abkratzen ist eine drastische umgangssprachliche Bezeichnung für Sterben.

130 *Aus dem Kieler Magazin „Kinderkram":*

Frei nach dem Motto ‚Schiebst Du noch
oder trägst du schon?' wird dem
Tragen von Eltern eine neue Aufmerksamkeit
geschenkt.

(Hohlspiegel 2016/12, S. 146)

Die Formulierung ist doppelt doppeldeutig:

1 Ist von Eltern ein eigenes Satzglied (das das Agens angibt)?

Von Eltern wird dem Tragen eine neue Aufmerksamkeit geschenkt

(= Eltern schenken dem Tragen eine neue Aufmerksamkeit)

Oder ist es präpositionales Attribut zum syntaktischen Nomen Tragen?

Dem Tragen von Eltern wird neue Aufmerksamkeit geschenkt

2 Innerhalb dieser zweiten Option: Gibt dieses Attribut das Agens an?

das Tragen von Eltern = die Eltern tragen (die Kinder)

Oder das Patiens?

das Tragen von Eltern = die Eltern werden getragen (von den Kindern?)

Beim ersten Lesen tendiert man zur letztgenannten (unsinnigen) Interpretation, weil die Valenz des Verbs tragen ein Akkusativobjekt bzw. die Konversion das Tragen ein präpositionales Attribut von X erwarten lässt.

2.2.4 Kombinierte Wortbildungsverfahren (→ E 55)

Derivation + Konversion?

131 *Aus der „Neuen Westfälischen":*
Die knallig behosenanzugte Präsidentschaftskandidatin schmetterte den 5500 fähnchenschwenkenden Sympathisanten entgegen: [...]
(Hohlspiegel 2015/27, S. 130)

Man versteht zwar, was mit behosenanzugt gemeint ist, aber das Wort ist sehr ungewohnt und grammatisch nicht leicht zu analysieren. Dabei stellt sich auch die Frage, ob das Wort entsprechend der Wortbildungsregeln gebildet ist. Für eine Analyse muss das Wort schrittweise auseinandergenommen bzw. schrittweise aus den vermuteten Bestandteilen aufgebaut werden: behosenanzugte sieht auf den ersten Blick aus wie ein Partizip II, das attributiv verwendet – und deshalb auch flektiert – ist. Der zugehörige Infinitiv würde behosenanzugen lauten. Das Verb behosenanzugen gibt es aber im Deutschen nicht.

Der Erfinder des Worts kann auf zwei Wegen das Wort behosenanzugt gebildet haben, irrtümlich oder – wohl eher – absichtlich abweichend:

- Zum einen: Er hat ausgehend vom Nomen Hosenanzug durch eine Kombination aus Präfixbildung und Konversion das Verb behosenanzugen gebildet, und von diesem Verb hat er dann regulär das Partizip II verwendet. Solche Präfix-Konversionen gibt es viele: be-stuhl-en (= be + Stuhl (+ en); -en ist dabei die Flexionsendung des Infinitivs), be-schul-en, be-kleid-en usw. Das Präfix be- bedeutet dabei in der Regel „jemanden/etwas mit etwas versorgen".
- Zum andern: Er hat nicht den Umweg über ein Verb gewählt, sondern direkt ein neues Adjektiv gebildet durch eine Kombination aus Präfixbildung und Suffixbildung: be- X -t. Solche Präfix-Suffix-Bildungen gibt es einige: be-tuch-t (= be- + Tuch + -t), be-moos-t, be-handschuh-t, be-brill-t usw. Solche Adjektive werden auch als Scheinpartizipien bezeichnet, weil zu ihrer Bildung dieselbe Präfix-Suffix-Kombination gewählt wird wie für nichtablautende (= „schwache") Verben.

Wie man sieht, kann man das Beispiel sowohl als Kombination aus Präfixbildung und Konversion als auch als Kombination aus Präfix- und Suffixbildung erklären. Solche doppelten Erklärungswege können im Unterricht anregend sein, wenn die Lernenden, z. B. bei Gruppenarbeit, zu unterschiedlichen möglichen Lösungen gelangen.

2.3 Wortbedeutung

Die Beschäftigung mit der grammatischen Form eines Worts ist auf den ersten Blick etwas ziemlich anderes als der Blick auf seine Bedeutung. Andererseits ging es in den Kapiteln zu Wortarten und Wortbildung immer darum, wie Wörter so geformt und so gewählt werden können, dass sie – selber bedeutungsklar – zu einer klaren Bedeutung von Sätzen und damit von Texten beitragen. Dabei gibt es viele Wechselbeziehungen zwischen Bedeutung und grammatischer Form. Deshalb haben wir hier auch einige Beispiele zur Wortbedeutung zusammengestellt, und zwar solche, bei denen auch grammatische Aspekte deutlich werden können.

Und es wäre auch ein Jammer, diese vergnügliche Pannengruppe den Leserinnen und Lesern vorzuenthalten.

2.3.1 Metaphorische oder wörtliche Bedeutung?

132 *Aus der „Nassauischen Neuen Presse":*
Rentnerin tötet
und zerteilt Ehemann
Das Rentnerpaar galt als unzertrennlich
(Hohlspiegel 2011/12, S. 170)

Da gelingt es also der Ehefrau, durch das Kleinschneiden des Mannes die scheinbar unzertrennliche Beziehung doch zu zertrennen.

Auf eine solche Interpretation kann man kommen, weil sich eine ungewollte satzübergreifende Wechselbeziehung zwischen den Wörtern zerteilt und unzertrennlich ergibt. Innerhalb ihres jeweiligen Satzes ist die Bedeutung der beiden Wörter völlig klar. Die Wechselwirkung ergibt sich dadurch, dass zerteilen und zertrennen (von dem unzertrennlich abgeleitet ist) eine ähnliche Bedeutung haben, das Adjektiv unzertrennlich hier aber *metaphorisch* verwendet wird. Die Bedeutung von zerteilen wirkt sich nun beim Verstehen auf unzertrennlich aus, sodass man die wörtliche Bedeutung von zertrennen assoziiert.

Man könnte anmerken, dass es von der Wortbildung her eher unwahrscheinlich ist, dass unzertrennlich die Bedeutung von „kann nicht getrennt werden" hat. Man würde ein entsprechendes Adjektiv nämlich vorrangig mit dem Suffix -bar ableiten: untrenn*bar*.

Das Beispiel zeigt ein häufig zu beobachtendes sprachliches Phänomen: Wenn übertragen verwendete Wörter in die Nähe wortfeldnaher Wörter geraten, die in ihrer wörtlichen Bedeutung verwendet werden, dann können die übertragen gebrauchten Wörter zwischen übertragener und wörtlicher

Bedeutung hin- und herspringen. Das kann einen (zufälligen oder geplanten) witzigen Effekt erzeugen. Im Hohlspiegel findet man viele solche Beispiele. Die meisten hat man rasch durchschaut; wir führen sie ohne längeren Kommentar an. Bei vielen Beispielen kann es reizvoll sein, im Sinne einer kreativen Aufgabe die wörtlich missverstandene Deutung einer Metapher zu einer kleinen Geschichte auszubauen. So könnte man zum Hohlspiegel-Fund mit der Rentnerin, die ihren Ehemann tötet, einen inneren Monolog in eine erzählende Wiedergabe des Geschehens einbauen:

„So, nun erfährst du am eigenen Leib, dass unsere Ehe nicht so unzertrennlich war, wie du und die Leute um uns herum immer gedacht haben …"

133 *Aus den „Kieler Nachrichten":*
Konzertbesuch durch Sonne verhagelt
(Hohlspiegel 2010/24, S. 158)

Wer hätte das gedacht: Die Sonne kann auch hageln.

134 *Aus dem „Südkurier":*
Unfall
Herrenloses Auto fährt Frau an
(Hohlspiegel 2010/34, S. 158)

Saß da also eine Frau drin?

Nein, das auch nicht. Mit fahrerlos wäre der Sachverhalt klar. Eine Panne mit herrenlos findet man auch in F 96.

135 *Aus der „Südwest Presse":*
Strahlende Gesichter im Kernkraftwerk.
Nach gutem Jahr steht Großkontrolle an.
(Hohlspiegel 2008/9, S. 174)

Ein gutes Jahr mit verstrahlten Mitarbeitern? Da ist eine Großkontrolle in der Tat dringend nötig!

136 *Aus der „Saarbrücker Zeitung":*
Die Spiele überstrahlen selbst Fokushima […]:
Tokyo feiert Olympiavergabe trotz Dauerkrise […]
(Hohlspiegel 2013/40, S. 150)

Vermutlich hat hier der Schreiber die Doppeldeutigkeit beabsichtigt.

137 *Aus der „Nordwest-Zeitung“:*
Briten planen Einschnitte bei Operationen
(Hohlspiegel 2011/33, S. 154)

Wie haben die Briten denn bisher operiert?

138 *Aus einer Einladung der Akademie pluradent:*
Lachgassedierung in der Zahnheilkunde
Schnupperkurs
(Hohlspiegel 2012/25, S. 138)

Lachgas schnuppern? Lieber nicht!

139 *Aus dem „Nachrichten-Blatt“ für die Verbandsgemeinde Alzey-Land:*
Schnuppertag in der Kläranlage Flonheim am Girls' Day
(Hohlspiegel 2012/19, S. 146)

Auch das stellen wir uns nicht gerade lecker vor!

140 *Aus dem „Südkurier“:*
Jäger schießen untreues Mitglied ab
(Hohlspiegel 2007/12, S. 206)

Was Jäger mit ihrem Schießgewehr so alles machen! In der Politik kennt man subtilere Mittel, wenn man jemanden abschießen will.

141 *Aus der „Sparkassenzeitung“:*
Zahl der Sprengattacken explodiert
(Hohlspiegel 2013/42, S. 170)

Explosionen auf allen Ebenen?

142 *Überschrift im „Haßfurter Tagblatt“:*
Vögeln wird unter die Arme gegriffen
(Hohlspiegel 2010/17, S. 170)

Und wenn man bei den Vögeln keine Arme findet?

143 *Bildunterschrift aus dem „Offenburger Tageblatt“:*
Schweine als Versuchskaninchen
(Hohlspiegel 2010/7, S. 150)

Hat da jemand Tiere verwechselt?

144 *Aus dem „Diepholzer Kreisblatt“:*
Einmalige Chance ein zweites Mal nutzen.
(Hohlspiegel 2012/12, S. 154)

Wird da aus einmal zweimal?

145 *Aus der „Neuen Rhein/Ruhr-Zeitung“:*
Beck steht, so lange er getragen wird.
(Hohlspiegel 2008/14, S. 186)

Sowohl steht als auch wird getragen sind hier metaphorisch verwendet: steht = Kandidatur bleibt aufrechterhalten, wird getragen = wird unterstützt. Durch das Nebeneinander von stehen und getragen werden wird die wörtliche Bedeutung aktiviert, was zum semantischen Widerspruch führt.

2.3.2 Redewendung oder wörtliche Bedeutung?

146 *Aus der Lüneburger „Landeszeitung“:*
Ortsumgehung in den Sternen
(Hohlspiegel 2010/42, S. 206)

Ziemlich weit weg, oder?

Die Wortgruppe in den Sternen ist der Redewendung in den Sternen stehen entnommen. Dadurch, dass diese hier verkürzt ist und dass durch Ortsumgehung ein lokaler Zusammenhang angesprochen ist, wird die ursprüngliche wörtliche Leseart von in den Sternen aktiviert. Redensarten sind sehr anfällig für solche misslingenden Formulierungen, wie die vielen einschlägigen Hohlspiegel-Funde zeigen. Unerwünschte Effekte entstehen bei der Verwendung vor allem dann, wenn – wie in diesem Beispiel – die Redewendung in der Nachbarschaft von Begriffen steht, die der wörtlichen Bedeutung der Redewendung nahestehen.

Die Redewendungen in den folgenden Beispielen gehören zum metaphorischen Sprachgebrauch; dabei betrifft die Metaphorik nicht nur ein einzelnes Wort wie unter anderem beim Schnupperkurs-Fund.

147 *Aus der „Lippischen Landeszeitung“:*
Schwimmunterricht
in trockenen Tüchern
(Hohlspiegel 2007/2, S. 236)

Findet der Schwimmunterricht in Tüchern, also auf dem Trockenen, statt?

148 *Aus der „Nordsee-Zeitung“:*
Gebrochene Rippe ist kein Beinbruch.
(Hohlspiegel 2010/19, S. 150)

Ja, das stimmt!

Ebenso:

Aus der „Mittelbayerischen Zeitung“:
Ein kaputtes Knie muss kein Beinbruch sein
(Hohlspiegel 2010/31, S. 142)

150 *Aus der „Abendzeitung Nürnberg“:*
Doch der leidgeprüfte rechte Arm von Chris Fleming laboriert noch immer an einem Knorpelschaden im linken Knie.
(Hohlspiegel 2012/2, S. 142)

Ein Knie am Arm?

Die Wendung der rechte Arm ist metaphorisch gemeint und bezeichnet offenbar den Topscorer und Antreiber der Bamberger Brose Baskets – Anton Gavel –, der sich bei einem Spiel eine Knieverletzung zugezogen hatte und für den der Trainer nun Ersatz finden musste. Eigentlich lautet die Redewendung die rechte *Hand*. Durch Arm statt Hand versteht man die Redewendung wörtlich.

151 *Aus dem „Ratgeber aus Ihrer Apotheke“:*
Dennoch sollten Sie schwere Beine nicht auf die leichte Schulter nehmen.
(Hohlspiegel 2013/32, S. 138)

Ein Ratschlag für Akrobaten?

152 *Aus dem „Tagesspiegel“:*
Aufatmen mit blauem Auge
(Hohlspiegel 2013/28, S. 134)

Seit wann atmet man mit dem Auge?

Wie es zu dieser rätselhaften Überschrift gekommen ist, kann man mit dem Text des Artikels erklären. Die Metapher aufatmen bezieht sich auf die folgende Aussage in der Subheadline: Berlins Hochschulen können *erleichtert sein:* Sie bekommen mehr Geld. Die Formulierung mit blauem Auge geht zurück auf eine Aussage des Präsidenten der Hochschule für Technik und Wirtschaft (HTW), die im ersten Absatz der Nachricht zitiert wird: Wir kommen wohl *mit einem blauen Auge* davon.

Und die journalistische „Moral von der Geschicht"? Erzwungene Kürzung schafft Dunkel statt Würzung.

153 *Aus der „Nürnberger Zeitung":*
Zehenbruch mit blauem Auge
(Hohlspiegel 2013/45, S. 170)

Auch bei diesem Beispiel kann man rekonstruieren, wie es zur irritierenden Formulierung gekommen ist. In der Online-Version der Nachricht heißt es:

> Der offene Zehenbruch, den sich der Neuzugang im Training zugezogen hatte, ist ohne Komplikationen verheilt und schmerzt auch nicht mehr. „Ich bin vielleicht mit einem blauen Auge davongekommen", freut sich Ginczek.
> (http://www.nordbayern.de/nuernberger-zeitung/nz-sport/club-sturmer-ginczek-meldete-sich-zuruck-1.3246008)

Und die vollständige Überschrift dazu lautet:

> Club-Stürmer Ginczek meldete sich zurück
> Zehenbruch mit blauem Auge – Nürnbergs Offensiv-Hoffnungsträger optimistisch [...]

Das Diagnose-Stichwort Zehenbruch und die metaphorische Redewendung mit (einem) blauen Auge (davonkommen) stehen im Text also getrennt und kommen so nicht irgendwie störend miteinander in Bedeutungskontakt. In der Überschrift werden sie zusammengespannt und die Redewendung mit einem blauen Auge davonkommen wird zu mit blauem Auge verkürzt; dadurch ist das blaue Auge nicht mehr zuverlässig verständlich als Teil einer Redewendung, sondern wird durch die Nähe zur Bezeichnung eines anderen Körperteils (Zehen – Auge) wörtlich genommen. Dabei kann sich auch die instrumental lesbare Präposition mit auswirken (Bruch mit ...).

154 *Aus der „Lippischen Landes-Zeitung":*
Der Mann mit der Kappe nimmt seinen Hut
(Hohlspiegel 2011/10, S. 150)

Und was macht er mit dem Hut?

155 *Aus den „Ruhr Nachrichten":*
Noch keine hörbare Erleichterung in Sicht
(Hohlspiegel 2010/38, S. 196)

Ob man eine hörbare Erleichterung tatsächlich irgendwann mal sehen kann?

156 *Aus der „Beckumer Zeitung":*
Pappeln müssen
Federn lassen
(Hohlspiegel 2007/3, S. 154)

Ja, wenn die von dichtem Flausch umgebenen Pappelsamen runterschweben, sieht es genauso aus. – Aber das ist wohl nicht gemeint.

157 *Aus der „Rhein-Neckar-Zeitung":*
Bienen sterben wie die Fliegen
(Hohlspiegel 2010/28, S. 146)

Wie sterben denn die Bienen – und wie die Fliegen?
Aber halt: Ein solcher Vergleich ist gar nicht gemeint, es geht um die Redewendung für massenhaftes Sterben.

158 *Aus dem „Badischen Tagblatt":*
Pfifferlinge und Co. schießen wie Pilze aus dem Boden
(Hohlspiegel 2010/38, S. 196)

Hier führt die wörtliche Interpretation der Redewendung dazu, dass Pfifferlinge mit Pilzen verglichen werden, also Unterbegriff mit Oberbegriff.

159 *Aus der „Werra-Rundschau":*
Winter läuft sich erst warm
(Hohlspiegel 2007/5, S. 166)

Und kommt er da ins Schwitzen?

160 *Aus dem „Deutschen Tierärzteblatt":*
Ebergeruch in aller Munde
(Hohlspiegel 2010/3, S. 146)

Zähne putzen könnte helfen!
Die Formulierung wäre eindeutiger mit: Das Thema „Ebergeruch".

161 *Aus dem „Südkurier“:*

ZEUGENAUFRUF

Einbrecher beißen an Nagelstudio auf Granit.

(Hohlspiegel 2011/49, S. 178)

Das tut weh (geschieht ihnen aber recht)!

Die Redewendung auf Granit beißen wird bezogen auf den Umgang mit Menschen verwendet, vgl.: Ich kann nichts machen, *bei ihm* beiße ich auf Granit. Der Bezug auf Nagelstudio, der zudem noch durch die Präposition an hergestellt wird, lässt die metaphorische Bedeutung in die wörtliche umkippen.

162 *Zitat einer Hildesheimer Richterin in der „Braunschweiger Zeitung“:*

Sie waren geständig, wenn auch mit Hängen und Würgen.

(Hohlspiegel 2012/9, S. 150)

Folterpraktiken nun auch an deutschen Gerichten?

163 *Aus der „Meinerzhagener Zeitung“:*

Auf den Tag genau 65 Jahre und ein halbes war Herman van Veen am Freitag, und seine langjährigen treuen Fans, von denen die meisten mit ihm in die Jahre gekommen sind, lagen ihm nach seinem Konzert in der ausverkauften Stadthalle einmal mehr stehend zu Füssen.

(Hohlspiegel 2010/39, S. 198)

Stehend zu Füßen liegen, das muss man erst mal können!

164 *Aus dem „Tagesspiegel“:*

Das ist nicht gerade eine Ermutigung für Mäzene, der öffentlichen Hand unter die Arme zu greifen.

(Hohlspiegel 2010/43, S. 198)

Das wäre auch ziemlich aussichtslos!

Interessant ist hier, dass ein metaphorischer Begriff (öffentliche Hand) und eine Redewendung (unter die Arme greifen) aufeinandertreffen und beide von der übertragenen Bedeutung in die wörtliche abrutschen.

165 *Aus „Report“, dem „Wirtschaftsmagazin der Region Rheinhessen“:*

Er muss es wissen, schließlich ist er seit Jahrzehnten im Geschäft, darüber hinaus aktiv in Berufsverbänden, sein Ohr immer am Zahn der Zeit.

(Hohlspiegel 2012/21, S. 146)

Das Ohr am Puls der Zeit haben (eine Redewendung, die zwei Metaphern enthält) wäre die gebräuchliche Redewendung. Zahn der Zeit ist eine andere Redewendung. Die beiden sind hier ineinander verschränkt.

166 *Aus der „Frankfurter Allgemeinen":*

Die goldenen Zeiten dieser Anlagen sind jedoch Geschichte, weil die Wirtschaftskrise sowohl Flugzeugen als auch Schiffen das Wasser abgegraben hat.

(Hohlspiegel 2013/34, S. 138)

Bei Flugzeugen ziemlich schwierig!

Die Redewendung jemandem/einer Sache das Wasser abgraben geht vermutlich zurück auf das Betreiben von Mühlen mit dem Wasser von Bächen: Wenn man den Bach angräbt und ihn damit umlenkt, legt man die Mühle lahm.

167 *Aus dem „Kölner Stadt-Anzeiger":*

Die Polyesterplastiken sind indes aus einem ganz anderen Holz geschnitzt.

(Hohlspiegel 2011/49, S. 178)

Das ist wirklich ein ganz, ganz anderes Holz!

Dieselbe Redewendung findet sich auch im folgenden Beispiel:

168 *Aus dem „Globetrotter Magazin":*

Der Sonntag hatte dann wenigstens etwas Regen im Gepäck, so dass zum Ausklang zumindest die wasserdichte Bekleidung noch zeigen konnte, aus welchem Holz sie geschnitzt ist.

(Hohlspiegel 2008/23, S. 184)

In diesem Satz gibt es zwei Redewendungen, bei denen die wörtliche Bedeutung aktiviert werden kann: im Gepäck haben und aus einem (anderen) Holz geschnitzt sein.

169 *Aus einer Theaterbesprechung in der „Stuttgarter Zeitung":*

Als die beiden eifersüchtigen Frauen sich in die Haare kriegen, findet das natürlich unter der Gürtellinie statt.

(Hohlspiegel 2010/34, S. 158)

Um welche Haare geht es hier denn?

Auch in diesem Beispiel sind zwei Redewendungen enthalten, in die Haare kriegen und unter der Gürtellinie; das Umkippen von der übertragenen in die wörtliche Bedeutung wird durch das Zusammenspiel der beiden Redewendungen hervorgerufen, unterstützt durch das Prädikat findet statt, das eine Ortsangabe erwarten lässt.

170 *Aus der „Tiroler Tageszeitung":*
> Bisher hatten Europas Spitzenpolitiker, allen voran in Deutschland, weitere Hilfen oder einen Schuldenschnitt für Griechenland nicht einmal in den Mund nehmen wollen. Wohl aus Angst, sich die Finger zu verbrennen.
>
> (Hohlspiegel 2013/39, S. 158)

Erneut liegen hier zwei Redewendungen vor, (bestimmte) Wörter nicht in den Mund nehmen und sich die Finger verbrennen. Durch das Zusammenspiel von Mund und Finger kann es zum Umkippen in die wörtliche Bedeutung kommen. Wichtiger Auslöser ist dabei, dass zur Redewendung nicht in den Mund nehmen Akkusativobjekte wie Hilfen und Schuldenschnitt nicht passen; man könnte allenfalls formulieren: Äußerungen über ... nicht in den Mund nehmen.

171 *Aus der „Wilhelmshavener Zeitung":*
> Sterben in Wilhelmshaven wird teurer, zumindest, wenn man sich anschließend begraben lässt. ‚Aber damit kann man leben', meint die Friedhofsverwaltung.
>
> (Hohlspiegel 2010/47, S. 194)

Die Irritation entsteht vor allem dadurch, dass der Bezug von damit unklar ist. Bezieht es sich auf das ganze vorangehende Satzgefüge oder nur auf den Nebensatz (wenn man sich anschließend begraben lässt). Bei der letzteren Annahme kann sich ein Umkippen der Redewendung damit leben können in die wörtliche Bedeutung ergeben.

172 *Aus dem „Oranienburger Generalanzeiger":*
> Ast bricht Streit vom Zaun
>
> (Hohlspiegel 2008/35, S. 182)

Bei diesem Beispiel kann man drei Gründe für die Irritation nennen. Es ist erstens die Wortfolge Ast bricht am Satzanfang, die ein wörtliches Verständnis von bricht nahelegt. Dazu kommt zweitens das Wort Zaun, das mit einem brechenden Ast in Verbindung gebracht werden kann und so das wörtliche Verstehen unterstützt. Drittens gibt das Verb brechen innerhalb der Redewendung einen Streit vom Zaun brechen für das Subjekt die semantische Charakteristik *human* vor. Die Besetzung dieser Valenzstelle durch Ast ist insofern semantisch nicht korrekt.

Da es sich um eine Überschrift handelt, kann es sich um eine Verkürzung handeln, z. B. von Wegen eines Astes brach N. N. einen Streit vom Zaun. Vielleicht ging es auch genau um das leidige Ärgernis, dass ein Ast über den Zaun in das Grundstück des Nachbarn ragt, dorthin seine Blätter abwirft oder ins Grundstück des Nachbarn hinein abgebrochen ist. – Dann wäre die Konstruktion sowohl als Redewendung wie auch wörtlich verwendet worden.

173 *Aus der Fernsehbeilage „tv mit Edeka":*

20.15 Stauffenberg
Oberst von Tresckow (Ulrich Tukur, r.) öffnet Stauffenberg (Sebastian Koch) die Augen.

(Hohlspiegel 2013/33, S. 146)

Das Beispiel zeigt, wie auch der Text-Bild-Zusammenhang zu Umdeutungen führen kann: Die Redewendung jemandem die Augen öffnen kippt in ihre wörtliche Bedeutung, sobald man als Leser die Augenklappe des Stauffenberg-Darstellers sieht.

174 *Aus der Programmzeitschrift „Gong":*

Papst Franziskus rüttelt an den Mauern des jahrzehntelangen Dornröschenschlafs.

(Hohlspiegel 2013/52, S. 142)

Da braucht er aber viel Kraft!

Dieses Beispiel, das wir als letztes zu den Redewendungen anführen, erweist sich als ziemlich komplex, wenn man es analysiert. Man kann drei Bedeutungsübertragungen im Satz feststellen:

(a) eine Redewendung: an den Mauern rütteln
(b) eine Metapher: Dornröschenschlaf
(c) eine Erweiterung dieser Metapher: Mauern des jahrzehntelangen Dornröschenschlafs

Zu (a): Geläufig ist die Redewendung an jemandes Thron rütteln, auch Formulierungen wie daran ist nichts mehr zu rütteln. Als Redewendung ist an Mauern rütteln ungewöhnlich, deshalb assoziiert man die wörtliche Bedeutung von Mauern. Das wird dadurch unterstützt, dass Dornröschen in einem Schloss wohnt. Da liegt die Vorstellung von Mauern nahe.

Zu (b): Dornröschenschlaf ist metaphorisch gemeint als Untätigkeit.

Zu (c): Mauern des jahrzehntelangen Dornröschenschlafs: Mauern und Dornröschenschlaf passen in unserer Vorstellung nicht recht zusammen. Der Prinz im Märchen musste eine Dornenhecke überwinden. Rütteln hilft da nicht. Man hat als Leser deshalb den Eindruck, dass die Bildlichkeit im Hohlspiegel-Satz nicht stimmig ist.

2.3.3 Oberbegriff – Unterbegriff

175 *Aus der „Main-Post“:*
Erneut hat es einen Anschlag auf die Tiere eines Ostheimers in der Richard-Streng-Straße gegeben. Nach Fasanen und Hühnern waren dieses Mal Vögel dran.
(Hohlspiegel 2013/31, S. 134)

Fasane und Hühner wären, wenn man diesen Satz genau liest, keine Vögel. Dass es zu einem solchen Klassifizierungsirrtum kommen kann, lässt sich erklären: Zu unserer Alltagsvorstellung eines Vogels gehört es, dass es sich um Tiere handelt, die fliegen können. Fasane und Hühner fliegen aber kaum; deshalb erscheinen sie uns nicht als typische Vögel, sie entsprechen nicht dem Prototyp in unserer Vorstellung. Natürlich wissen wir, dass sie eigentlich auch Vögel sind.

Noch deutlicher tritt das Problem bei der Klassifizierung der Wale auf. Biologisch sind sie keine Fische, sondern Säugetiere. Ein Satz wie Wale sind die größten Fische, die es gibt wäre nicht korrekt.

Das Problem taucht aber nicht nur bei Aussagen über Tiere auf, sondern z. B. auch, wenn es um Menschen geht, wie das folgende Beispiel zeigt:

176 *Aus der „Frankfurter Allgemeinen“:*
Bei dem Unfall wurden drei Menschen schwer und zwei Beamte leicht verletzt, teilte die Polizei mit.
(Hohlspiegel 2007/9, S. 202)

Sind Beamte keine Menschen?

Ein Problem mit Ober- und Unterbegriff findet sich auch im Fund 158: Pfifferlinge und Co. schießen wie Pilze aus dem Boden.

3 Pannen im einzelnen Satz

Der Satz ist das syntaktische Basisformat, in dem wir uns sprachlich äußern – über uns, über andere, über „die Welt". Sätze sind die Standardeinheit in *schrift*sprachlicher Produktion. Dort produzieren und rezipieren wir sie nach relativ strikten grammatischen und stilistischen Normen.

Die Äußerung ist die Grundeinheit in *mündlicher* Sprachverwendung. Äußerungen sind oft satzförmig, aber ihre jeweilige Struktur und Form variiert erheblich je nach den Zielen und Bedingungen der Kommunikationssituation.

Die Wörter in einem Satz stehen auf den ersten Blick Wort für Wort nebeneinander. Wenn man mit Sätzen experimentiert, merkt man, dass die Wörter ihren Dienst in Satzbausteinen organisiert tun: Zwischen Satzbausteinen und innerhalb der einzelnen Satzbausteine gibt es Beziehungen und Ordnungen.

Bei der Untersuchung eines Satzes geht man im Deutschen am besten von dem Prädikat – dem Verb-Zentrum – des Satzes aus: Ein Satz ist „ein Prädikat mit Drumrum".

Das Prädikat macht Vorgaben für einen Teil der Satzbausteine – die Satzglieder –, und es macht Vorgaben für deren Reihenfolge (→ Kap. 3.2.6: *Satzgliedstellung*).

Der Innenausbau der einzelnen Satzglieder ist dann ein zweiter Analyseschritt (→ Kap. 3.3: *Attribut*).

3.1 Prädikat

Das Prädikat ist das semantisch-syntaktische Zentrum eines Satzes bzw. Teilsatzes. Es ist der „Boss" im Satz (→ E 58).

Prädikate sind die in den folgenden Sätzen *kursiv* gesetzten Satz*teile*:

(1a) Paul *schlief* bereits.
(1b) Vermutlich *reist* Paula heute wieder *ab.*
(1c) Niemand *will* dir einen Vorwurf *machen.*
(1d) Er *soll* von ihr *geschlagen worden sein.*
(2a) ..., weil er so schnell *lief.*
(2b) ..., weil ich nicht so schnell *gelaufen bin.*
(3a) *Schläft* Paula schon?
(3b) *Ist* Paula schon *abgereist*?
(4a) *Nimm* dir noch ein Plätzchen!
(4b) *Bring* bitte den Abfall *weg!*

Prädikate sind *ein*teilig (wie in 1a, 2a, 3a und 4a) oder *mehr*teilig (wie in den anderen Beispielsätzen). Mehrteilige Prädikate enthalten immer *eine* formgeprägte (= „flektierte") Verbform, das sogenannte „Finitum", sowie einen oder mehrere formunveränderliche (= „infinite") Prädikatsteile.

Das Prädikat hat insbesondere die folgenden drei syntaktischen Aufgaben:

Es macht Vorgaben für die Form und die Bedeutung zentraler Satzglieder, insbesondere der Objekte (→ E 74–76).

Es macht Vorgaben für die Verteilung der Satzglieder auf die zwei bzw. die drei Stellungs-Felder des betreffenden Satzes (→ Kap. 3.2.6: *Satzgliedstellung*).

Und es liefert selber wichtige grammatische Basisinformationen zur Satz-Gesamtaussage: *Tempus*-Informationen, *Modus*-Informationen (→ E 60) und *Aktionsart*-Informationen. Zudem zeigt es die ihm vom Subjekt vorgegebenen *Numerus*- und *Person*-Informationen mit an.

Aktiv oder Passiv? (→ E 62–64)

177 *Aus der „Neuen Osnabrücker Zeitung":*

Im Keller gegrillt:
Ein Toter in Bremen

(Hohlspiegel 2012/13, S. 158)

Lag da ein gegrillter Toter im Keller? Ein ziemlich grauslicher Fund.

Aber so war es nicht. Das wird gleich im (im Hohlspiegel nur unvollständig wiedergegebenen) ersten Satz nach der Überschrift deutlich; er beginnt mit

dpa BREMEN. Beim Grillen im Keller seines Mehrfami-...

Grammatisch verantwortlich für das Missverständnis ist das Partizip II gegrillt. Es kann sowohl Teil eines *aktivischen* Prädikats sein (der Tote hatte ... gegrillt) wie auch eines *passivischen* Prädikats (der Tote wurde ... gegrillt).

Warum aber unterstellt man beim ersten Lesen die falsche Lesart? Beim Lesen des elliptischen Satzes Im Keller gegrillt sucht man ein Subjekt und wird in der zweiten Zeile fündig: Ein Toter. Bei solchen Formulierungen (Nomen + Partizip II) tendiert man zur Interpretation als Passiv; die Verkürzung einer Aktiv-Formulierung auf Subjekt und Partizip ist nicht nur missverständlich, sondern wird in der Regel sogar als falsch empfunden. Das können die folgenden Beispiele zeigen:

*Peter gegessen	Spaghetti gegessen
*Mutter gestillt	Kind gestillt
*Schüler gelernt	Mathe gelernt
*Koch gegrillt	Rehrücken gegrillt

Bei den Beispielen der 2. Spalte kann man auch eine Aktivformulierung unterstellen, wobei dann das erste Wort als Akkusativ verstanden wird. Die Regularität lässt sich mit den Begriffen *Agens* und *Patiens* beschreiben, etwa so: Man kann einen Satz in der Regel nicht auf „Agens + Partizip II" verkürzen; möglich ist aber eine Verkürzung auf „Patiens + Partizip II" – also:

*Mutter (hat Kind) gestillt (= Aktiv-Formulierung, Agens beibehalten)

(Mutter hat) Kind gestillt (= Aktiv-Formulierung, Patiens beibehalten)

Kind (ist von der Mutter) gestillt (worden) (= Passivformulierung, Patiens beibehalten)

Aus der Leserperspektive lautet also die Regularität: Wir tendieren dazu, bei „Nomen + Partizip II" das Nomen als Patiens zu interpretieren.

Selbst wenn eine Interpretation als Patiens keinen Sinn macht, wird die Interpretation des Nomens als Agens möglichst vermieden. Das zeigen Formulierungen, wie man sie bei Notizen verwendet, z. B.:

Sandra geschrieben

Hier versteht man Sandra nicht als Agens (= die Schreibende), sondern als Dativobjekt (= die Angeschriebene). Bei *intransitiven* Verben, die ihr Perfekt mit sein bilden, sind allerdings verkürzte Formulierungen mit Agens (= Subjekt) und Partizip möglich:

Peter gekommen, Tina verreist und Sabine erkrankt.

Im Unterricht kann man sich darauf beschränken, die Ursache der Missverständlichkeit im Partizip (als Teil eines aktivischen oder Teil eines passivischen Prädikats) herauszuarbeiten. Anspruchsvoller ist eine zusätzliche Suche nach der Regularität. Man könnte dafür mehrere für das Problem einschlägige Formulierungen vorgeben und die Lernenden zunächst überlegen lassen, welche davon akzeptabel erscheinen und welche nicht. Anschließend kann nach der Regularität gesucht werden. Mögliche Beispiel-Formulierungen sind die oben angeführten (Koch gegrillt …), die vermischt präsentiert werden.

178 *Aus der „Mittelbadischen Presse":*

Mann zusammengeschlagen und gestohlen

(Hohlspiegel 2013/30, S. 130)

Menschenraub? Ging es da etwa um Organklau auf offener Straße?

Die Konstruktion „Nomen + Partizip II" interpretieren wir spontan so, dass das Nomen (hier Mann) das *Patiens* enthält, und zwar als Subjekt in einer Passivkonstruktion. Wenn man dann das Partizip II gestohlen auf dasselbe Patiens Mann zu beziehen versucht (nach dem Muster von Millionenerbe zusammengeschlagen und entführt), entsteht die Fehlinterpretation, dass der *Mann* gestohlen worden sei. Mann ist sinngemäß also nicht auch Subjekt zu ist gestohlen worden; vielmehr muss zu gestohlen ein Täter hinzugedacht werden.

Dass wir nicht auf die Idee kommen, Mann zusammengeschlagen als Kürzung von Ein *Mann* hat jemanden *zusammengeschlagen* zu verstehen, hängt mit der Regularität zusammen, die anhand des vorigen Beispiels erörtert worden ist. Möglich ist es allerdings, den Satz als Kürzung von Jemand hat einen *Mann zusammengeschlagen* zu verstehen. Man tendiert aber eher zur Passiv-Deutung, weil bei der Aktiv-Deutung das Subjekt als ein eigentlich notwendiges Satzglied fehlt. Das Missverständnis mit gestohlen ergibt sich in beiden Fällen.

Eine unmissverständliche Umformulierung könnte lauten:
Mann zusammengeschlagen und *be*stohlen.

179 *Aus der „Mittelbadischen Presse":*

Diebe aus Auslage bei Juwelier entnommen

(Hohlspiegel 2014/11, S. 150)

Auch diese Überschrift liest man automatisch als gekürzte Passivkonstruktion, also wie Diebe sind … entnommen worden, nicht als gekürzte Aktivkonstruktion (Diebe haben etwas entnommen), bei der die obligatorische Akkusativobjekt-Valenz unbesetzt bliebe.

180 *Überschrift in der „Rhein-Neckar-Zeitung":*

Geknebelt, gepeitscht, gestöhnt

(Hohlspiegel 2010/6, S. 162)

Bei den ersten beiden Partizipien handelt es sich um die Kürzung einer *passivischen* Formulierung X *wurde* geknebelt bzw. X *wurde* gepeitscht, beim dritten aber um die Kürzung einer *aktivischen:* X *hat* gestöhnt. Als vollständiger Satz ergibt sich so: X wurde geknebelt und gepeitscht und hat gestöhnt. Die gekürzte Formulierung irritiert, weil man beim Lesen zunächst denkt, dass beim dritten Partizip die passivische Bedeutung weiter gilt.

Man könnte auch eine *durchgängig* passende neutrale Struktur unterstellen: Es wurde geknebelt, gepeitscht, gestöhnt.

181 *Aus der Brohltaler Heimatzeitung „Blick Aktuell":*

Geschossen wird auf Geld-, Wurst-, Fleisch- und die Jugend auf Wurst- und Wertadler.

(Hohlspiegel 2012/11, S. 154)

Dieser merkwürdige Satz bezieht sich auf ein Wettschießen. Die genannten Adler sind aus Holz oder anderen Materialien gemacht und dienen als Ziel für die Schützen. Die können dann als Preis je nach Wettbewerb Geld, Wurst oder anderes erhalten. Entsprechend spricht man von Geldadler usw.

Der Satz beginnt mit einer Passivkonstruktion (geschossen wird), zu der dann der zweite Teil nicht passt. Es müsste heißen und die Jugend schießt; damit würde klar, dass nicht auch auf die Jugend geschossen wird. Statt dieses Wechsels in eine Aktivkonstruktion wäre auch unter Beibehaltung der Passivkonstruktion die folgende Umformulierung möglich: und *von* der Jugend auf …

Ungewöhnlich ist im Satz auch, dass bei Fleisch- das Grundwort des Kompositums (-adler) weggekürzt ist.

Unpersönliches Passiv

182 *Aus dem „Gemeindebrief der evangelisch-reformierten Kirchengemeinde Lübeck":*

Die Gartenabfälle wurden geschreddert, die Bücher entstaubt und dann gemeinsam gegessen.

(Hohlspiegel 2011/23, S. 158)

Oh, lecker Bücher!

Im zweiten Teilsatz wird das Finitum aus dem ersten Teilsatz (= wurden) übernommen; der dritte Teilsatz hat kein Finitum und kein (eigenes) Subjekt (= weil essen zwar ein Objekt als Valenz vorsieht, nicht aber obligatorisch) – daher übernimmt der Leser nicht nur das Finitum wurden auch für diesen Teilsatz, sondern auch noch das Subjekt des zweiten Teilsatzes (die Bücher). – Umformulierungsoption: das Finitum (= wurde) wiederholen; damit wird zugleich klar, dass die Bücher nicht Subjekt sein kann:

Die Gartenabfälle wurden geschreddert, die Bücher entstaubt(,) und dann *wurde* gemeinsam gegessen.

Dieser Fund – wie auch der nachfolgende – kann auch im Zusammenhang mit der Verkürzung/Zusammenziehung von Teilsätzen in einer Satzreihe behandelt werden (→ Kap 4.2.4: *Probleme im Gefolge von Zusammenziehungen in Satzreihen*).

183 *Aus dem „Tagesspiegel":*

[…] heißt es in dem Bericht der Staatskanzlei zu dem „Maßnahmenpaket zur Bewältigung und Eindämmung des anhaltenden Asylzustroms". Innerhalb von zwei Wochen sollen die Anträge bearbeitet und danach sofort abgeschoben werden.

(Hohlspiegel 2015/32, S. 130)

Vermutlich war gemeint: … sollen die Anträge bearbeitet werden und danach soll sofort abgeschoben werden. Dadurch, dass diese beiden Sätze zusammengezogen sind, übernimmt man die Anträge als Subjekt des zweiten Satzes: die *Anträge* sollten abgeschoben werden.

Tempusgebrauch – Probleme mit den Zeitstufen (→ E 65–67)

184 *Aus der „Saarbrücker Zeitung“:*
Toter stirbt bei Brand in Wohnhaus
(Hohlspiegel 2013/45, S. 170)

Ist da einer ein zweites Mal gestorben? Kann ja nicht so schlimm gewesen sein, wenn er schon tot war!

Warum irritiert die Formulierung? Sterben meint den *Vorgang* des Zu-Tode-Kommens, das nominalisierte Adjektiv Toter das *Resultat*. Dazu passt die Tempusform Präsens von sterben nicht; angemessen wäre das Perfekt:

Der Tote ist bei Brand in Wohnhaus gestorben

Bei einer Überschrift könnte man einfach das Verb weglassen:

Toter bei Brand in Wohnhaus

Ähnlich ist das Problem beim folgenden Beispiel:

185 *Aus der Weidener Zeitung „Der Neue Tag“:*
Der Tote kam am 22. November 1948 zur Welt.
(Hohlspiegel 2012/23, S. 150)

Mit Plusquamperfekt wäre diese merkwürdige Formulierung schon unauffälliger:

Der Tote *war* am 22. November 1948 zur Welt *gekommen*.

Besser wäre, wenn man zusätzlich der Tote durch der Verstorbene ersetzt.

Von Toten, die nach ihrem Tod noch lebendig zu sein scheinen, handeln auf den ersten Blick auch die folgenden Beispiele:

186 *Bildunterschrift in der „Neuen Westfälischen“:*
Mit diesem Rad fuhr der unbekannte Tote zum Teich am Spannbrink.
(Hohlspiegel 2013/38, S. 154)

187 *Aus einer dpa-Meldung:*
Damals war der Zugführer durch einen Schlag mit einer Eisenstange schwer verletzt worden, er starb sieben Jahre später an Blutkrebs und konnte nie wieder arbeiten.
(Hohlspiegel 2014/1, S. 134)

188 *Aus dem fränkischen „Sonntagsblitz“ über den Extremlauf auf die Zugspitze:*
„Die haben auch nach mir noch Leute von der Knorr-Hütte aus hochgelassen. Auch die beiden Toten müssen nach uns hochgelaufen sein.“
(Hohlspiegel 2008/31, S. 154)

Hier könnten die Zeitstufen durch folgende Umformulierung verdeutlicht werden:

Auch die beiden *später Verunglückten* müssen nach uns *gestartet* sein.

Gestartet markiert den Anfang des Laufs, durch später wird klar, dass die Läufer nicht schon am Anfang des Laufs tot waren, und Verunglückten im Gegensatz zu Toten verdeutlicht, dass es um ein Ereignis mit Todesfolge geht und nicht um einen Zustand.

189 *Aus der „Neuß-Grevenbroicher Zeitung“:*

Als die Beamten ein leerstehendes Gehöft durchsuchten, stießen sie auf 19 Inder, die sich unerlaubt in Deutschland aufhalten. Die beiden Hauptverdächtigen vermittelten sie gegen niedriges Entgelt als Arbeitskräfte an ortsansässige Gärtnereien.

(Hohlspiegel 2009/41, S. 182)

Auf den ersten Blick scheint sich sie auf die Beamten zu beziehen; danach hätten diese Beamten die zwei Hauptverdächtigen unter den 19 aufgefundenen Indern weitervermittelt (also ein kleines illegales Zusatzgeschäft gemacht). Wenn der zweite Satz im Plusquamperfekt statt im Präteritum formuliert wäre (hatten ... vermittelt), würde dieses Missverständnis nicht entstehen. Denn das Präteritum signalisiert Gleichzeitigkeit oder einen an das Prädikat des vorangehenden Satzes anschließenden Zeitpunkt, das Plusquamperfekt signalisiert demgegenüber Vorzeitigkeit. Die ist hier gemeint.

Numerus – Kongruenz zwischen Prädikat und Subjekt (→ E 68)

190 *Aus den „Hohberg Nachrichten“:*

Bürgermeister Klaus Jehle mit drei Gemeinderäten fuhren gekonnt auf einer Rikscha mit Begleitrad auf der Zielgerade mit Wein, Baguette und Salami und verkosteten nicht nur die Zuschauer, sondern auch sich selbst.

(Hohlspiegel 2013/26, S. 174)

Die Formulierung Bürgermeister Klaus Jehle mit drei Gemeinderäten fuhren irritiert. Müsste es nicht fuhr heißen? Zwar fahren *vier* Personen; aber grammatisch steht das Subjekt im Singular, denn mit drei Gemeinderäten ist Jehle als Attribut zugeordnet und hat somit keinen Einfluss auf die Kongruenz zwischen Subjekt und Prädikat. Der Singular fuhr wäre also korrekt.

Es gibt noch eine weitere Formulierungs-Panne im Text, die mit Wortbildung zu tun hat (und die vermutlich zur Aufnahme in den Hohlspiegel geführt hat): Statt verkosteten wäre verköstigten richtig. Schließlich haben der

Bürgermeister und die Gemeinderäte nicht an den Bürgern und dann auch an sich selbst geknabbert. Für dieses Problem haben wir den Fund auch in Kap. 2.2.2 (*Wortableitung [Derivation]*, Abschnitt *Fehlgeleitete Wortableitungen*) erörtert (→ F 112). Dort finden sich drei weitere Hohlspiegel-Funde mit dem Verb verkosten (→ F 113–115).

Grenzfälle der Prädikatsbildung

191 *Aus dem „Untertaunus Anzeiger":*
Auf die Frage, was er gerne in seiner Freizeit mache, antwortet der Familienvater: Wandern, Garten und Kinder.
(Hohlspiegel 2015/11, S. 140)

Die Antwort des Familienvaters enthält kein finites Verb, sondern nur einen Infinitiv und zwei Nomen. Eine solche Einsparung des Prädikats kommt in Dialogen bei Antworten auf eine Frage häufig vor. Den Infinitiv wandern versteht man problemlos als ich wandere gerne. Dabei greift die Kurzantwort wandern nicht auf das in der Frage verwendete Verb machen zurück. Anders bei der zweiten (und dritten) Kurzantwort: Die Kurzantwort Garten verstehen wir mithilfe des Verbs machen aus der Frage – ich mache den Garten; Garten erweist sich dabei als Akkusativobjekt. Bei der dritten Aussage, ebenfalls einem Nomen, unterstellt man als Leser dieselbe grammatische Konstruktion: ich mache Kinder. Man merkt aber gleich, dass das nicht gemeint ist. Der Familienvater *kümmert sich* in der Freizeit gerne um die Kinder. Eine mögliche Umformulierung wäre:

Auf die Frage, was er gerne in seiner Freizeit mache, antwortet der Familienvater: Wandern, Garten*arbeit*, *Zusammensein mit den Kindern*.

Und hätte die Frage nicht machen vorgegeben, sondern gelautet

Auf die Frage nach seiner Lieblingsbeschäftigung antwortete er: ...,

hätte es kein Missverständnis gegeben.

3.2 Satzglieder

Das Prädikatsverb – bei mehrteiligen Prädikaten mit mehr als einem Verb: das *Vollverb* – legt entsprechend seinen Valenzen fest, welche Satzglieder in dem Satz stehen *müssen* (im Folgenden kursiv gesetzt) bzw. zwar vorgesehen sind, aber fehlen können (im Folgenden kursiv in Klammern):

Paul aß gerade (*Kuchen*).

Diese valenzgebundenen Satzglieder ergänzen das Prädikatsverb zu einem syntaktisch-semantischen Satz-Bauplan: „jemand isst etwas". Die valenzgebundenen Satzglieder bezeichnet man als Ergänzungen. Zu ihnen gehören Subjekt und Objekte, aber auch ein Teil der zugeordneten Satzglieder – nämlich prädikative Ergänzungen (→ E 80) unterschiedlicher Form wie die folgenden:

Paula wird *Bundeskanzlerin.*

Wir finden Paula *schön.*

Paula gilt *als Star.*

Paula ist *von schlanker Gestalt.*

Zu den Ergänzungen treten meist weitere Satzglieder hinzu: die Adverbiale (auch: *Umstandsbestimmungen*). Sie informieren über die Situationsumstände des *Sachverhalts:*

Wir bleiben *wegen des heftigen Regens* zuhause. (= Grund)

Er schlich *leise* in den Keller. (= Art und Weise)

Oder sie kommentieren die Art der *Aussage:*

Meines Wissens ist sie Lehrerin. (= Quelle)

Paula ist *leider* erkrankt. (= Bewertung)

Einige der Adverbiale sind von der Verbvalenz vorgesehen:

Er wohnt *schön.* / Er wohnt *in Aachen.* (= modales/lokales Adverbial)

Sie warf den Ball *in den Garten.* (= direktionales Adverbial)

Gelegentlich spielen Satzteile mit, die einem anderen Satzglied *zugeordnet* sind:

Paul aß den Apfel *ungewaschen* (vermutlich Apfel zugeordnet, nicht Paul).

Paula ist schneller gelaufen *als ihr Mann* (schneller zugeordnet).

3.2.1 Subjekt

Subjekte sind die in den folgenden Sätzen *kursiv* gesetzten Wörter/Wortgruppen (→ E 70):

(1) *Paul und Paula* schlafen.

(2) *Sie* ist meine Chefin.

(3) *Es* regnet heftig.

(4) Es kamen *zwei Männer* aus dem Haus.

Unter den Ergänzungen hat das Subjekt eine besondere Funktion, denn es gibt dem Finitum Person und Numerus vor. Zudem haben fast alle Sätze ein Subjekt (nur wenige Sätze wie Mir ist kalt oder Uns fror kommen ohne Subjekt aus) (→ E 69).

Subjekte sind meistens Nomen/Nomengruppen wie in den Sätzen (1) und (4) bzw. Pronomen wie in den Sätzen (2) und (3) (→ E 70 und 71).

Im Subjekt ist in *Aktiv*-Sätzen meist die handelnde Person (Fachterminus: das Agens) dargestellt:

Paula wäscht das Auto.

bzw. die Grundlage oder der Ausgangspunkt eines Geschehens oder Sachverhalts (→ E 69):

Die Proteste lösten große Unruhe aus.

Bei einer Umformung ins *Passiv* wird die handelnde Person als weglassbare Präpositionalgruppe (= als fakultative Ergänzung) dargestellt:

Das Auto wird *(von Paula)* gewaschen.

Bei der Regierung wurde *(durch die Proteste)* große Unruhe ausgelöst.

Subjekt oder Objekt?

192 *Aus der „Kieler Zeitung":*

Eichhörnchen sammeln vielerorts fleißig Kastanien, aber auch zahlreiche Kielerinnen und Kieler.

(Hohlspiegel 2011/44, S. 162)

Kieler Eichhörnchen als Menschenfresser?

Diese Lesart entsteht dadurch, dass man zahlreiche Kielerinnen und Kieler als weiteres Akkusativobjekt interpretiert. Das liegt nahe, weil das erste Akkusativobjekt unmittelbar vor dem aber auch steht. Für Verwechslungen von Subjekt und Akkusativobjekt im Plural ist die deutsche Sprache deshalb anfällig, weil die Nominativ- und Akkusativformen von Nomen und Pronomen im Plural grundsätzlich übereinstimmen. Auch im Singular ist das – grundsätzlich bei Neutra und Feminina und meistens auch bei Maskulina – der Fall (→ E 73).

Kein Missverständnis entstünde, wenn man den missverständlichen Satzteil verschieben würde:

Eichhörnchen, aber auch zahlreiche Kielerinnen und Kieler sammeln vielerorts fleißig Kastanien.

Oder man ergänzt ein zweites Prädikat:

Eichhörnchen sammeln vielerorts fleißig Kastanien, aber auch zahlreiche Kielerinnen und Kieler tun das.

Man kann das Ausgangsbeispiel interpretieren als Kürzung von zwei Hauptsätzen:

Eichhörnchen sammeln vielerorts fleißig Kastanien, aber auch zahlreiche Kielerinnen und Kieler sammeln vielerorts fleißig Kastanien.

Solche Kürzungen von Satzreihen zu einem zusammengezogenen Satz nimmt man beim Schreiben von Texten immer wieder vor. Dabei muss man, wie das Beispiel zeigt, darauf achten, dass nicht eine missverständliche Formulierung entsteht. Denn manchmal genügt das bloße Wegstreichen von wiederholten Wörtern nicht.

Im Unterricht könnte man zunächst die redundante Formulierung vorgeben und sie kürzen lassen. Dann kann man anhand der Vorschläge der Lernenden und anhand des Hohlspiegel-Funds das Formulierungsproblem erörtern.

Das Beispiel kann auch im Zusammenhang mit dem Aspekt der Mehrfachbesetzung (→ Kap. 3.4.2) behandelt werden.

3.2.2 Objekt

Objekte sind die in den folgenden Sätzen *kursiv* gesetzten Wörter/Wortgruppen:

(1) Er gab *ihm das Buch* zurück.
(2) Sie hat sich *über mich* gewundert.
(3) Sie lehrte *ihn die deutsche Sprache.*
(4) Die Geschäftsführung gedachte *ihres verstorbenen Firmengründers.*

Objekte besetzen Valenzstellen des Prädikatverbs; sie zählen also zu den Ergänzungen.

Es gibt sie in vier Formen: als Nomen/Pronomen im Genitiv wie in (4) (= Genitivobjekt/Genitivergänzung), als Nomen/Pronomen im Dativ wie in (1) (= Dativobjekt/Dativergänzung), als Nomen/Pronomen im Akkusativ wie in (1) und (3) (= Akkusativobjekt/Akkusativergänzung), als von einer Präposition angeführtes Nomen/Pronomen wie in (2) (= Präpositionalobjekt/Präpositionalergänzung) (→ E 74 und 75).

Achtung: Satzglieder wie die *kursiv* gesetzten in folgenden Sätzen sehen aus wie Objekte, sind aber keine Ergänzungen, sondern Adverbiale (→ E 76):

Eines Abends ging Paula ... (= adverbialer Genitiv; temporal)
Dass du *mir* nachher ja dem Paul beim Aufräumen hilfst! (= adverbialer Dativ; er gibt hier den Normen-Setzer an – auch: „dativus ethicus")
Er trug *den ganzen Weg* den Koffer. (= adverbialer Akkusativ; direktional)

Objekt oder Subjekt?

193 *Aus der „Berliner Zeitung":*
Für die Millionen Vögel, die Hauskatzen erlegen, sollen ihre Besitzer bezahlen.
(Hohlspiegel 2013/21, S. 142)

Bei diesem Satz verliest man sich, aber man merkt gleich, dass man sich vertan hat: Vögel können keine Hauskatzen erlegen, jedenfalls nicht millionenfach. Es geht um die Vögel, die von Hauskatzen erlegt werden. Der Stolperstein liegt im Relativsatz, der doppeldeutig ist, weil nicht klar ist, was Subjekt und was Akkusativobjekt ist. Formal kann sowohl die als auch Hauskatzen beides sein, weil sich Nominativ und Akkusativ bei diesen Wörtern nicht unterscheiden. Beim ersten Lesen tendiert man dazu, in solchen Fällen das erste Satzglied, hier die, als Subjekt zu interpretieren und das folgende, hier Hauskatzen, als Akkusativobjekt, weil dies der normalen Wortstellung entspricht (→ E 83).

Es gibt noch eine zweite Hürde, die für die Irritation beim Lesen verantwortlich ist, nämlich das Possessivpronomen ihre. Es kann sich grammatisch auf Vögel oder auf Hauskatzen beziehen. Wenn es – wie anzunehmen ist – um Killer-Katzen geht, dann ist unklar, ob die *Katzenhalter* für die getöteten Vögel zahlen müssen oder die *Vogelbesitzer*.

Als Leser rechnen wir damit, dass der Schreiber – um Eindeutigkeit bemüht – das Demonstrativpronomen deren gewählt hätte, wenn die Katzenhalter zahlen müssten; das Demonstrativpronomen enthält nämlich die Anweisung, das erste grammatisch passende Nomen/Pronomen als Bezugspunkt zu nehmen. Indem der Schreiber aber ihre gewählt hat, darf man davon ausgehen, dass die Vogelbesitzer zahlen müssen. Da es aber unserer Gerechtigkeitsvorstellung widerspricht, dass die Opfer zahlen sollen, nicht die Täter, unterstellen wir dem Schreiber eine uns als Leser gegenüber unkooperative Pronomenwahl.

Für eine Umformulierung, die den Satz eindeutig macht, sind also zwei Änderungen vorzunehmen: zum einen Transformation ins Passiv beim Nebensatz, wodurch klar wird, dass Hauskatzen das Agens ist, und zum andern Ersetzung des Possessivpronomens durch das Demonstrativpronomen deren, das einen Bezug zu dem am nächsten liegenden grammatisch möglichen Nomen herstellt, also:

Für die Millionen Vögel, die von Hauskatzen erlegt werden, sollen deren Besitzer bezahlen.

Wenn man die Passivkonstruktion als unelegant empfindet, kann man sich eine Aktiv-Version überlegen, z. B.:

Für die Millionen Vögel, die den Hauskatzen zum Opfer fallen, sollen deren Besitzer bezahlen.

Bei beiden Umformungen steht das Relativpronomen in der syntaktischen Funktion des Subjekts – damit ist zugleich die Normalfolge innerhalb des Relativnebensatzes hergestellt.

Man mag sich als Leser darüber wundern, warum der Verfasser des missverständlichen Satzes nicht gemerkt hat, dass er anders formulieren muss. Aber im Grunde ist das gar nicht so verwunderlich. Denn für den Schreiber ist klar, dass Hauskatzen das Subjekt des Nebensatzes ist und ihre sich darauf bezieht. Er weiß die Bedeutung und hat sie *grammatisch korrekt* umgesetzt. Der Leser aber muss die Bedeutung erst aus dem Satz (vor dem Hintergrund seines gesellschaftlichen Wissens) erschließen und geht dabei manchmal möglichen Doppeldeutungen auf den Leim. Das Beispiel zeigt, wie man beim Formulieren jeweils zur Kontrolle die Leserperspektive einnehmen sollte.

Didaktische Hinweise: Die grammatische Entschlüsselung des Beispiels ist nicht besonders schwierig, aber eine gute Möglichkeit, die Begriffe Subjekt und Akkusativobjekt zu wiederholen. Ferner kann das Beispiel im Zusammenhang mit den Pronomen besprochen werden, weil der Bezug von ihre nicht klar ist (→ Kap. 2.1.3: *Pronomen*). Auch innerhalb einer Einheit zum Passiv kann der Satz seinen Platz finden, nämlich als ein Beispiel, bei dem eine Transformation ins Passiv sinnvoll ist (→ Kap. 3.1: *Prädikat*). Und das Beispiel hilft auch beim Nachdenken über leserangemessene Satzgliedreihenfolgen in Sätzen (→ Kap. 3.2.6: *Satzgliedstellung*); dies ist für die Entwicklung der Fähigkeit wichtig, Texte – eigene wie auch die anderer – aus Leserperspektive kritisch zu lesen und zu überarbeiten.

In ähnlicher Weise ist im Relativsatz des folgenden Beispiels unklar, was Objekt und was Subjekt ist:

194 *Aus den „Kieler Nachrichten":*
In der Wildnis und in der Arbeit mit den Hunden, die die Teilnehmer versorgen und trainieren, sollen die Unterrichtsinhalte in Theorie und Praxis umgesetzt werden.
(Hohlspiegel 2013/48, S. 174)

Etwas komplizierter ist das folgende Beispiel:

195 *Aus dem „Seesener Beobachter":*
Rentnerin abgelenkt und dann geklaut
(Hohlspiegel 2014/18, S. 150)

Wurde die Rentnerin abgelenkt und dann geklaut? Das wäre, grammatisch gesehen, eine Passivkonstruktion. Gemeint ist jedoch eine gekürzt wiedergegebene Aktivkonstruktion:

Jemand hat eine Rentnerin abgelenkt und hat dann (ihre Geldbörse o. Ä.) geklaut.

Warum verliest man sich? Man sucht, wenn man die Überschrift liest, vorrangig nach einem möglichen Subjekt und findet Rentnerin. Da sich Nominativ und Akkusativ bei diesem Wort nicht unterscheiden und damit kein formaler Hinweis auf Subjekt oder Akkusativobjekt gegeben ist, kann es zur Fehldeutung kommen. Zusätzlich spielt eine Rolle, dass man beim Lesen Rentnerin als Subjekt (= im Passiv) bzw. als Akkusativobjekt (= im Aktiv) auf *beide* Verben bezieht:

Eine Rentnerin ist abgelenkt und dann geklaut worden.

Jemand hat eine Rentnerin abgelenkt und (sie) dann geklaut.

Hätte der Schreiber zu geklaut ein eigenes Subjekt bzw. Akkusativobjekt angegeben, wäre die Formulierung nicht mehr doppeldeutig:

Rentnerin abgelenkt und dann *Geldbörse* geklaut.

Auch eine Formulierung wie:

Rentnerin abgelenkt und dann *be*klaut.

wäre eindeutig, weil zum Verb *be*klauen das Akkusativobjekt (bzw. das Subjekt bei der Passivformulierung) Rentnerin inhaltlich passt, es also kein Problem ist, wenn man Rentnerin auf beide Verben bezieht.

Im Unterricht kann man das Beispiel auch im Rahmen des Prädikats (→ Kap. 3.1) bezogen auf „Aktiv oder Passiv?" (F 177–181) besprechen oder im Zusammenhang mit Mehrfachbesetzung (→ Kap. 3.4.2).

Mögliche Verwechslungen von Objekt und Subjekt sind ein häufiger Stolperstein. Weitere Beispiele findet man in Kap. 3.2.6 *(Satzgliedstellung)*.

Dativobjekt oder Akkusativobjekt?

196 *Aus der „Neuen Westfälischen":*

Brackwede: Pflegeeltern werden leichter gemacht

(Hohlspiegel 2014/47, S. 154)

Werden dicke Pflegeeltern jetzt etwa zwangsabgemagert?

Gemeint ist: Pflegeeltern wird es leichter gemacht. Was steckt hinter dieser Panne? Bei der Umformung eines Aktivsatzes wie Jemand hat uns gesehen ins Passiv wird aus dem Akkusativobjekt (hier: uns) das neue Subjekt, und das ehemalige Subjekt kann wegfallen oder wird durch ein Präpositionalobjekt dargestellt: Wir wurden (von jemandem) gesehen.

In dem Ausgangsbeispiel sähe die Aktiv-Version so aus: Jemand macht es (den) Pflegeeltern leichter. Auch hier steht zwar ein Akkusativobjekt (es) als zukünftiges Subjekt zur Verfügung steht, sodass man ein sogenanntes „unpersönliches" Passiv bilden könnte: (Den) Pflegeeltern wird es leichter gemacht. Dieses Akkusativobjekt es ist aber nur ein inhaltsleeres, formales Akkusativobjekt; dadurch möglicherweise irritiert, hat der Schreiber bei der Passiv-Umformung „ersatzweise" das ehemalige *Dativ*objekt (den) Pflegeeltern zum neuen Subjekt gemacht.

Vermutlich liegt noch ein zweites Problem zugrunde: eine Verwechslung von Dativ- und Akkusativobjekt. Im Rheinischen gibt es dafür zahlreiche Beispiele – z. B. die kooperativ gemeinte Frage von Verkäufern/Verkäuferinnen:

Werden Sie schon geholfen?

Die standardsprachlich korrekte Form wäre:

Wird Ihnen schon geholfen?

Im Unterricht kann man das Beispiel auch im Rahmen des Prädikats (→ Kap. 3.1) bezogen auf „Aktiv oder Passiv?" (F 177–181) besprechen oder im Zusammenhang mit Mehrfachbesetzung (→ Kap. 3.4.2).

Zur Frage „Dativobjekt oder Akkusativobjekt?" kann man auch den Fund 28 untersuchen, der in Kap. 2.1.2 (*Nomen*, Abschnitt *Kasus*) behandelt worden ist: Hauswirtschafterinnen tischten Senioren auf.

Objekt oder Attribut?

197 *Die „Kieler Nachrichten" über den Mangel an Dessous-Verkäuferinnen in Dschidda:*
Im islamischen Königreich werden die Kundinnen in den Shops vor allem von Männern mit Korsagen, Höschen und Strümpfen bedient.
(Hohlspiegel 2011/2, S. 138)

Hier geht es um ein präpositionales Attribut (Männern *mit Korsagen* ...) oder – und das ist gemeint – um ein Präpositional*objekt* (jemanden *mit etwas* bedienen).

3.2.3 Adverbial

Adverbiale sind die in den folgenden Sätzen unterstrichenen Wörter/Wortgruppen:
(1) Wegen des Regens blieb Paul abends mit seinen Freunden gemütlich zuhause.
(2) Nach seinen Angaben hat Paula vermutlich leider den falschen Zug bestiegen.
Mit Adverbialen stellen wir zum einen die Umstände des dargestellten *Sachverhalts* dar (= die vier Adverbiale in Beispielsatz 1), zum anderen die *Darstellungs*-Umstände – also die kommunikativen Bedingungen, unter denen die Aussage über den betreffenden Sachverhalt erfolgt und Geltung beansprucht (= die drei Adverbiale in Satz 2) (→ E 77).

Adverbiale der zweiten Gruppe sind gerade für anspruchsvolle – vor allem argumentative, wissenschaftliche, journalistische – Texte sehr wichtig.

Wir sprechen von „Adverbialen" – sie werden auch unter der stärker am Lateinischen orientierten Bezeichnung „Adverbialien" (dann mit der Singularform „Adverbiale") geführt (→ E 78).

Einige Verben sehen unter ihren Valenzen auch Adverbiale vor:
(1) Er benimmt sich *gut.* (= modales Adverbial)
(2) Sie wohnt *im 1. Stock.* (= lokales Adverbial)
(3) Sein Besuch dauerte *zwei Stunden.* (= temporales Adverbial)

Missverständliche funktionale Beziehungen von Adverbialen

198 *Aus der „Rheinischen Post":*
Bremsen ist für Rehe erlaubt
(Hohlspiegel 2015/17, S. 140)

Vermutlich ist es den Rehen völlig gleich, ob sie bremsen dürfen oder nicht!

Diese Überschrift ist zweideutig: Die Konstruktion macht uns Lesern nicht klar, ob sich für Rehe auf das Prädikat ist erlaubt bezieht oder auf Bremsen – syntaktisch gesprochen: ob es Satzglied ist oder (stellungsbewegliches) Attribut zum Subjekt Bremsen.

Eindeutigkeit würde entstehen, wenn man aus der Überschrift ein Ergänzungs-Satzgefüge machen würde:

Es ist erlaubt, für Rehe zu bremsen.

Auch die Ersetzung der präpositionalen Wortgruppe für Rehe durch eine Dativkonstruktion vereindeutigt – freilich zugunsten der *nicht*beabsichtigten Lesart:

Bremsen ist Rehen erlaubt.

199 *Aus dem „Hamburger Abendblatt":*

Nach Herbert Wehner, Dietrich Bonhoeffer und Erwin Rommel spielt Ulrich Tukur jetzt den legendären Tierfilmer und Naturschützer Bernhard Grzimek.

(Hohlspiegel 2015/15, S. 146)

Waren Wehner, Bonhoeffer und Rommel auch als Schauspieler tätig?

Nein, so ist es nicht gemeint. Tukur spielt jetzt, nachdem er schon Wehner, Bonhoeffer und Rommel dargestellt hat, Bernhard Grzimek. Das grammatische Problem besteht darin, dass sich das Adverbial nach Herbert Wehner, Dietrich Bonhoeffer und Erwin Rommel inhaltlich auf den Schauspieler (= Tukur als vierter Schauspieler der Rolle Grzimek) oder auf die Rolle Grzimek (= Grzimek als vierte Rolle von Tukur) beziehen kann – grammatisch gesehen also auf Subjekt oder Objekt. Das mag überraschend sein, weil das Adverbial oft so definiert wird, dass es sich auf die im Prädikat dargestellte Handlung bezieht. Man sieht jedoch an diesem Beispiel, dass Adverbiale auch andere, zusätzliche Beziehungen im Satz eingehen können. Wenn diese nicht eindeutig formuliert werden, drohen beim Lesen Missverständnisse.

Übrigens: Man erhält einen kleinen Hinweis auf die gemeinte Lesart durch die Stellung des Adverbials jetzt: Es steht nach dem Subjekt und direkt vor dem Akkusativobjekt, das es damit zugleich als das „Neue" (= die neue, vierte Rolle) in den Mittelpunkt stellt. Wäre die andere Lesart gemeint – also Tukur als der neue, vierte Darsteller der Grzimek-Rolle –, würde man jetzt vor das Subjekt stellen:

Nach Herbert Wehner, Dietrich Bonhoeffer und Erwin Rommel spielt jetzt Ulrich Tukur den legendären Tierfilmer und Naturschützer Bernhard Grzimek.

Damit stünde jetzt vor dem „Neuen" – nämlich dem neuen, vierten Schauspieler der Grzimek-Rolle.

200 *Aus der „WAZ“:*

Hühner laufen frei herum, Hahn Caruso lässt hin und wieder seinen Schrei hören, die Alpakas werden abends zusammen mit der Hauswirtschafterin gefüttert, und wenn die Lämmchen ... alt genug sind, kommen auch diese Vierbeiner zurück auf den Hof.

(Hohlspiegel 2014/45, S. 155)

Das Problem ist vergleichbar mit dem im vorigen Beispiel. Man verliest sich, weil man das Adverbial zusammen mit der Hauswirtschafterin auf die Alpakas bezieht; gemeint ist ein Bezug auf den Berichterstatter, der im Satz allerdings nicht explizit genannt ist (es geht wohl um Ferien auf dem Bauernhof). Deutlicher würde es durch Einfügen einer Ergänzung *von uns/mir/den Gästen* zusammen mit der Hauswirtschafterin.

Bedeutungsprobleme bei präpositionalen Adverbialen

201 *Aus dem „Stormarner Tageblatt“:*

Kinder zum Kochen gebracht

(Hohlspiegel 2011/34, S. 146)

In dieser Überschrift fehlt – geht man von einem Prädikat im *Passiv* aus – der finite Prädikatsteil (= das Finitum). Geht man von einem Prädikat im *Aktiv* aus, fehlen Subjekt und Finitum. Im Gefolge dieser Kürzung ist die Überschrift dreideutig – sie könnte auf folgende drei Lesarten zurückgehen:

- Gemeint ist vermutlich: Jemand hat die Kinder dazu gebracht, dass sie kochen können/gerne kochen – den Kindern also das Kochen beigebracht.
- Eine andere Lesart wäre: Jemand hat die Kinder dazu gebracht, dass sie kochen – die Kinder also in Wut versetzt.
- Die brutale Lesart wäre: Jemand hat Kinder zum Ort ihrer Bestimmung gebracht – die Kinder also in der Garküche abgeliefert.

202 *Aus einer Werbung für Kneipp-Produkte:*

Pflegt bis hin zu Neurodermitis. Kneipp®. Natur, die wirkt.

(Hohlspiegel 2008/47, S. 206)

Das Problem der Formulierung erschließt sich, wenn man sie vergleicht mit der Aufschrift, die sich auf dem angesprochenen Produkt findet. Sie lautet:

Körpermilch Nachtkerze.
Medizinische Hauptpflege.
Für sehr trockene Haut bis hin zu Neurodermitis.

Hier ist bis hin zu Neurodermitis Attribut zu sehr trockene Haut; so ist der Sinn klar. Im Hohlspiegel-Fund interpretiert man bis hin zu Neurodermitis als Adverbial zu pflegt. Das legt die Bedeutung „bis man schließlich (davon) Neurodermitis kriegt" nahe (analog zu pflegt, bis man gesund ist).

Im Unterschied zu den beiden vorhergehenden Beispielen fehlt in der Formulierung also ein Satzteil, auf den sich das Adverbial sinngemäß beziehen könnte. So hängt seine Funktion sozusagen in der Luft. Das ist auch bei den beiden folgenden Beispielen der Fall.

203 *Aus dem „Göttinger Tageblatt":*
Auto brannte aus Neid
(Hohlspiegel 2012/12, S. 154)

204 *Aus der „Hessischen/Niedersächsischen Allgemeinen":*
Patienten sterben auf Warteliste
(Hohlspiegel 2011/50, S. 170)

Hier ist die syntaktische Konstruktion der Überschrift undeutlich:

205 *Aus der „Nordwest-Zeitung":*
Mit Eva Herman Köder an der Angel
(Hohlspiegel 2010/4, S. 146)

Vielleicht geht es um gemeinsames Angeln mit Eva Herman:
(Zusammen) mit Eva Herman (hat man) Köder an der Angel
Oder es geht darum, gemeinsam mit Eva (Herrn) Herman Köder zu angeln:
(Zusammen) mit Eva (hat man) Herman(n) Köder an der Angel
Oder worum sonst könnte es gehen?

Erst durch den ersten Absatz des eigentlichen Reportagetextes wird deutlich, dass Eva Herman der Köder ist, mit dem man Veranstaltungsteilnehmer anlocken will:

Mit Eva Herman Köder an der Angel
VORTRAG Ehemalige Tagesschau-Sprecherin kommt zum Frauentag nach Bockhorn
GISELA SCHWEERS-STEINDOR HAT SIE ZU EINEM VORTRAG ZUM FRAUENTAG EINGELADEN. KARTEN SIND AB SOFORT ZU HABEN.
VON N.N.
BOCKHORN – Blonde Frauen scheinen Bockhorn zu mögen. Nach Maria Furtwängler mit ihrem Tatort und Heike Götz mit ihrer „Landpartie" (die **NWZ** berichtete) wird nun die dritte Prominente erwartet. Für die Aktionen zum Internationalen Frauentag im März hat die Gleichstellungsbeauftragte der Gemeinde Bockhorn, Gisela Schweers-Steindor, einen interessanten „Köder an der Angel": Eva Herman wird nach Bockhorn kommen. …

Überschriften können natürlich ihrerseits mit interessanter Mehrdeutigkeit den Leser zu locken versuchen; aber Verstehensrisiko und Verständlichkeit müssen in Balance bleiben.

206 *Aus der „Pirmasenser Zeitung“:*
Frisiertes Mofa für Polizei zu langsam
(Hohlspiegel 2008/32, S. 154)

Die Präpositionalgruppe für Polizei kann mehrere Konstruktionen darstellen: Zum einen – vermutlich auch beabsichtigt – war das Mofa, obwohl frisiert, zu langsam, als dass der Fahrer damit der Polizei hätte entkommen können; zum anderen – und das könnte witzig klingen – fand die Polizei, das frisierte Mofa sei nicht schnell genug; die Polizisten würden bei dieser Lesart als Frisier-Fans dargestellt (während unser Weltwissen uns sagt, dass das Frisieren von Mofas bedingt verboten ist und in jedem Fall der Polizei nicht gefällt). Auch als Attribut wäre für Polizei möglich: Dann hätte ein Frisier-Profi von der Polizei den Auftrag bekommen, ein wirklich schnelles Dienstmofa zu basteln, dies aber nicht geschafft.

Wir haben es bei den Adverbialen also mit einer großen Zahl teilweise sehr fein unterscheidbarer Bedeutungskategorien zu tun.

Adverbial oder Ergänzung? (→ E 79)

207 *Aus dem „Spiegel“:*
Mit Querschnittsmodellen von Federkernen und lebensgroßen Plastikwirbelsäulen werden beinahe wissenschaftliche Verkaufsgespräche geführt.
(Hohlspiegel 2014/2, S. 142)

Die Präpositionalgruppe mit Querschnittsmodellen von Federkernen und lebensgroßen Plastikwirbelsäulen kann – grammatisch betrachtet – präpositionales Objekt zu dem Funktionsverbgefüge Verkaufsgespräche führen sein oder Adverbial im Sinne von mithilfe von … Letzteres ist gemeint.

Um Adverbial oder Ergänzung geht es auch im folgenden Fund:

208 *Aus der „Stuttgarter Zeitung“:*
Touristen in Chile von Vulkan gerettet.
(Hohlspiegel 2008/3, S. 146)

Adverbial oder Attribut?

209 *Aus der „Neuen Osnabrücker Zeitung“:*
Mutwillig geparkte Autos beschädigt.
(Hohlspiegel 2015/6, S. 130)

Man verliest sich, weil man mutwillig zunächst mit geparkte verbindet, also als Attribut zum Partizip versteht. Dabei ist mutwillig als Adverbial zu beschädigt gemeint. Durch eine Umstellung wäre Klarheit hergestellt:

Geparkte Autos mutwillig beschädigt.

In dieser Formulierung ist mutwillig von geparkte weggerückt, sodass es nicht mehr darauf bezogen wird.

210 *Aus der „Süddeutschen Zeitung“:*
Im vergangenen Jahr soll Sybille W. gleich mehrfach gestorbene Altenheimbewohner fotografiert ... haben.
(Hohlspiegel 2014/17, S. 142)

Das Beispiel ist grammatisch analog zum vorhergehenden.

211 *Aus der „Frankfurter Allgemeinen“:*
Nach einem Erbvertrag von 1938 sollten möglichst lange Testamentsvollstrecker über den Nachlass bestimmen.
(Hohlspiegel 2008/1, S. 146)

Bei diesem Fund könnte man im Unterricht mit dem Auftrag beginnen, mit Abgrenzungsstrichen die Satzgliedgrenzen zu markieren. Für die kritische Stelle ergeben sich die folgenden Möglichkeiten:

(1) .../möglichst lange Testamentsvollstrecker/...
(2) .../möglichst/lange Testamentsvollstrecker/...
(3) .../möglichst lange/Testamentsvollstrecker/... (das ist gemeint)

Bei der gemeinten Variante (3) ist möglichst lange Adverbial, lange wäre dabei durch möglichst erweitert; bei (1) wäre lange Attribut zu Testamentsvollstrecker, seinerseits durch möglichst erweitert; bei (2) wäre lange ebenfalls Attribut zu Testamentsvollstrecker, möglichst wäre hier ein eigenes Adverbial.

Wenn man statt lange die kürzere Wortform lang wählen würde, wäre die Gefahr des Verlesens vermieden:

Nach einem Erbvertrag von 1938 sollten möglichst lang Testamentsvollstrecker über den Nachlass bestimmen.

Die im Fund vorliegende Doppeldeutigkeit gibt es nur bei dem Adjektiv lang – nur das hat für die Verwendung als *Adverbial* – und zwar nur in *tempora-*

ler Bedeutung – eine eigene Form, nämlich lange. Im Althochdeutschen waren solche Adverbial-Formen auf -o häufig; im Mittelhochdeutschen wurde dieser Vokal zu -e abgeschwächt und fiel dann – außer bei lange (und einzelnen weiteren Adjektiven wie z. B. nah/nahe) – ganz weg. Heute haben wir bei Verwendung als temporales Adverbial die Wahl zwischen lange und lang. In manchen Wörterbüchern (z. B. dem *Duden*-Online-Wörterbuch) wird lange in der Verwendung als *Adverbial* zur Wortart *Adverb* gerechnet (und lang wäre dazu eine Kurzform); in der Mehrzahl der Grammatiken (z. B. der *Duden*-Grammatik) wird lange als Langform des Adjektivs lang angesehen und mit zu den *Adjektiven* gerechnet.

In F 426 liegt ein *Witz* vor, der auf einem missverständlichen lange beruht.

212 *Aus der „Hannoverschen Allgemeinen Zeitung“:*
EU bietet Minsk
Hilfspaket gegen
Demokratisierung
(Hohlspiegel 2011/41, S. 174)

Das Beispiel ist etwas verzwickt. Die Fehlwahrnehmung besteht darin, dass gegen Demokratisierung als Attribut zu Hilfspaket verstanden wird; sie wird durch die typografische Gestaltung unterstützt (Hilfspaket gegen auf der gleichen Zeile). Gemeint ist jedoch, dass die EU der Ukraine wirtschaftliche Unterstützung anbietet unter der Bedingung, dass die Ukraine ihren Demokratisierungsprozess weiterführt. Gegen Demokratisierung ist bei dieser Deutung Adverbial.

Besonders komplex ist das folgende Beispiel:

213 *Aus der „Berliner Morgenpost“:*
Knapp drei Jahre nach der Havarie im japanischen Kernkraftwerk Fukushima haben US-Forscher die ersten radioaktiven Partikel aus der Ruine vor der Küste Kanadas bei Toronto nachgewiesen.
(Hohlspiegel 2014/11, S. 150)

Die Wortfolge aus der Ruine vor der Küste Kanadas bei Toronto kann unterschiedlich aufgefasst werden:

- Aus der Ruine ist Attribut zu Partikel und vor der Küste Kanadas bei Toronto ist ein eigenes Satzglied, das den Fundort dieser Partikel angibt (so ist es gemeint). Mit Ruine ist dabei die Kernkraftwerksruine in Fukushima gemeint.
- Aus der Ruine vor der Küste Kanadas ist Attribut zu Partikel, dabei wäre vor der Küste Kanadas seinerseits Sub-Attribut zu Ruine; hier wäre mit Ruine eine noch nicht näher charakterisierte Ruine vor der kanadischen Küste ge-

meint. Mit bei Toronto als Adverbial wäre der Fundort dieser Partikel angegeben.

- Aus der Ruine vor der Küste Kanadas bei Toronto wäre insgesamt Attribut zu Partikel, dabei wäre vor der Küste Kanadas bei Toronto seinerseits Sub-Attribut zu Ruine und bei Toronto Sub-Attribut zu Küste; bei dieser Lesart wäre kein Fundort der Partikel angegeben.

Etwas merkwürdig bleibt bei der zutreffenden Deutung, dass von einer Küste – nicht von einem Ufer – bei Toronto die Rede ist; denn Toronto liegt am Ontariosee, nicht am Meer.

Gegenüber den bisherigen Funden spielt im folgenden Fund auch eine irrtümlich verwendete flektierte Form des Partizips eine Rolle:

214 *Aus der „Niederelbe-Zeitung":*
Als zusätzliche Attraktion soll ein ‚Triathlon-Wettbewerb' stattfinden. Hierzu bilden drei beliebig zusammengesetzte Personen eine Mannschaft.
(Hohlspiegel 2016/39, S. 138)

Gemeint ist vermutlich nicht, dass die einzelnen Personen „zusammengesetzt" sind, sondern die einzelnen Mannschaften aus je drei Personen beliebig zusammengesetzt sein können:

Hierzu bilden (je) drei Personen(,) beliebig zusammengesetzt(,) eine Mannschaft.

Anstelle der attributiven Partizipialgruppe beliebig zusammengesetzte jetzt also die Partizipialgruppe beliebig zusammengesetzt in der Funktion eines modalen Adverbials; vgl. auch in beliebiger Zusammensetzung.

Es ist freilich nicht sicher, ob dieser grammatische Irrtum der Anlass für die Aufnahme in den Hohlspiegel war oder das Missverständnis, was hier Triathlon bedeuten soll – nämlich gegebenenfalls so etwas wie Trio. Um dies zu beurteilen, fehlt allerdings der Kontext.

Adverbial oder zugeordneter Satzteil?

215 *Aus der „Frankfurter Rundschau":*
31-jährige Vietnamesin feilte Nägel schwarz
(Hohlspiegel 2008/25, S. 184)

Man kann Nägel schwarz lackieren; aber geht auch: Nägel feilen, bis sie schwarz sind?

Da schwarz unmittelbar nach Nägel steht, kann es zu diesem Verstehensproblem kommen, bei dem schwarz als zugeordneter Satzteil (Prädikativ) zu Nägel verstanden wird. Gemeint ist aber schwarz als modales Adverbial in der Bedeutung ohne Arbeitserlaubnis.

216 *Aus „Spiegel Online" zum RTL-Film über das Luftschiff „Hindenburg":*
„Hindenburg" interessiert brennend
(Hohlspiegel 2011/7, S. 142)

Eigentlich, so sollte man meinen, müsste diese Formulierung eindeutig sein. Brennend ist ein modales Adverbial (Umstandsbestimmung der Art und Weise) und bedeutet so viel wie sehr, vgl. entsprechend: Das kommende Fußballspiel interessierte ihn brennend. Aber zu brennend in der Nachbarschaft des Luftschiffs „Hindenburg", das 1937 verbrannte, aktiviert man beim Verstehen die wörtliche Bedeutung und versteht brennend als zugeordneten Satzteil (Prädikativ, → E 80) zu Hindenburg.

Vielleicht ist die Doppeldeutigkeit sogar gewollt, weil die Besucher ein besonders brennendes Interesse für die brennende Hindenburg hatten.

217 *Aus dem Ahrensburger „Markt":*
Ein Hund riecht eine Million mal besser als ein Mensch
(Hohlspiegel 2012/3, S. 142)

Finden wir nicht!

Natürlich geht es hier nicht um den Vergleich des *Eigen*geruchs von Hunden und Menschen, sondern um den vergleichsweise erstaunlich ausgeprägten Geruchs*sinn* von Hunden.

Zur grammatischen „Pointe": Das Verb riechen wird in zwei Bedeutungsmustern verwendet – zum einen in der Bedeutung von etwas/jemanden am Geruch erkennen und zum andern in der Bedeutung von einen Geruch ausströmen. In dem Fundstück wird riechen in der ersten Version verwendet; freilich wird die valenzgebundene Satzgliedstelle etwas/jemanden hier nicht besetzt – es geht um den *generellen* Geruchssinn von Hunden (und Menschen). Wäre diese Stelle besetzt worden, wäre die Aussage eindeutig, vgl. z. B.

Ein Hund riecht *irgendwelche Stoffe* eine Million mal besser als ein Mensch.

Das Adjektiv besser hat in jeder der beiden Lesarten eine andere syntaktische Funktion: In dieser Version ist besser (= die Komparativform von gut) ein Adjektiv in der syntaktischen Funktion eines modalen Adverbials.

In der anderen – hier *nicht* gemeinten – Lesart wäre besser ein Adjektiv in der syntaktischen Funktion eines ein Hund bzw. ein Mensch zugeordneten Satzglieds.

Zur Erläuterung dieser vielleicht überraschenden grammatischen Diagnose kann man ein Beispiel mit einem Adjektiv heranziehen, das nicht wie besser adverbial verwendet werden kann:

Die Suppe riecht saurer als gestern.

Hier wird eher deutlich, dass saurer ein Adjektiv (= in der Komparativform) ist, das prädikativ auf Suppe bezogen ist:

Die *Suppe* riecht, als *wäre sie saurer* als gestern.

Also nicht der *Vorgang des Riechens* ist sauer, sondern die *Suppe* hinsichtlich ihres Geruchs.

Ein etwas anderer experimenteller Zugang – anhand einer vereinfachten Version des Ausgangsfunds:

Hunde riechen gut.

Dieser Satz ist doppeldeutig – die beiden möglichen Lesarten sind:

Hunde haben einen guten Geruchssinn.

Hunde haben selber einen guten Eigengeruch.

Das liegt nicht an der Wortbedeutung von gut, sondern an seiner je anderen syntaktischen Funktion: Im ersten Fall qualifiziert gut als Adverbial das riecht als „sensibel/erfolgreich", im zweiten Fall kategorisiert gut den Hunde-Geruch als „angenehm".

Der Fund ist unter Nummer 13 oben auch als Beispiel für Verbvalenz angeführt.

3.2.4 Zugeordnete Satzglieder

Die *kursiv* gesetzten Wortgruppen in folgenden Sätzen sind *zugeordnete* Satzglieder; es sind zugeordnete *Angaben*, das heißt, sie sind nicht von der Verbvalenz her vorgesehen (→ E 80):

(1a) Sie trank den Tee *heiß.* / (1b) Er küsst sie *ungekämmt.* / (1c) Er isst Kartoffeln am liebsten *mit saurer Sahne.*

(2) Er kocht die Kartoffeln *weich.*

(3a) *Als Vater* finde ich ihn sehr gut. / (3b) Er ging *wie gealtert* nachhause.

(4) *Für einen Achtzigjährigen* ist er gut drauf.

Welche Bedeutung die Zuordnung hat, wird in Beispielen wie (3a) durch die Konjunktion angedeutet: als Vater = „in der Rolle/Teilidentität eines Vaters". In (4) wird die Bedeutung durch die Präposition angedeutet.

Auf welches andere Satzglied sich das zugeordnete Satzglied bezieht, muss man *erschließen* – anhand des Kontextes, anhand der Satzgliedstellung, anhand von Weltwissen; in (1b) ist die Zuordnung unklar: Ist er beim Küssen ungekämmt oder sie? Und in (3a) kann als Vater sowohl auf das Subjekt ich wie auch auf das Akkusativobjekt ihn bezogen sein.

Zugeordnete Angaben bieten eine Information zu einem *anderen Satzglied*:

Sie trank *den Tee* heiß. = „Sie trank den Tee, und *der* (= der Tee) war dabei heiß."

In Beispielen des Typs (2) gibt das zugeordnete Satzglied das *Resultat* des Geschehens an (→ E 81):

Er kocht *die Kartoffeln* weich. = „Er kocht die Kartoffeln, *bis* sie weich sind."
In den meisten Beispielsätzen – hier: außer in (1c) – kann man eine „X-ist-Y"-Struktur entdecken: ... den Tee heiß = Der Tee *war* heiß. Solche zugeordneten Angaben nennt man deshalb auch „prädikativ" zugeordnet (→ E 81).

Es gibt auch zugeordnete Satzglieder, bei denen die Zuordnung durch die Valenz des Verbs vorgegeben ist – diese zugeordneten Satzglieder sind also *Ergänzungen:*

Sie findet ihn *klug.* / Sie hält ihn *für klug.* / Er gilt *als guter Chef.*

Zugeordnete Ergänzungen sind immer *prädikativ* zugeordnet – man kann sie daher auch als „prädikative Ergänzungen" bezeichnen.

Missverständliche Zuordnung

218 *Aus dem Combi-Kundenmagazin „my-Time":*

TK-Pilze sind sechs bis acht Monate haltbar. Sie sollten dann aber unaufgetaut zubereitet und verzehrt werden.

(Hohlspiegel 2016/37, S. 138)

Aua, kalt!

Von der Sache her leuchtet ein, dass man die Pilze zubereitet (vermutlich brät usw.), ohne sie vorher aufzutauen. Dass man sie aber auch unaufgetaut verzehren soll, wäre merkwürdig.

Der grammatische Problemverursacher: Grammatisch ist bei dieser Konstruktion unklar, ob unaufgetaut sich auf beide Prädikatsteile (zubereitet und verzehrt) oder nur auf den ersten beziehen soll.

Wie hätte man dieses Missverständnis vermeiden helfen können? Am einfachsten durch Weglassen des zweiten Prädikatsteils, also und verzehrt. Denn wozu hätte man die Pilze zubereiten sollen, wenn nicht, um sie zu verzehren?

Noch ein Hinweis zur Bestimmung von unaufgetaut: Es ist der Wortart nach ein Adjektiv; es wird prädikativ verwendet, daher unflektiert; es ist dem Subjekt sie zugeordnet – das kann man verdeutlichend so umformulieren:

Die Pilze sollten zubereitet werden, *dabei* sollten sie unaufgetaut sein.

Ähnliche Probleme mit zugeordneten Satzteilen zeigen auch die folgenden Funde:

219 *Schild auf der Toilette der evangelischen Stadtkirche von Ludwigsburg:*

Bitte verlassen Sie
die Toilette in einem
sauberen Zustand.
Danke

(Hohlspiegel 2016/41, S. 146)

Ja, es wäre schon unangenehm, wenn die Benutzer nach dem Toilettengang in einem unsauberen Zustand wären!

220 *Aus dem hr-text-Videotext online:*
Mit reichlich Alkohol im Blut hat die
Polizei am Mittwochabend einen
48 Jahre alten Autofahrer gestoppt.
(Hohlspiegel 2016/38, S. 148)

Musste die Polizei sich erst Mut antrinken?

221 *Aus der „Neuen Osnabrücker Zeitung":*
Er stellte den Antrag, die drei Männer von dem Vorwurf des Mordes an Vadim L. freizusprechen – wie später auch die drei Verteidiger.
(Hohlspiegel 2013/28, S. 134)

Also standen auch die drei Verteidiger unter Mordverdacht??

Die Doppeldeutigkeit entsteht dadurch, dass die Zuordnung des Satzteils wie später auch die drei Verteidiger unklar ist. Man kann ihn grammatisch sowohl dem Subjekt des Hauptsatzes zuordnen (Er ... wie die drei Verteidiger) als auch dem Akkusativobjekt des Infinitivsatzes (die drei Männer ... wie die drei Verteidiger). Möglich ist diese Zuordnung zu einem Subjekt oder alternativ zu einem Akkusativobjekt, weil die drei Verteidiger von der Wortform her Nominativ oder Akkusativ sein kann.

Am Beispiel können die Lernenden gut erkennen, warum man in der Grammatik von zugeordneten Satzteilen spricht (das tun nicht alle Grammatiken, sie verwenden meist Begriffe wie *Prädikativ, prädikative Angabe* u. Ä.); der zugeordnete Satzteil ist mit Gedankenstrich klar abgegrenzt, er ist mit wie ... auch in seiner Zuordnungsfunktion deutlich markiert und die beiden grammatisch möglichen Zuordnungen lassen sich klar darstellen, z. B. mit jeweils einem verbindenden Pfeil. Die Analyse der folgenden Beispiele ist etwas schwieriger und nach Schwierigkeitsgrad geordnet.

222 *Aus der „Lippischen Landes-Zeitung":*
Er [Flugkapitän Ulrich Hohl] hat den A380 schon als Baby betreut, wurde in den letzten sieben Jahren immer wieder von Lufthansa zu Airbus nach Toulouse entsandt, um den Flugzeugbauern bei der Entwicklung Tipps aus der Sicht eines erfahrenen Piloten geben zu können.
(Hohlspiegel 2010/35, S. 154)

Missverständlich ist hier als Baby; diese Wortgruppe kann sich auf das Subjekt er oder – das ist gemeint – das Akkusativobjekt A380 beziehen. Näherliegend (aber nicht gemeint) ist eigentlich die erste Lesart, weil ein Flugzeug in seiner Entwicklungsphase als Baby zu bezeichnen nicht gerade erwartbar ist.

223 *Aus dem österreichischen „Standard":*
Junge Frauen
interessiert Politik
weniger als Männer
(Hohlspiegel 2017/40, S. 138)

Bei diesem Fund geht es um die Zuordnung von Männer zu Politik (Subjekt) oder zu Frauen (Akkusativobjekt). Die nichtbeabsichtigte Lesart wird durch die seltsame Gegenüberstellung von junge Frauen und Männer unterstützt; in der österreichischen Erstwähler-Studie geht es um das Interesse von jungen Frauen und *jungen* Männern.

Wenn die Wörter Frauen und Männer näher aneinandergerückt würden, wäre das Verlesen schon etwas weniger wahrscheinlich:

Politik interessiert junge Frauen weniger als Männer.

Eindeutig wäre erst eine weitergehende Umformulierung wie die folgende (→ E 82):

Für Politik interessieren sich junge Frauen weniger als Männer.

224 *Aus der österreichischen „Presse am Sonntag":*
Im Alter von 15 Monaten starb ihr Vater und vererbte Gloria Laura Vanderbilt vier Millionen Dollar.
(Hohlspiegel 2014/12, S. 142)

Da in der Wortgruppe Im Alter von 15 Monaten nicht explizit angegeben ist, um wessen Alter es geht, unterstellt der Leser zunächst, dass die Wortgruppe der im Subjekt genannten Person des Vaters zugeordnet ist (da hilft offenbar auch nicht, dass das Pronomen ihr im Subjekt ja auf die Tochter Gloria Laura verweist). Das erweist sich natürlich schnell als unsinnig.

Will man die Altersangabe passend verwenden, müsste man umformen zu einem Satz, in dem Gloria Laura Vanderbilt eindeutig zum Bezugspunkt für die Altersangabe ist:

Nach dem Tod ihres Vaters erbte Gloria Laura Vanderbilt im Alter von 15 Monaten vier Millionen Dollar.

Bei einem temporalen Adverbial wie 15 Monate nach ihrer Geburt wäre kein Verstehensproblem entstanden. Und eindeutig wäre auch die Formulierung als temporaler Nebensatz gewesen:

Als sie 15 Monate alt war, starb ihr Vater …
Durch das pronominale Subjekt sie ist hier klar, auf wen sich die Altersangabe bezieht.

225 *Aus der „Bergedorfer Zeitung“:*
Kinder sollten lange rückwärts Autofahren.
(Hohlspiegel 2012/25, S. 138)

Man liest rückwärts als Adverbial zu Auto fahren (so die richtige Schreibung) und wundert sich. Sinnvoll wird der Satz, wenn man rückwärts auf das Subjekt Kinder bezieht: Ein Kindersitz sollte so montiert sein, dass die Kinder mit dem Rücken zur Fahrtrichtung sitzen; das Auto fährt also vorwärts, die Kinder sind dabei rückwärts platziert. Rückwärts wäre damit zugeordneter Satzteil.

226 *Aus der „Mittelbayerischen Zeitung“:*
Jährlich werden in der Landeshauptstadt über 2000 Kinder ledig geboren.
(Hohlspiegel 2013/43, S. 154)

Dieser Satz funktioniert so nicht. Grammatisch kann das Adjektiv ledig entweder Adverbial zu geboren werden oder zugeordneter Satzteil bezogen auf Kinder sein. Letzteres ist unsinnig; Ersteres ist zumindest befremdlich, denn von einem ledigen Gebären kann man eigentlich nicht sprechen. Sinngemäß ist ledig den *Müttern* dieser Kinder zuzuordnen, diese sind aber nicht explizit genannt. Deshalb kann der Satz so nicht funktionieren.

Es müsste heißen … von ledigen Müttern geboren (= dann wäre ledig Attribut) oder allenfalls von Müttern ledig geboren (= dann wäre ledig ein zugeordneter Satzteil: eine prädikative Angabe).

227 *Vom Nachrichtenportal Rosenheim24:*
Gesuchter ließ sein Radl
alkoholisiert am
Inndamm stehen!
(Hohlspiegel 2017/44, S. 146)

Hatte er seinem Radl Schnaps verabreicht?

3.2.5 Negation

Etwas verneinen kann man mit vielen Mitteln (hier am Beispiel möglicher verneinender Antworten auf die Frage Gefällt dir Lila?):

Nein. (= *Antwort*partikel, also satzwertiges Wort, nicht in einen Satz integrierbar)
Lila gefällt mir *nicht.* (= satzbezogene Negations*partikel*)
Mir gefällt *kein* Lila. (= negierendes *Pronomen*, syntaktischer Status: Attribut)
Lila missfällt mir. (= Wortbildungsmittel: kontrastierende Präfixe ge-/miss-)
Lila nervt mich. (= lexikalische Mittel: kontrastierende Verben gefallen/nerven)

Es gibt nur eine einzige Negationspartikel: nicht. Man kann sie *satz*bezogen oder *satzglied*bezogen gebrauchen:

Satzbezogen:	Satzgliedbezogen:
Paul kòmmt heute nicht.	Paul kommt nicht hèute.
Für mich ist Paul nicht das Problem.	Für mich ist nicht Pàul das Problem.
Pàul ist für mich nìcht das Problem.	Nicht Pàul ist für mich das Problem.

Anstelle von nicht können auch Negationsadverbien wie keineswegs oder keinesfalls verwendet werden. Das wirkt semantisch verstärkend.

Doppelte Negation

228 *Aus dem „Handelsblatt“:*
Die Angeklagten äußerten sich nicht zu keinem Tatvorwurf.
(Hohlspiegel 2001/37, S. 158)

Der Satz enthält eine doppelte Negation durch nicht (Partikel) und keinem (Pronomen). Nicht muss gestrichen werden, damit eine sinnvolle Aussage entsteht.

In der gesprochenen Sprache – vor allem in der Mundart –, aber auch in früheren Jahrhunderten ist bzw. war die doppelte Negation durchaus gebräuchlich. Dabei dient sie nicht der Aufhebung der Negierung, sondern ihrer Verstärkung. Wenn das mit der Formulierung im Hohlspiegel-Fund beabsichtigt ist, bietet sich die Einfügung eines Kommas an:

Die Angeklagten äußerten sich nicht, zu keinem (einzigen) Tatvorwurf.

In diesem Fall ist zu keinem Tatvorwurf ein erläuternder, verstärkender Nachtrag.

Ein Beispiel mit *drei*facher Negation findet man in einem Gedicht des Barockdichters Paul Fleming:

An diesem öden Ort/ dahin kein Thier auch kömmet/
Den Sonn' und Mond nicht weiß. Da *nie kein* Stern *nicht* glimmet:

(Aus: Paul Fleming: Klag-Gedicht Vom unschuldigen Leyden CHRISTI. In: D. Paul Flemings Teütsche Poemata. Lübeck, In Verlegung Laurentz Buchhl. [1642], S. 2)

Die folgenden Beispiele enthalten nicht mehr die Negationspartikel nicht; aber es kommen jeweils zwei Wörter vor, von denen jedes eine negierende Bedeutung enthält – unter Wortart-Aspekt sind es Verben (z. B. mangeln), Adjektive (z. B. handlungsunfähig), Pronomen (z. B. wenig), Präpositionen (z. B. ohne) und Partikeln (z. B. kaum).

Für den Unterricht kann es interessant sein, nicht nur die beiden negierenden Wörter zu suchen, sondern sie auch der jeweiligen Wortart zuzuordnen. Das ist eine Übung zur Wortartbestimmung und unterstützt zugleich das Bewusstsein dafür, dass Negation mithilfe ganz verschiedener Wortarten dargestellt werden kann.

229 *Aus der Coburger „Neuen Presse“:*
Vettel vermisst mangelnde Anerkennung
(Hohlspiegel 2011/13, S. 150)

Hier kreuzen sich zwei mögliche Formulierungen bei der Negation durch das finite Verb und das Partizip I:
Vettel beklagt *mangelnde* Anerkennung
Vettel *vermisst* angemessene/hinreichende Anerkennung

230 *Aus den „Westfälischen Nachrichten“:*
Die Regierung sei kaum noch handlungsunfähig, meinten die Vorsitzenden von SPD und Grünen, Gabriel und Özdemir.
(Hohlspiegel 2012/10, S. 154)

Hier entsteht die doppelte Negation durch die Kombination aus der Partikel kaum (= „fast nicht“) – hier in Kombination mit noch (kaum noch = „fast nicht mehr“) – und dem Wortbildungsmittel un- im Grundwort des zusammengesetzten Adjektivs: fähig ▸ *un*fähig.

231 *Aus der „Nordsee-Zeitung“:*
WARTUNGSPANNE
Airbus startet ohne fehlende Schrauben
(Hohlspiegel 2011/49, S. 178)

Hier geht es um die Präposition ohne und das Partizip fehlende. Richtig wäre also *mit* fehlenden Schrauben oder aber ohne Schrauben.

Im Übrigen: ein klassischer Fall für Bindestrich-Schreibung des Kompositums WARTUNGSPANNE – also lieber: WARTUNGS-PANNE.

232 *Aus dem „Schwäbischen Tagblatt“:*
So mangelte es an viel zu wenigen, von einander getrennten Mehrfach-Absicherungen.
(Hohlspiegel 2012/12, S. 154)

Das Verb mangeln schließt Negation bereits ein, deshalb müsste es mit *hinreichend* vielen konstruiert werden. Will man viel zu wenigen verwenden, müsste man ein Verb wie aufweisen wählen, das keine Negation enthält (zur Wortartbestimmung: wenig wird in Grammatiken als Indefinitpronomen oder – wegen seiner Steigerbarkeit – als Adjektiv bezeichnet):

(Die Konstruktion) wies viel zu wenige voneinander getrennte Mehrfach-Absicherungen auf.

Im Hohlspiegel-Fund ist im Übrigen das Komma nach wenigen nicht angemessen.

3.2.6 Satzgliedstellung

In Aussagesätzen besteht das Prädikat überwiegend aus mehr als einem Teil. Bei solchen Sätzen mit mehrteiligem Prädikat kann man – bezogen auf die beiden Plätze der Prädikatsteile – *drei* Satzglied-Felder unterscheiden: vor dem Finitum (im folgenden Beispielsatz: hat) das *Vorfeld, in der Mitte* zwischen Finitum und infiniten Prädikatsteilen das *Mittelfeld, nach* den infiniten Prädikatsteilen (hier: geschenkt) das *Nachfeld:*

Sie | *hat* | gestern ihrem Freund ein Buch | *geschenkt* | nach langem Überlegen.

Hier steht das Satzglied sie im Vorfeld, das Satzglied nach langem Überlegen im Nachfeld, die drei Satzglieder gestern, ihrem Freund und ein Buch im Mittelfeld. Die beiden Prädikatsteile – das Finitum hat und der infinite Prädikatsteil geschenkt – bilden die Satzklammer (hier: eine *Prädikats*klammer) (→ E 84).

Unter den grammatisch korrekten Satzgliedstellungen im Deutschen gibt es „normale“ – also unauffällige, voraussetzungsarme – Stellungen und auffällige. Die Satzglied-Reihenfolge „Subjekt vor Objekt“ ist im Deutschen die normale; das hängt damit zusammen, dass im Subjekt meistens der Urheber bzw. der Ausgangspunkt einer Handlung angegeben wird (→ E 83).

Zudem steht „normalerweise“ das bereits Bekannte (= das „Thema“) vor dem Neuen einer Satz-Aussage (= dem „Rhema“).

Objekt oder Subjekt? – Probleme mit dem Vorfeld

233 *Aus der „Thüringischen Landeszeitung“:*
Polizei ging Diebespaar ins Netz
(Hohlspiegel 2013/14, S. 142)

Das klingt nach verkehrter Welt: Ein Diebespaar fängt Polizisten ein. So jedenfalls verliest man sich leicht.

Das Missverständnis wird durch die Satzgliedstellung ausgelöst. Durch Umstellung wird der Satz verständlicher:

Diebespaar ging Polizei ins Netz

Warum ist diese Reihenfolge – bei der das Subjekt und nicht das Dativobjekt an erster Stelle steht – eher eindeutig als die im Original-Fund? Zwar können grundsätzlich im Deutschen alle Satzglieder die erste Satzgliedstelle (= Vorfeld) einnehmen; aber wenn weder die Kasusform noch der Textzusammenhang einen Anhaltspunkt abgeben, um welches Satzglied es sich handeln soll, tendiert man dazu, das erste Satzglied als Subjekt zu interpretieren. Diese Satzgliedfolge „Subjekt – Prädikat – Objekt(-e)" gilt deshalb auch als die Normalreihenfolge.

Im Original-Fund kann alternativ auch durch Zufügung eines Artikels der Kasus sichtbar gemacht werden; dann ist die Satzgliedstellung auch mit Dativobjekt an erster Stelle nicht mehr missverständlich:

Der Polizei ging ein Diebespaar ins Netz

Bei den meisten Nomen sind im Singular der Nominativ und der Dativ in der Form identisch. Einige Maskulina bilden Genitiv, Dativ und Akkusativ auf -en, z. B. Polizist. Da droht dann allerdings eine andere Verwechslung, nämlich mit der Pluralform:

Polizisten ging Diebespaar ins Netz

Geht es hier um einen oder um mehrere Polizisten?

Beispiele wie Polizei ging Diebespaar ins Netz haben wir unter dem Aspekt der Satzgliedstellung eingeordnet, weil sich durch Umstellung Klarheit ergibt und grundlegende Einsichten in Regularitäten der Satzgliedstellung im Deutschen erkennbar werden können. Bei der Analyse stößt man aber auch auf Aspekte der Satzgliedbestimmung und der Deklination. Man kann das Beispiel also auch im Zusammenhang damit einsetzen (→ Kap. 2.1.2: *Nomen;* Kap. 3.2.2: *Objekt,* → F 193).

Fast wortgleich ist das folgende Beispiel:

234 *Aus der „Wilhelmshavener Zeitung":*

Polizei geht Fahrraddiebin ins Netz

(Hohlspiegel 2008/26, S. 170)

Ebenfalls grammatisch analog sind die folgenden Beispiele, bei denen es allerdings nicht um ein Dativ-, sondern um ein Akkusativobjekt geht, das an erster Satzgliedstelle steht, von der Flexionsform her aber nicht als Akkusativ erkennbar ist:

235 *Aus der „Nordwest-Zeitung":*

Viele Autofahrer kontrollierten die Beamten auf Alkohol und Drogen.

(Hohlspiegel 2012/26, S. 158)

Bei solchen Beispielen mit Akkusativobjekt kann die Doppeldeutigkeit auch durch Passivumformung behoben werden; dabei wird viele Autofahrer zum Subjekt und kann an der ersten Satzgliedstelle verbleiben:

Viele Autofahrer wurden von den Beamten auf Alkohol und Drogen kontrolliert.

Die Hohlspiegel-Funde mit missverständlicher Satzgliedreihenfolge „Akkusativobjekt – finites Verb – Subjekt" können so auch als Übung zur Passivumformung verwendet werden. Die Lernenden erfahren dabei, dass solche Umformung in manchen Fällen sinnvoll ist (→ E 85).

Dass es um ein häufiges Problem geht, zeigen die vielen Hohlspiegel-Funde:

236 *Aus dem „Hamburger Abendblatt":*

Die Verkaufspferde präsentieren ihre Besitzer am Freitag und Sonnabend.

(Hohlspiegel 2014/40, S. 154)

237 *Aus der „Donau-Zeitung":*

Entlaufenes Rind erlegt Hubschrauber im Einsatz

(Hohlspiegel 2008/23, S. 184)

238 *Bildunterschrift aus der „Frankfurter Rundschau":*

Auch Einbrecher könnten Sensoren erkennen.

(Hohlspiegel 2014/10, S. 138)

239 *Aus der „Münsterschen Zeitung" über Affen im Allwetterzoo am Aasee:*

Vorwitzige Fotografen bewarfen die Tiere gern mit Sand, und das war für die Kameras gar nicht so gut.

(Hohlspiegel 2014/19, S. 142)

240 *Aus der „Ludwigsburger Kreiszeitung":*

Mehrere Blumen haben mehrere Männer am Sonntag um 23.30 Uhr in der Oberen Marktstraße aus einem Pflanzkübel gerissen und auf die Straße geworfen.

(Hohlspiegel 2009/51, S. 170)

241 *Aus dem Offenburger Sonntagsblatt „Guller" zum Thema Adoption:*

Nicht mehr als zehn Kinder pro Jahr geben leibliche Eltern ab.

(Hohlspiegel 2008/52, S. 150)

242 *Aus dem Anzeigenblatt „Illertisser Extra":*
Elterngeld: Nur jedes fünfte Kind wickelt Papa
(Hohlspiegel 2011/39, S. 154)

Bei diesem Beispiel funktioniert die Umstellung der Satzglieder nicht:
*Papa wickelt nur jedes fünfte Kind.
Da würde ein und derselbe Papa jedes fünfte Kind wickeln. Zielführend wäre hier die Verschiebung des Attributes jedes fünfte zu Papa:
Nur jeder fünfte Papa wickelt sein Kind.

243 *Aus dem Lüdinghausener „Kreiskurier":*
Die Esel wollten natürlich alle Kinder streicheln.
(Hohlspiegel 2011/48, S. 162)

Dieser Satz ist nicht eine Überschrift, sondern aus dem Textzusammenhang entnommen. Wenn im Satz vorher schon von den Eseln die Rede gewesen ist, dürfte sich kein Missverständnis ergeben; denn es ist durchaus regulär, wenn im Folgesatz die Esel als das thematisch schon Eingeführte/Bekannte (das „Thema") an erster Stelle steht. Im Textzusammenhang würde in diesem Fall die Thema-Rhema-Abfolge greifen (vgl. dazu die Beispiele weiter unten unter diesem Stichwort). Die Passivumformung würde beim vorliegenden Beispiel übrigens nicht funktionieren; der Grund liegt im Modalverb wollten:
*Die Esel wollten natürlich von allen Kindern gestreichelt werden.
Möglich wäre eine Formulierung ohne wollten:
Die Esel wurden natürlich von allen Kindern gestreichelt.

244 *Aus der „Tauber-Zeitung":*
Das Baby wird die Mutter und eine Tagespflegemutter, die das Jugendamt finanziert, im letzten Ausbildungsjahr betreuen.
(Hohlspiegel 2011/21, S. 154)

Bei diesem Beispiel gibt es zwei Unklarheiten. Die eine ergibt sich – wie bei den vorangehenden Beispielen – dadurch, dass das Akkusativobjekt, das formal als solches nicht erkennbar ist, an erster Satzgliedstelle steht. Die andere besteht darin, dass im letzten Ausbildungsjahr missverständlich im Satz platziert ist. Wird das Baby in seinem letzten Ausbildungsjahr betreut oder betreut die Tagespflegemutter in ihrem letzten Ausbildungsjahr das Baby? Wenn man im letzten Ausbildungsjahr direkt an eine Tagespflegemutter anschließt, wird der Sinn klar. Der Satz könnte mit Passivumformung und Umstellung so lauten:

Das Baby wird von der Mutter und einer Tagespflegemutter im letzten Ausbildungsjahr, die das Jugendamt finanziert, betreut werden.

Im letzten Ausbildungsjahr ist damit nicht mehr Adverbial, sondern Attribut zu Tagespflegemuttter.

Wenn man unbedingt auf Doppeldeutigkeiten aus ist, könnte man auch den Relativsatz die das Jugendamt finanziert anführen. Er beginnt mit dem Akkusativobjekt, das formal auch Subjekt sein könnte; dadurch ist grammatisch nicht festgelegt, ob das Jugendamt von der Tagespflegemutter finanziert wird oder – vermutlich – die Tagespflegemutter vom Jugendamt. Die Passivumformung die vom Jugendamt finanziert wird wäre hier wiederum eindeutiger. Aber auch bei der Aktivvariante entsteht beim Lesen kaum ein Missverständnis, weil der inhaltliche Zusammenhang das Verstehen eindeutig steuert.

Beim Besprechen des Beispiels im Unterricht kann auch die Frage aufkommen, ob nicht durch Umformung des Verbs in den Plural Eindeutigkeit hergestellt werden könne:

Das Baby *werden* die Mutter und eine Tagespflegemutter, die das Jugendamt finanziert, im letzten Ausbildungsjahr betreuen.

Damit wäre durch die hergestellte Kongruenz zwischen dem Subjekt die Mutter und eine Tagespflegemuttter und dem finiten Teil des Prädikats, das jetzt im Plural steht, die Subjekt-Objekt-Verwechslung tatsächlich ausgeschlossen. Man könnte sogar argumentieren, dass der Singular wird maßgeblich verantwortlich sei für das Missverständnis.

Allerdings handelt man sich mit der Umformulierung ein anderes Verstehensproblem ein: Betreuen Mutter und Tagespflegemutter das Baby zu zweit oder abwechselnd? Wenn das Prädikat in der Pluralform steht, tendiert man dazu, eine gemeinsame Tätigkeit anzunehmen (was kaum gemeint sein kann); im Singular bezieht man die Mutter und eine Tagespflegemutter getrennt auf das Prädikat. Man könnte es auch so analysieren: Wenn das Prädikat im Singular steht, handelt es sich um einen aus zwei Sätzen zusammengezogenen Satz: Die Mutter (wird betreuen) und eine Tagespflegemutter wird betreuen; beim Prädikat im Plural ist es ein erweiterter einfacher Satz, bei dem das Subjekt doppelt besetzt ist (die Mutter und eine Tagespflegemutter). Anzumerken ist allerdings, dass die Regularitäten der Numeruskongruenz bei Subjekt und Prädikat ausgesprochen kompliziert sind und viel Spielraum erlauben.

Insgesamt zeigt die Vielfalt der Aspekte, unter denen das Beispiel analysiert werden kann, dass es für den Unterricht zwar anspruchsvoll, aber sehr ergiebig ist.

Objekt oder Subjekt? – Probleme im Mittelfeld

245 *Aus dem „Fränkischen Tag":*
Trotz Frost sollten Rehe Wanderer nicht füttern
(Hohlspiegel 2010/8, S. 150)

Wer soll hier wen nicht füttern?

Wie bei den vorhergehenden Beispielen geht es um die Reihenfolge „Objekt – Subjekt", die missverständlich sein kann, wenn weder Subjekt noch Objekt eindeutige Kasusmerkmale zeigen. Das Beispiel zeigt, dass dieses Problem auch entstehen kann, wenn die beiden Satzglieder *nach* dem finiten Verb stehen, also im Mittelfeld des Satzes.

246 *Aus der „Mainzer Allgemeinen Zeitung":*
Wenn der Mann stirbt, erbt das Haus nämlich nicht automatisch die Frau.
(Hohlspiegel 2008/1, S. 146)

Hier steht das Subjekt am Ende des Satzes, begründet durch die Thema-Rhema-Abfolge: Das Subjekt enthält die neue Aussage, auf die es ankommt. Aber wegen der Kasusindifferenz bei Haus und Frau verliest man sich zunächst. Man könnte das Beispiel auch unter dem Aspekt der Thema-Rhema-Abfolge behandeln, zu der im Folgenden Beispiele zu finden sind (→ F 248 und 249).

Probleme bei der Verteilung der Satzglieder auf die Stellungsfelder

247 *Aus der „Rhein-Neckar-Zeitung":*
In einem Tresor seien 60 Kilo Silber und 170 Goldmünzen sichergestellt worden; außerdem ein Kleinflugzeug und vier Boote.
(Hohlspiegel 2015/12, S. 148)

War der Tresorbesitzer vielleicht Modellbaufan?

Durch die Platzierung des lokalen Adverbials in einem Tresor im Vorfeld wird nahegelegt, dass dies der Ortsrahmen ist, der für *alle vier* Sicherstellungen gilt – entsprechend würde die Umformung mit allen vier Sicherstellungen im Mittelfeld lauten:

In einem Tresor seien 60 Kilo Silber und 170 Goldmünzen und außerdem ein Kleinflugzeug und vier Boote sichergestellt worden.

Platziert man das lokale Adverbiale nach den beiden ersten Sicherstellungen im Mittelfeld, entsteht diese mögliche Fehlwahrnehmung nicht:

Es seien 60 Kilo Silber und 170 Goldmünzen in einem Tresor sichergestellt worden, außerdem ein Kleinflugzeug und vier Boote.

Probleme mit der Thema-Rhema-Abfolge

248 *Bildunterschrift aus dem Fernsehmagazin „rtv":*
Migräneattacken sind besonders quälend für Betroffene.
(Hohlspiegel 2011/25, S. 158)

Der Satz scheint eine triviale Aussage zu enthalten; für wen sonst als für die Betroffenen sollen denn Migräneattacken quälend sein? Eine Umstellung der Satzgliedreihenfolge behebt die Irritation:

Migräneattacken sind *für Betroffene* besonders quälend.

Warum ist diese Formulierung verständlicher? Im Deutschen wird die zentrale neue Information, das Rhema, in der Regel am Ende des Satzes platziert. Das ist hier die prädikative Ergänzung besonders quälend. Ein möglicher Grund für die irreführende Satzteilstellung kann darin liegen, dass der Autor einer inneren *mündlichen* Version der Aussage gefolgt ist, bei der besonders die Hauptbetonung trägt. Beim Schreiben müssen aber solche Betonungs-Instrumente ersetzt werden durch Stellungsinformationen und weitere Verdeutlichungsmittel.

249 *Aus der „Badischen Zeitung":*
Immer weniger Menschen ertrinken im Land
(Hohlspiegel 2015/16, S. 138)

Das Satzglied im Land steht in Rhema-Position, deshalb legt es nahe, dass dies das Neue der Satzaussage ist. Dadurch kann die Fehlannahme entstehen, dass es immer mehr Menschen gibt, die im Wasser, und nicht im Land, ertrinken. Mit Land ist allerdings Baden-Württemberg gemeint. Aber selbst wenn man das versteht, kann es zu einer irritierenden Deutung kommen: Im Vergleich zu anderen Bundesländern gebe es in Baden-Württemberg immer weniger Ertrinkende. Gemeint ist allerdings im Zeitungsartikel ein Vergleich der Ertrinkungstoten in 2015 gegenüber 2014. Der Landes-Hinweis gehört deshalb an die erste Satzgliedstelle:

Im Land (Baden-Württemberg) ertrinken immer weniger Menschen.

3.3 Attribute

Attribute sind die in den folgenden Satzgliedern *kursiv* gesetzten Wörter/Wortgruppen:

(1) Auf der *frisch asphaltierten* Straße *nach Tramin* war es glatt.

(2) Sie fuhr *ungewöhnlich* schnell.

(3) *Pauls* Untersuchung *der schwerkranken Frau gestern* wurde verschoben.
(4) Ich *Unglücksrabe* komme immer zu spät.
(5) *Ihr* Verhalten *als Chefin* ist eindrucksvoll.
(6) der Vortrag *Direktor* Maiers
(7) der Vortrag des Direktors *Maier*

Die Ausgangsbeispiele zeigen: Attribute gibt es nicht nur zu Nomen, sondern auch zum Beispiel zu Pronomen wie in (4) (= Unglücksrabe zu ich) und zu Adjektiven wie in (1) (= frisch zu asphaltierten) und (2) (= ungewöhnlich zu schnell); und als Attribut dienen nicht nur Adjektive, sondern auch Genitive/Genitivgruppen wie in (3), Nomen wie in (4) (= Unglücksrabe), (6) (= Direktor) und (7) (= Maier) (→ E 86), Pronomen wie in (5) (= ihr), Adverbien wie in (3) (= gestern) sowie Präpositionalgruppen wie in (1) (= nach Tramin) bzw. Konjunktionalgruppen wie in (5) (= als Chefin).

Für jedes dieser komplexen Satzglieder stellt sich die Frage erstens nach der Abhängigkeit zwischen den Bausteinen, aus denen das Satzglied besteht, zweitens nach Form und Bedeutung der einzelnen Satzgliedbausteine und drittens nach ihrer Reihenfolge *innerhalb* des Satzglieds.

Unter den Satzgliedteilen innerhalb eines Satzglieds ist einer der ranghöchste. Die anderen Satzgliedteile sind ihm untergeordnet; es sind „Attribute". Kern und Attribute zusammen bilden das Satzglied.

Bei mehreren Attributen wie in (3) kann es auch zwischen ihnen Unterordnung (schwerkranken ist Frau untergeordnet) geben oder Nebenordnung/Gleichrangigkeit (z. B. zwischen der schwerkranken Frau, Pauls und gestern).

Mit Attributen kann man ein Satzglied komplex ausbauen; insbesondere bei Satzgliedern mit *Nomen* als Kern kann die Innenarchitektur sehr aufwendig sein.

3.3.1 Zuordnung von Attributen

Attribut oder eigenes Satzglied?

Ob eine Wortgruppe ein selbstständiges Satzglied ist oder ein Attribut innerhalb eines Satzglieds, kann man nicht an der Satzoberfläche erkennen. Vor allem bei präpositional eingeleiteten Wortgruppen (in F 250: von Ärzten) entstehen aus diesem Grund häufig Missverständnisse.

Zu diesem Problem gibt es besonders viele Hohlspiegel-Funde:

250 *Aus dem „Kölner Stadt-Anzeiger":*
Viele Opfer wurden nach ersten Angaben von Ärzten tot getrampelt.
(Hohlspiegel 2012/7, S. 146)

Handelt es sich hier um brutale Ärzte, die Opfer tottrampeln? Nein, die Ärzte sind hier Opfer einer unklaren grammatischen Zuordnung geworden. In der brutalen Lesart ist die Wortgruppe von Ärzten ein eigenes Satzglied als Täterbezeichnung zum Passiv (totgetrampelt von). Gemeint ist allerdings ein Attribut zum Bezugsnomen Angaben: nach Angaben von Ärzten. Weder durch die Wortform noch durch die Stellung kann man als Leser zuverlässig entscheiden, um welche Bedeutungsversion es geht. Durch Umstellung hätte der Schreiber Eindeutigkeit herstellen können:

Nach ersten Angaben von Ärzten wurden viele Opfer totgetrampelt.

Syntaktisch kann in dieser Formulierung von Ärzten nur Attribut sein, sonst hätte man zwei Satzglieder vor dem Prädikat, also im Vorfeld. Man könnte auch nach ersten Angaben von Ärzten zwischen Kommas setzen; dann ist ebenfalls eindeutig, worauf sich von Ärzten bezieht:

Viele Opfer wurden, nach ersten Angaben von Ärzten, totgetrampelt.

Im Mündlichen kommt es kaum zu einem Missverständnis, weil die syntaktische Struktur durch die Intonation zum Ausdruck gebracht wird.

Im Unterricht kann das Beispiel als Übung zum Erkennen von Attribut und Ergänzung genutzt werden, insbesondere im Hinblick auf die Zuordnung des Attributs zu einem anderen Nomen bzw. der Ergänzung zu einem Verb. Man sollte dann wenigstens kurz auf die regelwidrige Getrenntschreibung tot getrampelt des Funds eingehen.

Neben Hohlspiegel-Funden, bei denen ein Attribut irrtümlicherweise als eigenes Satzglied gesehen werden könnte, gibt es auch den umgekehrten Fall, dass ein Satzglied irrtümlicherweise als Attribut verstanden werden kann. Beispiele dazu sind oben in Kap. 3.2.3 (*Adverbial;* → F 209–214) zu finden. Die beiden Varianten können im Unterricht zusammen behandelt werden; so kann erkannt werden, dass das Problem wechselseitig ist.

Hier folgen zunächst Beispiele, bei denen ebenfalls eine als Attribut beabsichtigte präpositionale Wortgruppe irrtümlicherweise als Satzglied verstanden werden kann.

251 *Aus einer AFP-Meldung:*

Der Mann war im September nach der Auswertung alter DNS-Spuren von der Kleidung des Opfers gefasst worden.

(Hohlspiegel 2014/20, S. 150)

Hier kann von der Kleidung des Opfers als Attribut zu DNS-Spuren oder als Ergänzung (= fakultative Präpositionalergänzung als Agens-Bezeichnung im Passiv) verstanden werden – auch wenn diese zweite Lesart inhaltlich natürlich absurd erscheint. Die grammatische Struktur entspricht der im Fund davor.

Ein weiteres Beispiel:

252 *Aus dem „Delmenhorster Kreisblatt“:*
Zwei Gullydeckel haben Unbekannte von einer Brücke über die A27 bei Walsrode im Heidekreis geworfen.
(Hohlspiegel 2016/37, S. 138)

Alle Achtung, stramme Leistung!

Neben der Missverständnis-auslösenden Vorfeldstellung des Akkusativobjekts (das man deshalb für das Subjekt halten könnte) gibt es ein weiteres Problem: die Doppeldeutigkeit, ob der Wurf von einer Brücke aus über die A27 stattfand oder ob – das war wohl gemeint – die Brücke, von der aus geworfen wurde, über die A27 führte.

Die gleiche Doppeldeutigkeit liegt im folgenden Beispiel vor:

253 *Aus der „Frankfurter Allgemeinen“:*
Zwei Tage vor der Parlamentswahl in Spanien ist am Freitag im Baskenland ein Mitglied der Sozialistischen Partei von Ministerpräsident Zapatero getötet worden
(Hohlspiegel 2008/12, S. 182)

Die Präpositionalgruppe von Ministerpräsident Zapatero ist hier als Attribut zu der Sozialistischen Partei gedacht, syntaktisch möglich ist aber auch die Lesart als eigenes Satzglied (Agens im Passiv). Eindeutig wäre der Genitivanschluss gewesen:

... ein Mitglied der Sozialistischen Partei des Ministerpräsidenten Zapatero

Die folgenden Beispiele sind etwas einfacher und können, wenn Lernende wenig Vorkenntnisse haben, gut im Unterricht als Einstieg in das Problem „Attribut oder Satzglied?“ verwendet werden. Die Verwechslungsmöglichkeit bezieht sich nicht mehr auf Agens-Ergänzungen bei Passivformulierungen.

254 *Aus dem Hannover'schen Wochenblatt „Hallo Sonntag“:*
Mann mit Machete erschossen
(Hohlspiegel 2012/19, S. 146)

Wenn man hier die fehlenden Teile des Prädikats ergänzt, wird die Bedeutung klar:

*Mann ist mit Machete erschossen worden

Mann mit Machete ist erschossen worden

Weitere entsprechende Funde:

255 *Aus dem „Göttinger Tageblatt“:*
Männer mit echtem Pelz bedroht
(Hohlspiegel 2009/47, S. 174)

256 *Aus der „Hamburger Morgenpost“:*
Terror-Touris ab
60 Beamte gingen gegen Urlauber mit Bierflaschen vor
(Hohlspiegel 2014/27, S. 134)

257 *Aus der „Neuen Ruhr- / Neuen Rhein-Zeitung“:*
Kunst bringt Menschen mit Aids zusammen.
(Hohlspiegel 2012/7, S. 146)

258 *Aus dem Kölner „Express“:*
Kapitän Philipp Lahm war es dann um 22.54 Uhr vorbehalten, den riesigen Pokal mit den Ohren hochzustemmen.
(Hohlspiegel 2012/23, S. 150)

259 *Aus dem „Spiegel“:*
Die Polizei hatte die Bilder am Tatort aufgenommen, unmittelbar nachdem der weltberühmte Sportler mit den Unterschenkelprothesen seine Freundin Reeva Steenkamp erschossen hatte.
(Hohlspiegel 2014/14, S. 142)

260 *Aus der „Rheinischen Post“:*
Taliban sprengen 36 Tanklastwagen für die Nato
(Hohlspiegel 2008/14, S. 186)

261 *Aus der „Stuttgarter Zeitung“:*
Eine Aktivistin der Frauengruppe Femen ist während der Weihnachtsmesse im Kölner Dom mit Kardinal Meisner halb nackt auf den Altar gesprungen.
(Hohlspiegel 2014/2, S. 142)

262 *Aus dem „Kölner Stadt-Anzeiger“:*
Unangefochtener Star des Christen-Treffens war die frühere hannoversche Landesbischöfin Margot Käßmann, die in München nach ihrem Rücktritt als Bischöfin und Ratsvorsitzende der Evangelischen Kirche (EKD) wegen einer Trunkenheitsfahrt mehrere umjubelte Auftritte feierte.
(Hohlspiegel 2010/21 S. 142)

263 *Aus der „Frankfurter Rundschau“:*
Viele von ihnen mussten Zeltstädte auf der Insel Bohol verlassen, in denen sie seit einem Erdbeben im Oktober mit mehr als 200 Todesopfern lebten.
(Hohlspiegel 2013/48, S. 174)

264 *Aus der „Saarbrücker Zeitung“:*
Aus gesundheitlichen Gründen habe ich bei einem Aufenthalt auf Sylt den Orkan „Erwin“ erlebt.
(Hohlspiegel 2014/38, S. 150)

Dieses Beispiel ist nicht doppeldeutig, sondern unkorrekt. Aus gesundheitlichen Gründen ist sinngemäß Attribut zu Aufenthalt und darf deshalb nicht die erste Satzgliedstelle einnehmen. Korrekt wären die beiden folgenden Umstellungsmöglichkeiten:

Bei einem Aufenthalt aus gesundheitlichen Gründen auf Sylt habe ich den Orkan „Erwin“ erlebt

Bei einem Aufenthalt auf Sylt aus gesundheitlichen Gründen habe ich den Orkan „Erwin“ erlebt

Etwas komplizierter ist das folgende Beispiel:

265 *Aus der „Frankfurter Allgemeinen“:*
Ein Himmelreich für ein Nickerchen. Das dachte sich vergangene Woche wohl auch die Vorstandsvorsitzende von Yahoo, Marissa Mayer, und legte sich vor einem Abendessen mit wichtigen Kunden im französischen Cannes aufs Ohr.
(Hohlspiegel 2014/28, S. 138)

Hier ist nicht nur unklar, ob sich die Vorstandsvorsitzende zusammen mit ihren Kunden aufs Ohr gelegt hat, sondern auch, ob im französischen Cannes lokales Adverbial ist oder Attribut zu Abendessen oder Attribut zu Kunden. Die Frage „Satzglied oder Attribut?“ betrifft also mit wichtigen Kunden und im französischen Cannes. Es kann sich bei vor einem Abendessen mit wichtigen Kunden im französischen Cannes also um ein einziges Satzglied oder zwei oder drei Satzglieder handeln. Damit ergeben sich vier Varianten, eine der beiden ersten dürfte gemeint sein, vermutlich die erste:

(vor einem Abendessen mit wichtigen Kunden im französischen Cannes)
(vor einem Abendessen mit wichtigen Kunden) (im französischen Cannes)
*(vor einem Abendessen) (mit wichtigen Kunden im französischen Cannes)
*(vor einem Abendessen) (mit wichtigen Kunden) (im französischen Cannes)

Etwas verzwickt ist das folgende Beispiel:

266 *Aus der „Rhein Main Presse":*
Kaufe Uromas und antike Sachen, Stand- u. Wanduhren, auch defekt, Elektrogerät u. Flohmarktartikel
(Hohlspiegel 2014/32, S. 138)

Der Hohlspiegel-Fund provoziert ein Missverständnis. Warum? Uromas kann sowohl Genitiv Singular wie auch die Pluralform (in allen Kasus) sein; deshalb meint man zunächst, es werde der Kauf von Uromas angeboten, und macht so Uromas zum Akkusativobjekt. Uromas ist aber als Attribut zu Sachen gemeint.

Der Fund ist auch interessant im Hinblick auf die Frage, ob man überhaupt ein Genitivattribut und ein Adjektivattribut so kombinieren kann, wie das im Fund geschehen ist. Bei einer Formulierung wie Kaufe Urgroßmutters und antike Sachen würde keine Verwechslung von Attribut und Akkusativobjekt entstehen, sie ist aber grammatisch grenzwertig. Eher akzeptabel ist es, wenn die beiden Attribute vertauscht werden: Kaufe antike und Urgroßmutters Sachen.

Das folgende Beispiel ist unter mehreren Aspekten interessant:

267 *Aus dem „Hamburger Abendblatt":*
Religiöse Rituale
Kinderbund will runden Tisch zur Beschneidung
(Hohlspiegel 2012/39, S. 174)

Neben der Frage, ob zur Beschneidung Attribut oder eigenes Satzglied ist, ist hier ein Rechtschreib- und Kürzungsaspekt interessant: Wenn bei komplexen Fachausdrücken wie bei runder Tisch das Adjektiv großgeschrieben würde (was nach § 63 [E] der *Amtlichen Regeln* zur Rechtschreibung zulässig ist), entstünde das Missverständnis nicht: Kinderbund will Runden Tisch … Ferner wäre es eindeutiger, wenn es … zum *Thema* Beschneidung hieße.

Attribute zu valenzhaltigen Bezugsnomen

268 *Aus der „Weinstadt Woche":*
Zwangsversteigerung des Amtsgerichts
(Hohlspiegel 2010/41, S. 198)

Soll das Amtsgericht versteigert werden? Natürlich nicht. Hier liegt eine häufig vorkommende grammatische Unstimmigkeit vor. Versteigerung ist ein Nomen, das von einem transitiven Verb mit obligatorischem Akkusativobjekt abgeleitet ist: *etwas* versteigern. Dessen Valenz wird von dem abgeleiteten Nomen übernommen. Man erwartet bei Versteigerung daher ein Attribut, das dem Akkusativobjekt zu versteigern entspricht und wie dieses das Patiens (= das zu Versteigernde) angibt. Dieses Attribut ist vorrangig ein Genitivattribut (die Versteigerung der beiden Stradivari-Celli). Das Agens (also das Subjekt zu einem Satz mit versteigern) erscheint demgegenüber als *Präpositional*gruppe mit durch: die Versteigerung der beiden Stradivari-Celli *durch* das Amtsgericht. Diese Regelhaftigkeit gilt nicht nur für die -ung-Ableitungen, sondern auch für andere Nomen, die auf Verben zurückgehen.

Lernende können weitere von Verben abgeleitete Nomen suchen und für Patiens und Agens passende Attribute finden – z. B. zu Rückgabe:

die Rückgabe des Buches durch den Schüler

Dabei werden sie vielleicht auf Spezialfälle wie die folgenden stoßen:

(1) die Rückgabe *von Büchern* durch den Schüler

Wenn wie hier das Patiens Bücher keine eindeutige Genitivendung vorweist (und kein kasusverdeutlichendes Pronomen oder Adjektiv bei sich hat), wählt man ersatzweise ein Präpositionalattribut mit von ... Sonst hieße es ja: *Die Rückgabe Bücher ...

(2) die Bücherrückgabe *des Schülers* (*Die Rückgabe des Schülers)

Hier ist die Formulierung des Agens als *Genitiv*attribut möglich, weil das Patiens zu Rückgabe im Bestimmungswort des Kompositums genannt ist (*Bücher*rückgabe) und so kein Missverständnis entstehen kann.

(3) *Pauls/seine* Rückgabe des Buchs (*Pauls/seine Rückgabe)

Wenn wie hier das Patiens als *nach*gestelltes Attribut erscheint, kann das Agens als *voran*gestelltes Genitivattribut bzw. Possessivpronomen dargestellt werden.

Ziemlich kniffelig!

Wenn den Lernenden der Begriff der Valenz noch nicht bekannt ist, empfiehlt es sich, diesen zuerst anhand des Verbs zu erörtern (→ F 11–22).

Analog zum Zwangsversteigerungs-Beispiel ist das Problem in den folgenden Funden:

269 *Aus der Gebrauchsanweisung für den „Pocket-Scouter", ein Zahnhygieneinstrument:*

Mit dem Biberschwanz messen sie die Zahnfleischtaschen: Ist die Tiefe mehr als der erste weiße Strich, ist eine Behandlung ihres Zahnarztes notwendig!

(Hohlspiegel 2010/45, S. 186)

Richtig wäre: Behandlung *durch* ihren Zahnarzt. Im Übrigen müssten die beiden Anrede-Pronomina großgeschrieben werden: ... messen Sie ... und Ihres Zahnarztes.

270 *Aus der „Leipziger Volkszeitung":*
[Waldemar] Hartmann hatte auch Lothar Matthäus geladen, aber eine Absage bekommen. „Lothar will bei der Geburt seiner zukünftigen Frau dabei sein."
(Hohlspiegel 2012/24, S. 154)

Geburt ist abgeleitet von gebären; dieses Verb lässt ein Akkusativobjekt erwarten. Deshalb geht man davon aus, dass ein Genitivattribut zu Geburt das Geborene angibt. Lothar wäre also dabei gewesen, als seine Frau geboren wurde.

Entsprechend der folgende Fund:

271 *Aus einer Pressemitteilung der Agaplesion Diakonie Kliniken Kassel:*
RTL II zeigt jetzt Geburt einer 17-Jährigen in der Frauenklinik Dr. Koch.
(Hohlspiegel 2014/38, S. 150)

Ein weiterer Fund zu Geburt findet sich in Kap. 2.1.2 (*Nomen;* → F33).

272 *Aus dem „Meller Kreisblatt":*
Am Dienstag wird im Verwaltungsausschuss über das weitere Vorgehen des Turmes entschieden.
(Hohlspiegel 2012/47, S. 174)

Gemeint ist wohl: das weitere Vorgehen in der Angelegenheit „Turm".

273 *Aus der „Siegener Zeitung":*
Grüne brachten gestern im Siegener Sozialausschuss Antrag für einen Fonds für Verhütung von Hartz-IV-Empfängerinnen ein.
(Hohlspiegel 2012/23, S. 150)

Hintergrund dieser Zeitungsmeldung: Die Fraktion Bündnis 90 / Die Grünen beantragte zur Sitzung des Ausschusses für Soziales, Familien- und Seniorenfragen der Stadt Siegen am 23.05.2013 die Einrichtung eines Fonds, der die Verhütungskosten von Hartz-IV-Empfängerinnen übernehmen soll.

Die Formulierung dieses Antrags in der Zeitungsmeldung erfolgt mit einem Satzglied, in dem drei präpositionale Attribute enthalten sind, deren Bezug zum Satzgliedkern Antrag und auch untereinander nicht auf Anhieb klar wird. So sind syntaktisch mehrere Lesarten möglich: Die absurdeste ist, dass es darum geht, Hartz-IV-Empfängerinnen zu verhüten – diese Lesart führte wahrscheinlich zur Aufnahme in den Hohlspiegel. Weniger absurd, sondern sehr wohl denkbar, aber nicht gemeint: dass die Grünen (gemeint ist die

Fraktion Bündnis 90/Die Grünen) einen Antrag der Hartz-IV-Empfängerinnen lediglich weitergeleitet haben.

Ein Teil der Irritation des Lesers könnte darin liegen, dass das valenzhaltige Nomen Antrag in der Regel die Präposition auf fordert (Antrag auf [Einrichtung eines] Fonds). Ebenso ist Verhütung von Hartz-IV-Empfängerinnen missverständlich, wiederum aus Valenzgründen: Verhütung lässt im Attribut die Angabe des Patiens erwarten. Dieses kann als Genitiv- oder präpositionales Attribut formuliert sein. Deshalb versteht man die Formulierung so, dass Hartz-IV-Empfängerinnen verhütet werden sollen.

Insofern ist eine stärkere Umformung der Zeitungsmeldung ratsam, z.B. die folgende:

... Antrag auf Einrichtung eines Fonds, aus dem Hartz-IV-Empfängerinnen ihre Verhütungskosten erstattet bekommen können.

Attribute zu Komposita

274 *Aus einer Broschüre des Westfalia-Versands:*
Toter Winkelspiegel
(Hohlspiegel 2011/25, S. 158)

Schade um den armen Winkelspiegel!

Ein abgebrochener Spiegel – das haben schon viele Autofahrer erlebt. Ihn dann aber als gestorben, als tot zu bezeichnen, ist schon ungewöhnlich. Und besonders tot sieht der Spiegel auf der Abbildung auch nicht aus. Rätselhaft bleibt bei dieser Lesart auch, was ein Winkelspiegel sein soll. Aber solche Fragen führen nicht weiter; das Problem lässt sich grammatisch auflösen. Es geht natürlich nicht um einen toten Spiegel; das Adjektiv tot soll sich auf Winkel beziehen, so ist es jedenfalls gemeint. Grammatisch ist das jedoch nicht korrekt und führt zu Missverständnissen. Ein Attribut zu einem Kompositum sollte sich auf dessen Grundwort beziehen – das ist im Deutschen das ganz rechts stehende Teilwort, hier Spiegel, also nicht – wie es hier der Autor versucht hat – auf das Bestimmungswort Winkel. Deshalb kann man einen Vater einer vierköpfigen Familie nicht als *vierköpfigen Familienvater (→ F 276) und ein Kompott aus selbst gepflückten Sauerkirschen nicht als *selbstgepflücktes Sauerkirschenkompott bezeichnen.

Die Formulierung toter Winkelspiegel zu verbessern, ist allerdings nicht ganz leicht. Eine Formulierung wie Spiegel gegen den toten Winkel wäre eventuell möglich, auch wenn es genau genommen heißen müsste: Spiegel gegen die Gefahr des toten Winkels. Möglich ist auch Toter-Winkel-Spiegel, allerdings sollte dann bei zweizeiligem Druck Toter-Winkel- auf der gleichen Zeile stehen, damit auch grafisch deutlich wird, was zusammengehört.

Im Unterricht kann an weiteren Beispielen die korrekte und unkorrekte Zusammenstellung von „Adjektiv + Kompositum" untersucht werden, und zwar zunächst an zweigliedrigen Komposita wie im Ausgangsbeispiel:

*roter Weingenuss
toller Weingenuss

Die Lernenden können sich in einer sprachproduktiven Übung selbst solche korrekten und unkorrekten Attribuierungen zu Komposita ausdenken. Es gibt übrigens auch Grenzfälle, z. B.:

schwarzer Johannisbeersaft

Genau genommen ist Saft aus schwarzen Johannisbeeren gemeint; aber da ein solcher Saft selbst auch schwarz ist, kann man die Formulierung schwarzer Johannisbeersaft gelten lassen.

Anschließend kann man auch dreigliedrige Komposita mit einem Adjektivattribut untersuchen wie z. B.:

275 *Kleinanzeige in der „Rheinischen Post":*
CHIO 2 überdachte Sitzplatzkarten für alle Tage wegen Krankheit zu verkaufen.
(Hohlspiegel 2011/32, S. 150)

Nicht die Karten sind überdacht, sondern die Sitzplätze. Das Attribut überdachte bezieht sich inhaltlich also auf das Bestimmungswort. Dass das Bestimmungswort selbst ebenfalls ein Kompositum ist, nämlich ein zweigliedriges aus dem Bestimmungswort Sitz und dem Grundwort Platz, macht die Wortstruktur noch unübersichtlicher. Eine passende Umformulierung wäre hier Karten für überdachte Sitzplätze.

Weitere Beispiele zu vorangestellten Attributen bei zweigliedrigen Komposita:

276 *Aus dem „Tagesspiegel":*
Beruf und Familie trennt der fünfköpfige Familienvater sonst streng
(Hohlspiegel 2008/32, S. 154)

277 *Aus dem „Verler Magazin":*
Gebrauchter Küchenverkauf:
Sie wollen umziehen und wissen nicht wohin mit Ihrer gebrauchten Küche?
(Hohlspiegel 2009/6, S. 162)

278 *Kleinanzeige im „Harzer Panorama am Sonntag“:*
Suche geringfügige Reinigungskraft
(Hohlspiegel 2014/38, S. 150)

Soll sich das Attribut (geringfügige) auf das Bestimmungswort Reinigung beziehen – soll also nur oberflächlich gereinigt werden? Gemeint ist: eine Kraft (= eine Person), die die Reinigung eines Gebäudes in geringfügigem zeitlichen (und damit finanziellem) Umfang vornimmt – also im Rahmen eines geringfügigen Beschäftigungsverhältnisses.

Beim folgenden Fund bezieht sich das vorangestellte Attribut auf ein dreigliedriges Kompositum:

279 *Aus dem bayerischen „regio//mag.“:*
Rezeptidee
SELBST GESÄTE GARTEN-KRESSE-SUPPE
(Hohlspiegel 2012/11, S. 154)

Probleme mit dem Bezug auf Komposita kann es auch bei nachgestellten Attributen geben (hier: ein präpositionales Attribut):

280 *Aus einer Anzeige im „Tagesspiegel“:*
Gigantische Bodenvasen, Springbrunnen und Teakmöbel aus kontrolliertem Anbau bezaubern neben exklusiven Dekorationen im neuen Showroom und auf einer 1500 m^2 großen Außenfläche.
(Hohlspiegel 2008/33, S. 158)

Nicht die Möbel, sondern das Teak stammt aus kontrolliertem Anbau.

Etwas komplexer ist das folgende Beispiel, bei dem es um einen Relativsatz als Attribut geht:

281 *Aus der „Nordwest-Zeitung“:*
Der Rat der Stadt Oldenburg hatte im Juni 2011 die Kastrationspflicht für Katzenhalter, die frei herumlaufen, beschlossen.
(Hohlspiegel 2012/18, S. 146)

Nicht die Katzenhalter, sondern die Katzen laufen frei herum. Der unkorrekte Bezug des Relativsatzes führt sogar zu einer Unklarheit beim Kompositum Kastrationspflicht. Sind die Katzen oder die Katzenhalter zu kastrieren?

Zwei weitere Beispiele mit problematischem Rückbezug eines Relativsatzes auf ein Kompositum findet man in Kap. 4.1.3 (*Relativ-Satzgefüge;* → F 350 und 351).

Redundante Attribute

282 *Aus dem „Kölner Stadt-Anzeiger“:*
Die Polizei Köln warnt vor Betrügern, die sich am Telefon als falsche Polizisten ausgeben.
(Hohlspiegel 2015/5, S. 138)

Das Adjektiv falsche als Attribut zu Polizisten muss gestrichen werden, denn sich als Polizisten ausgeben impliziert bereits, dass es falsche Polizisten sind. Die Aussage verkehrt sich durch falsche in ihr Gegenteil.

Weitere Beispiele zu Redundanzen durch Adjektive, die überflüssig sind:

283 *Aus der „Südwest Presse“:*
Weitere Mängel waren unter anderem eine gebrochene Federung, schadhafte Stoßdämpferbeschädigungen und Reifenschäden.
(Hohlspiegel 2007/11, S. 198)

284 *Aus dem „Hamburger Abendblatt“:*
Die Wirtschaft will nicht anspringen, die „Abwärtsspirale“ sinkt – eine Abwärtsspirale nach unten.
(Hohlspiegel 2013/28, S. 134)

285 *Aus der „Gmünder Tagespost“:*
Eine seltene Rarität
(Hohlspiegel 2013/34, S. 138)

Bei diesem Beispiel kann man sich fragen, ob es nicht doch akzeptabel ist, weil sich das Nomen Rarität semantisch vom Adjektiv rar = „selten“ etwas entfernt hat im Sinne von „Liebhaberstück“.

3.3.2 Verhältnis von Attributen zueinander

Gleichrangig oder untergeordnet?

286 *Aus dem „Delmenhorster Kreisblatt“:*
Delmenhorst (BBR): Der Finder eines Sauerstoffgeräts zur Beatmung der Firma steramed wird gesucht.
(Hohlspiegel 2013/28, S. 134)

Die Manager der Firma scheinen ziemlich verzweifelt, wenn sie schon lebensverlängernde Maßnahmen ergreifen.

Das Beispiel zeigt, wie man im Deutschen Satzglieder mit Attributen anreichern oder gar aufblähen kann – und wie das aber auch schiefgehen kann. Attribute geben nicht zu erkennen, ob sie einander neben- oder untergeordnet sind und auf welches Nomen davor sie sich dabei beziehen; und sie lassen nicht einmal erkennen, ob sie ein eigenes Satzglied oder ein Attribut sind. Komplexe Satzglieder sind daher ein schwieriges Gelände.

Worin genau besteht die Tücke des Satzes zum Sauerstoffgerät in grammatischer Sicht? Es ist das Genitivattribut der Firma steramed, das für Verwirrung sorgt. Man bezieht diese Wortgruppe beim Lesen intuitiv auf Beatmung; beabsichtigt ist aber, dass es sich auf Sauerstoffgerät bezieht: eines Sauerstoffgeräts ... der Firma steramed. Hier sind dem Bezugsnomen Sauerstoffgerät zwei grammatisch *einander gleichrangige* Attribute zugeordnet, nämlich zur Beatmung und der Firma steramed. Dieses Bezugsnomen Sauerstoffgerät ist seinerseits Attribut zu Finder.

Beim Lesen rekonstruieren wir meist ganz automatisch die gemeinte Ordnung. Warum funktioniert das bei eines Sauerstoffgeräts zur Beatmung der Firma steramed nicht – jedenfalls nicht auf Anhieb? Ein Genitivattribut folgt dem Nomen, zu dem es Attribut ist, in der Regel unmittelbar. Deshalb liest man irrtümlicherweise Beatmung der Firma steramed als zusammengehörig. Die enge Anbindung von Genitivattributen spiegelt sich grammatisch auch darin, dass man nicht zwei nachgestellte gleichrangige Genitivattribute auf ein und dasselbe Nomen beziehen kann: Einen Satz wie Paul analysiert diesen Satz kann man nicht umformen zu * Die Analyse *Pauls dieses Satzes*; das wäre ungrammatisch. Möglich ist demgegenüber, die beiden Genitivattribute auf die Attribut-Felder vor und nach dem Bezugsnomen zu stellen: *Pauls* Analyse *dieses Satzes*. Bei dieser Verteilung ist der Platz nach dem Bezugsnomen für das ehemalige Akkusativobjekt reserviert.

Es gibt noch einen weiteren Grund, warum man sich bei der Formulierung des Hohlspiegel-Funds verliest. Das Bezugsnomen Beatmung ist vom Verb beatmen abgeleitet, einem transitiven Verb. Dessen Valenz wirkt im Nomen nach und legt nahe, das Genitivattribut als Patiens, also als Äquivalent eines Akkusativobjektes, zu interpretieren: eine Firma beatmen – die Beatmung der Firma. Man könnte das auch so formulieren: Beatmung möchte nicht allein bleiben und eine Ergänzung haben und annektiert deshalb einen anschließenden Genitiv (der Leser wüsste ja wohl auch gerne, wer mit dem Gerät denn beatmet werden soll).

Man könnte nun annehmen, dass man einfach präpositionales Attribut und Genitivattribut in ihrer Stellung vertauschen muss, um eine angemessene Formulierung zu gewinnen. Bei einem Satzglied wie * Der Brief an seinen Sohn des Vaters würde das funktionieren: Der Brief des Vaters an seinen Sohn. Beim Hohlspiegel-Fund ergäbe sich:

Der Finder eines Sauerstoffgeräts der Firma steramed zur Beatmung wird gesucht.

Der Bezug von der Firma auf eines Sauerstoffgeräts ist damit eindeutig. Trotzdem überzeugt die Formulierung nicht recht. Warum denn? Obschon zur Beatmung kein Genitivattribut ist, gehört es inhaltlich doch ganz eng zu Sauerstoffgerät, von dem es nun weggerückt ist; es gibt dessen Zweck an und definiert mit diesem zusammen das Produkt. Da wirkt es störend, wenn dieses Attribut nicht direkt auf das Bezugswort folgt. Valenzgrammatisch kann man auch sagen, dass -gerät als Ergänzung eine Präpositionalgruppe mit zu erfordert. Es streiten sich also, so könnte man bildhaft sagen, das Genitivattribut und das valenzgebundene präpositionale Attribut um den Platz unmittelbar nach Sauerstoffgerät.

Es gibt eine elegante Möglichkeit, diesen Streit zu schlichten – mithilfe einer Wortzusammensetzung:

Der Finder eines Beatmungsgeräts der Firma steramed wird gesucht.

Auf diese Weise rückt zur Beatmung in besonders enge Nähe zu Gerät, nämlich als dessen Bestimmungswort; und das Genitivattribut kriegt seinen Platz direkt hinter -gerät.

Didaktische Hinweise: Wenn man mit den Lernenden überlegt, warum der Hohlspiegel-Satz missverständlich ist, wird vor allem die Frage der Beziehungen zwischen den Attributen eine Rolle spielen. Dies ist auch möglich ohne Diskussion der valenztheoretischen Aspekte, die anspruchsvoll sind. Zur Einführung in die valenzbezogene Analyse findet man einfachere Beispiele oben unter dem Aspekt „Attribute zu valenzhaltigen Bezugsnomen". Sinnvoll ist es auf jeden Fall, die Lernenden eindeutige Umformulierungen suchen zu lassen, so als wären sie Lektoren, die den Text korrigieren. Es gibt verschiedene Möglichkeiten der Verbesserung, z. B.:

Der Finder eines Sauerstoffgeräts zur Beatmung, hergestellt von der Firma steramed, wird gesucht.

Der Finder eines Sauerstoffgeräts der Firma steramed, das der Beatmung dient, wird gesucht.

Auch eine bloße Umstellung der Attribute mag weniger missverständlich sein, bleibt aber, wie oben ausgeführt, irritierend:

Der Finder eines Sauerstoffgeräts der Firma steramed zur Beatmung wird gesucht.

Man kann ausgehend vom Hohlspiegel-Fund mit den Lernenden weitere Formulierungen analysieren, die mehrere nominale Attribute enthalten. Wenn man, ausgehend von Beatmung der Firma, auf den Valenzaspekt eingeht, kann auch grundsätzlicher die Valenz von Nomen besprochen werden. Gut verständlich ist dies bei Nomen, die von Verben abgeleitet sind, eben z. B. Beatmung von beatmen. Wichtig ist dabei die Einsicht, dass Genitivattribute zu valenzhaltigen Nomen in der Regel dem Akkusativobjekt des entsprechenden Verbs entsprechen; dem Satz

Der eingetroffene Sanitäter beatmet das Unfallopfer

entspräche also Beatmung des Unfallopfers und nicht *Beatmung des eingetroffenen Sanitäters (→ F 268–273).

Für eine erste Beschäftigung mit den Begriffen *gleichrangige* und *untergeordnete* Attribute eignen sich die folgenden, einfacheren Beispiele:

287 *Aufschrift auf der Verpackung einer Flohbürste für Katzen:*
Flohfänger für Katzen mit rotierenden Zähnen
(Hohlspiegel 2013/39, S. 158)

Die beiden präpositionalen Wortgruppen für Katzen und mit rotierenden Zähnen sind Attribute; worauf sich das zweite Attribut bezieht, ist von der grammatischen Struktur her gesehen nicht eindeutig. Sind es Flohfänger mit rotierenden Zähnen oder Katzen mit rotierenden Zähnen? Beides ist grammatisch möglich. Es geht um die Frage, ob die beiden Attribute gleichrangig oder untergeordnet sind:

gleichrangig: Flohfänger (für Katzen) (mit rotierenden Zähnen)
untergeordnet: *Flohfänger (für Katzen (mit rotierenden Zähnen))

Als anschließende Übung können die Lernenden selber Beispiele von Nomen mit zwei nachgestellten Attributen suchen und sie den Kategorien *gleichrangig* und *untergeordnet* zuordnen.

288 *Aus dem „General-Anzeiger":*
Diese Frage stellten sich die entsetzten Franzosen seit der Anklage Strauss-Kahns wegen Vergewaltigung durch ein New Yorker Zimmermädchen im Mai 2011.
(Hohlspiegel 2012/11, S. 154)

Hier „drängeln" sich drei präpositionale Attribute nach dem Genitivattribut. Bei der im Fund gewählten Reihenfolge könnte man annehmen, Strauss-Kahn sei im Mai 2011 durch ein New Yorker Zimmermädchen vergewaltigt worden und hätte dagegen geklagt. Gemeint ist, dass Strauss-Kahn im Mai 2011 von dem New Yorker Zimmermädchen wegen Vergewaltigung angeklagt wurde.

Durch folgende Umstellung würde die Doppeldeutigkeit bereinigt:
... seit der Anklage Strauss-Kahns durch ein New Yorker Zimmermädchen im Mai 2011 wegen Vergewaltigung.

289 *Aus der „Frankfurter Allgemeinen":*
Dafür ist vor allem die hohe Nachfrage nach rotem Bordeaux aus Asien verantwortlich.
(Hohlspiegel 2010/39, S. 198)

Beziehung zwischen vorangestellten und nachgestellten Attributen

290 *Aus der „Heilbronner Stimme":*

Da Leichen nicht entwendet wurden, bleibt eventuell nur der Tatbestand des ‚beschimpfenden Unfugs' eines Leichnams. Wie dieser nachgewiesen werden könnte, ist fraglich.

(Hohlspiegel 2013/32, S. 138)

Der Tatbestand ist nicht mehr zuverlässig rekonstruierbar – wahrscheinlich wurden in der Pathologie oder auf dem Friedhof Beschimpfungen auf eine Leiche oder auf die Umgebung gekritzelt. Natürlich hat nicht der Leichnam den Unfug einer Beschimpfung begangen, sondern die Täter haben den Unfug der Beschimpfung einer Leiche begangen. Der grammatische Fehler besteht hier darin, dass das Genitivattribut eines Leichnams an das Nomen Unfug angekoppelt ist, aber sinngemäß zum vorangestellten Attribut beschimpfenden gehört. Grammatisch korrekt, allerdings stilistisch wegen der drei aneinandergereihten Genitivattribute nicht gerade vorbildlich wäre:

Da Leichen nicht entwendet wurden, bleibt eventuell nur der Tatbestand des Unfugs des Beschimpfens eines Leichnams.

Komplexe Attribute

291 *Aus den gesetzgeberischen Aktivitäten des Innenministeriums NRW:*

Entwurf einer Verordnung über das Wahlverfahren zur Aufstellung des Vorschlags der Versammlung der Beschäftigten des Eigenbetriebs für die Wahl von Beschäftigten als Mitglieder des Werkausschusses und ihrer Stellvertreter (Wahlordnung für Eigenbetriebe – Eig-WO)

(Hohlspiegel 1984/25, S. 182)

Die komplexen Unter- und Nebenordnungen verdeutlichen wir durch eine grafische Schreibung – gleichrangige Attribute stehen durch Abstände getrennt auf der gleichen Zeile, untergeordnete Satzteile auf der nächsttieferen Zeile direkt unterhalb der ihnen übergeordneten Satzteile; zu lesen ist die Formulierung in dieser Form von oben nach unten, und zwar zuerst die erste Spalte, dann die zweite usw.:

Entwurf
einer Verordnung
über das Wahlverfahren
zur Aufstellung
des Vorschlags
der Versammlung   für die Wahl

der Beschäftigten des Eigenbetriebs | von Beschäftigten | als Mitglieder des Werksausschusses | und ihrer Stellvertreter

Die ersten fünf Wortgruppen sind einander stufenweise untergeordnet. Das Attribut des Vorschlags sieht dann zwei valenzgebundene Subattribute vor: das Genitivattribut der Versammlung (= wer darf vorschlagen?) und das Präpositionalattribut für die Wahl (= wofür wird vorgeschlagen?). Dann wird es kompliziert: Zu für die Wahl gibt es drei Attribute: (Wahl) von Beschäftigten, Wahl als Mitglieder, Wahl ihrer Stellvertreter, wobei das Letztere mit und verbunden ist (Doppelbesetzung). Mitglieder wird wiederum durch ein Genitivattribut näher bestimmt: des Werksausschusses. Ganz schön knifflig für die Analyse!

In der aktuellen Fassung (= vom 24. Oktober 2001) lautet diese Wahlordnung für Eigenbetriebe – Eig-WO – übrigens inzwischen so:

Verordnung über das Wahlverfahren zur Benennung der Beschäftigten des Eigenbetriebs für die Wahl in den Betriebsausschuss.

Na bitte, geht doch!

292 *Aus einem Leserbrief des Wiener Staatsoperndirektors Ioan Holender in der „Frankfurter Allgemeinen“:*

Zuerst der sehr teure Rausschmiss des kurz davor verlängerten Operndirektors Maier wegen des danach dann auch abgetretenen Chefdirigenten Chailly.

(Hohlspiegel 2008/45, S. 190)

Das grammatische Management dieser Formulierung scheint das nicht gerade effiziente Management der Angelegenheit, von der die Rede ist, abzubilden! Hübsch ist auch der verlängerte Operndirektor.

293 *Aus einer Offenlegungsschrift des Deutschen Patent- und Markenamts:*

Eine Bogendruckmaschine enthält einen Bedruckungsabschnitt zur Bedruckung von von einem Bogenzuführungsabschnitt zugeführten Papierbögen und einen Oberflächenbehandlungsabschnitt zur Behandlung von Oberflächen der Papierbögen durch entsprechendes Aufpressen von Transferfolien auf die in dem Bedruckungsabschnitt bedruckten Papierbögen.

(Hohlspiegel 2008/10, S. 206)

Eine kleine Verstehenshilfe: In der Bogendruckmaschine werden zunächst Papierbögen bedruckt; dann werden diese bedruckten Papierbögen durch Aufpressen von Folien oberflächenbehandelt.

Didaktischer Hinweis: Wenn man diesen Satz in einem Computerprogramm schreibt, wird das zweite von oft als Fehler markiert. Man könnte als Einstieg in das Beispiel fragen, ob der Computer damit recht hat.

3.3.3 Attribut-Stellung

Da Satzglieder, vor allem solche mit nominalem Kern, oft komplex ausgebaut sind, lohnt sich ein Blick auf die Verteilung der Attribute im Satzglied: Bei einem Nomen mit Begleiter wie das Haus kann als Attribut vor dem Nomen-Begleiter allenfalls ein Adverb stehen (*rechts* das Haus); zwischen Nomen-Begleiter und Nomen stehen oft attributive Adjektive oder Partizipien (das *alte/zerstörte* Haus), selten weitere Nomen-Begleiter (manche *solche* Häuser); vor einem Nomen ohne Nomen-Begleiter stehen oft attributive Adjektive oder Partizipien (*schöne/zerstörte* Häuser), manchmal Nomen/Pronomen im Genitiv (*Pauls/dessen* Auto), selten unflektierte Nomen (er erinnerte sich *Direktor* Maiers).

Nach dem Nomen können mehrere Attribute stehen. Für die Reihenfolge dieser Attribute gilt dann:

- attributives Nomen direkt nach dem Bezugsnomen:
  das Glas *Wein* meines Bruders (vgl. *das Glas meines Bruders *Wein*)
- attributiver Genitiv vor präpositionalen Attributen:
  die Entlassung *meines Bruders* am letzten Samstag
  *die Entlassung am letzten Samstag *meines Bruders*
- attributive Adverbien nach attributivem Genitiv und vor präpositionalen Attributen:
  die Empörung meiner Schwester *gestern* wegen meines Vorwurfs
  oder *nach* ihnen, dann aber mit dem Zweideutigkeits-Risiko:
  die Empörung meiner Schwester wegen meines Vorwurfs *gestern*

Doppeldeutige Abfolge von präpositionalem Attribut und Genitivattribut

294 *Aus dem „Kölner Stadt-Anzeiger“:*

> Laut dem neuem Lagebericht zur Korruption des Landeskriminalamts deckten die Fahnder 2014 insgesamt 6597 Delikte auf – fast 54 Prozent mehr als im Vorjahr.
>
> (Hohlspiegel 2015/29, S. 130)

Korruption im Landeskriminalamt (LKA) nun auch in Deutschland?

Was ist los: Das nachgestellte Genitivattribut des Landeskriminalamts bezieht man als Leser/Hörer routinemäßig auf das unmittelbar vorangehende Nomen, hier: Korruption; es kann nicht gleichrangig zu einem vorangehenden Attribut Präpositionalattribut (zur Korruption) verwendet werden.

Also: Genitivattribute gehören direkt hinter das Bezugsnomen, hier: hinter Lagebericht.

295 *Aus der „Frankfurter Allgemeinen":*
Die Großrazzia gegen Anlagebetrüger der Staatsanwaltschaft München hat ihn [Manfred Straub] wieder in den Mittelpunkt gerückt: ...
(Hohlspiegel 2010/41, S. 198)

Für die Attribute rechts vom Bezugsnomen gibt es eine verbindliche Reihenfolge-Vorgabe: Ein Genitivattribut muss direkt nach dem Bezugsnomen stehen, also *vor* einem eventuellen Präpositionalattribut. Wenn ein Genitivattribut wie der Staatsanwaltschaft München in diesem Fundstück nach einem präpositionalen Attribut folgt (hier: gegen Anlagebetrüger), bezieht man daher dieses Genitivattribut routinemäßig auf das Nomen im Präpositionalattribut (hier: Anlagebetrüger) – das führt hier zur Annahme, der Anlagebetrug finde innerhalb der Staatsanwaltschaft selbst statt.

Aber auch wenn die Abfolge von Genitivattribut und präpositionalem Attribut den Regeln folgt, vertragen sich zwei gleichrangige Attribute nicht unbedingt miteinander:

296 *Bildunterschrift aus der „Augsburger Allgemeinen":*
Cem Özdemir wird erster Vorsitzender einer Bundestagspartei mit türkischen Wurzeln.
(Hohlspiegel 2008/49, S. 206)

Dass die Partei der Grünen türkische Wurzeln hätte, wussten wir bis dahin nicht.

Was ist hier grammatisch los: Da die beiden Attribute einer Bundestagspartei und mit türkischen Wurzeln in ihrer Form nicht anzeigen, auf welchen Ausdruck sie sich beziehen, entsteht eine Doppeldeutigkeit: Die Bundestagspartei hat türkische Wurzeln, oder aber Özdemir hat türkische Wurzeln. Durch eine bloße Umstellung der beiden Attribute kriegt man in diesem Fall keine Eindeutigkeit hin; denn grundsätzlich muss ein Genitiv-Attribut (hier: einer Bundestagspartei) vor einem präpositionalen Attribut (hier: mit türkischen Wurzeln) stehen. Also braucht man eine – halt etwas längere – Konstruktion mit Relativsatz, z. B. so:

Cem Özdemir ist der erste Politiker mit türkischen Wurzeln, der Vorsitzender einer Bundestagspartei wurde

Cem Özdemir ist der erste (Politiker), der mit türkischen Wurzeln Vorsitzender einer Bundestagspartei wurde

Zwei Genitivattribute

Wenn zwei Genitivattribute aufeinander folgen, ist eine Rangelei beider um den Platz direkt nach dem gemeinsamen Bezugsnomen erwartbar. Das zeigt der folgende Fund:

297 *Aus dem „Hellweger Anzeiger":*

Der Boss war seit 2004 flüchtig und stand auf der Liste der 30 meistgesuchten Mafiosi des Innenministeriums in Rom

(Hohlspiegel 2008/8, S. 170)

In diesem Fall ist die Formulierung nicht nur missverständlich, sondern grammatisch falsch, und zwar bezogen auf das Attribut des Innenministeriums. Es bezieht sich sinngemäß nicht auf die Mafiosi (Mafiosi des Innenministeriums), sondern auf Liste (Liste der … Mafiosi). Dazwischen steht aber schon ein gleichrangiges Genitivattribut; grammatisch ist es nicht möglich, zwei *gleichrangige* Genitivattribute hinter ein Nomen zu setzen.

3.4 Satzerweiterungen

Sätze wie

Einer meiner Brüder, der Taxifahrer, hat gestern im Lotto gewonnen

haben zwar nur ein einziges Prädikat, der Satz ist aber durch eine grammatische Konstruktion (hier: den Zusatz der Taxifahrer) *erweitert*. Solche Konstruktionen können als syntaktische Komplikationen beschrieben werden.

Man kann sechs mögliche Arten von Satzerweiterungen unterscheiden:

- Zusätze (Appositionen) (→ E 87): Mein Bruder, *ein Taxifahrer*, hat gestern im Lotto gewonnen./Karl der Große/Die reichste Frau im Dorf, *Paula Meyer*, hat netterweise die Kosten übernommen.
- erläuternde Nachträge: Ungewaschene Früchte, *vor allem Süßkirschen*, lösen oft starke Allergien aus.
- Herausstellungen (nach links oder nach rechts): *Deine Schwester*, *die* ist doof./ *Die* ist doof, *deine Schwester.*
- Einschübe: Dies, *meine Damen und Herren*, sind die schönsten Bilder.
- Heraushebungen regulärer Satzglieder: Paula kam, *mitten in der Nacht*, zu uns.
- Mehrfachbesetzungen (hier: einer Objektstelle): Wir brauchen heute zum Kochen *Butter, Mehl und Zucker.*

Nur zwei dieser möglichen Erweiterungen kommen in den von uns durchgesehenen Hohlspiegel-Funden vor – Zusätze und Mehrfachbesetzungen. Erweiterungen des Typs Einschub, Herausstellung und Heraushebung kommen eher in erzählender mündlicher Kommunikation vor und finden sich unter den Hohlspiegel-Funden – von denen viele Überschriften sind und die alle schriftsprachlich sind – nicht.

3.4.1 Zusätze

Zusätze (auch: „Appositionen") gibt es in zwei Spielarten – in beiden Fällen durch paariges Komma umstellt:

- als *erweiternden* Zusatz: Mein Bruder, *ein Taxifahrer,* hat gestern im Lotto gewonnen
- als *identifizierenden* Zusatz: Einer der Taxifahrer, *Paul Breitling,* hat angeblich den Täter gefahren

Erweiternde Zusätze sind eines der grammatischen Instrumente, um – z. B. in einem journalistischen Bericht oder einer Reportage – im laufenden Text relativ unaufwendig zusätzliche Informationen zu den Hauptfiguren unterzubringen.

Zusätze stehen nach dem Ausdruck, auf den sie sich beziehen – oft direkt nach ihm, manchmal auch weiter rechts:

Gestern hat uns *sein Bruder* besucht, ein Taxifahrer.

Einer der Taxifahrer hat angeblich den Täter gefahren: Paul Breitling.

Die Zusätze übernehmen in der Regel Kasus und Numerus ihres Bezugsausdrucks; sie können aber auch im Nominativ stehen.

In Karl der Große ist der Große historisch gesehen ein Zusatz, der dann aber lexikalisiert und inzwischen zu einem festen Teil des Eigennamens geworden ist; daher wird er auch nicht durch Kommas umstellt.

Missverständlicher Bezug des Zusatzes

298 *Anzeige aus dem „Südkurier":*

Prof. verheiratet mit Tochter (16)
NR, k. Tiere, su. 4–5 Zi.-Whg. in KN.

(Hohlspiegel 2016/5, S. 146)

Ziemlich inzestuös – ob der Prof. eine Wohnung angeboten bekommen hat?

Eigentlich hat er nur drei Kommas vergessen: Während die Zusätze in der zweiten Zeile voneinander durch Komma getrennt sind, fehlen die trennenden Kommas in der ersten Zeile, sodass der inserierende Professor unter Inzestverdacht gerät. Die Präpositionalgruppe mit Tochter (16) scheint auf der Valenzstelle des Adjektivs verheiratet zu sitzen, ist aber gemeint als eigener Zusatz zu Prof. – Es hätte heißen müssen:

Prof., verheiratet, mit Tochter (16),
NR, k. Tiere, su. 4–5 Zi.-Whg. in KN.

299 *Aus der Fachzeitschrift „VETimpulse“:*
Junger Tierarzt, 37 Jahre, mit eigener Praxis, 90 % Rind sucht Frau zum Leben. Gerne aus dem Nutztierbereich.
(Hohlspiegel 2011/4, S. 142)

Hier sind zwei Zusätze auffällig: 90 % Rind und Gerne aus dem Nutztierbereich. 90 % Rind soll eine Zusatzinformation zu Praxis sein (in der zu 90 % Rinder behandelt werden), aber man kann sich auch verlesen und einen Bezug auf den Tierarzt sehen, der damit ein Tiermensch wäre. Ähnlich doppeldeutig ist Gerne aus dem Nutztierbereich: Auch diese Angabe bezieht sich auf das Arbeitsfeld, hier der gesuchten Frau. Selber ein Nutztier soll sie vermutlich nicht sein (aber nützlich für ihn und seine Praxis offensichtlich schon).

Der Zusatz 90 % Rind wäre nicht mehr missverständlich, wenn man ihn in Klammern an Praxis anschließen würde. Bei Gerne aus dem Nutztierbereich ist eine Umformulierung schwieriger, zumal die Anzeige kurz bleiben soll. Ein Vorschlag: Gerne mit Nutztierbereich vertraut.

Und: Hinter Rind muss in jedem Fall ein den Zusatz schließendes Komma stehen.

300 *Aus der „Badischen Zeitung“:*
Bester Deutscher wurde Erik Zabel (Milram) auf Platz sechs. Der Unnaer feierte auf der Etappe durch Westfrankreich seinen 38. Geburtstag – seinen 14. bei der Tour de France und damit wohl seinen letzten.
(Hohlspiegel 2008/30, S. 158)

Irritierend ist hier zum einen der Zusatz mit seinem 14. Geburtstag: Weil unmittelbar vorher von Zabels 38. Geburtstag, der zugleich sein Lebensalter bezeichnet, die Rede ist, versteht man seinen 14. auf den ersten Blick ebenso. Aber es geht nicht um den 14-jährigen Zabel, sondern darum, dass er zum 14. Mal während der Tour der France seinen Geburtstag gefeiert hat.

Man kann die Aussage vereindeutigen, indem man im Zusatz – für beide Teil-Zusätze – die *Nominativ*-Form verwendet und so die Kongruenz mit dem Akkusativ seinen 38. Geburtstag vermeidet:

… seinen 38. Geburtstag – sein 14. bei der Tour de France und damit wohl sein letzter.

Zum anderen kann man seinen 14. … und damit wohl seinen letzten so lesen, als wolle/werde Zabel sterben, wenn er nicht mehr an der Tour de France teilnimmt. Es geht aber wohl um den letzten *Tour*-Geburtstag. Das könnte man mühelos ergänzen: … und damit wohl seinen letzten *bei der Tour.*

Im Übrigen ist das damit nicht recht nachvollziehbar: Es legt eine kausale Lesart nahe, die von der berichteten Sache her nicht einleuchtet – als wären mehr als 14 Teilnahmen bei der Tour de France nicht zulässig. Vermutlich hat der Schreiber Hintergrundwissen (vielleicht hat Zabel wissen lassen, dass er nach dieser 14. Teilnahme an der Tour keine weiteren Teilnahmen mehr vorhat).

Kongruenz bei Zusätzen

301 *Aus dem Wochenblatt „Blickpunkt":*
Auf den Spuren von Friedrich des Großen
Grundschüler der kleinen Grundschule Töpchin besuchten Potsdam
(Hohlspiegel 2011/43, S. 166)

In diesem Beispiel liegt ein grammatischer Fehler vor, nämlich eine Verletzung der Kongruenz zwischen dem Zusatz und seinem Bezugsausdruck: Friedrich ist wegen des vorangehenden von Dativ (auch wenn man das an der Wortform nicht erkennen kann), der Zusatz des Großen ist erkennbar Genitiv. Entweder muss beides im Genitiv stehen (auf den Spuren Friedrichs *des* Großen) oder beides im Dativ: auf den Spuren *von* Friedrich *dem* Großen (→ E 88).

3.4.2 Mehrfachbesetzung

In den folgenden Sätzen sind einzelne Satzbausteine doppelt oder mehrfach besetzt:

(1) Der alte Mann stöhnte und jammerte ununterbrochen. (= zweifaches Prädikat)
(2) Sie isst abends in der Regel Brot, Käse und Salat. (= dreifaches Akkusativobjekt)
(3) Nach dem Genuss von Kaffee, Sekt oder Weizenbier schläft sie nicht gut. (= dreifaches Attribut)

Bei zweifacher Besetzung sind die beiden Prädikate bzw. Satzglieder bzw. Attribute in der Regel durch eine nebenordnende Konjunktion (meist und oder oder) verbunden (vgl. 1), bei drei- und mehrfacher Besetzung wird in der Regel die letzte durch Konjunktion verbunden, die Besetzungen davor werden durch Komma voneinander getrennt (vgl. 2 und 3) (→ E 89). Mehrfachbesetzungen sind eine häufige Quelle für strukturelle Unklarheiten.

Doppeldeutige Bezüge

302 *Aus der „Frankfurter Allgemeinen":*
Damit wurde eine Chance vertan, die Bevölkerung aufzuklären über die Vermeidung von Bakterien und Hygiene in der Küche.
(Hohlspiegel 2011/27, S. 158)

Hygiene vermeiden, ist das der neueste Trend?

Nein, hier spielt das kleine Wörtchen und einen Streich. Es soll nicht Bakterien und Hygiene miteinander verbinden, sondern Vermeidung von Bakterien und Hygiene. Die beiden unterschiedlichen syntaktischen Interpretationen lassen sich folgendermaßen veranschaulichen – durch die erneute Setzung der Präposition von bzw. über wird der syntaktische Zusammenhang jeweils klar:

Die nicht gemeinte Lesart:

..., die Bevölkerung aufzuklären über die Vermeidung

(1) von Bakterien und

(2) (von) Hygiene

Doppelt besetzt wäre bei diesem irrtümlichen Verständnis das präpositionale Attribut zum *Nomen* Vermeidung (Valenzplan dieses Nomens: Vermeidung von X). Bei dieser Lesart könnte in der Küche entweder ein zweites Attribut zu Vermeidung sein („Vermeidung von Bakterien/Hygiene *wo?*") oder Unterattribut zu Hygiene oder gemeinsames Unterattribut zu Bakterien *und* Hygiene.

Die gemeinte Lesart:

..., die Bevölkerung aufzuklären

(1) über die Vermeidung von Bakterien und

(2) (über) Hygiene

Doppelt besetzt ist hier das Präpositionalobjekt zum *Verb* aufklären (Valenzplan: jemanden aufklären über X). Bei dieser Lesart könnte in der Küche entweder Attribut zu Hygiene sein oder gemeinsames Attribut zu Vermeidung *und* Hygiene.

In didaktischer Sicht ist eine vereindeutigende Umformulierung leicht zu finden (Einfügung der Präposition über). Die grammatische Beschreibung ist etwas anspruchsvoller, weil die Kategorien „präpositionales Objekt" und „präpositionales Attribut" ins Spiel kommen – ein Anlass, diese im gegebenen funktionalen Zusammenhang aufzugreifen.

303 *Aus der „Filder-Zeitung"*

Tiere pflegen und backen

(Hohlspiegel 2015/11, S. 140)

Hoffentlich ist dies keine zweifach besetzte Infinitivstelle – denn dann müssten die Tiere sterben; vgl.: Jemand pflegt und backt Tiere bzw. Tiere werden gepflegt und (dann) gebacken.

Vermutlich geht es bei dieser Überschrift aber um den Bericht über Freizeitaktivitäten oder um Kursangebote; gemeint wäre dann Wir pflegen Tiere und (wir) backen – also eine stark verkürzte Satzreihe.

304 *Kleinanzeige in der „Schwäbischen Zeitung“:*
Wir suchen
für unseren Gasthof
ab sofort auf 450,– Euro-Basis eine
Dame für die Zubereitung
sowie Betreuung unserer
Frühstücksgäste.
(Hohlspiegel 2013/30, S. 130)

Was ist gemeint mit Zubereitung ... unserer Frühstücksgäste: Werden die zum Frühstück eigens zurechtgemacht (geputzt, neu eingekleidet usw.) oder werden sie (nach dem Frühstück?) dann zubereitet (= vielleicht als Hauptgericht beim Mittagessen)?

Natürlich ist gemeint:

... für die Zubereitung *(des Frühstücks)* sowie *die* Betreuung unserer Frühstücksgäste.

Das menschenfresserische Missverständnis entsteht, wenn man das Genitivattribut unserer Frühstücksgäste auf Betreuung *und* auf Zubereitung bezieht. Das liegt deshalb nahe, weil das Nomen Zubereitung eine Information darüber erwarten lässt, was zubereitet wird. Diese valenzbedingte Erwartung führt dazu, dass unserer Frühstücksgäste als entsprechende Aussage interpretiert wird. Dies wird dadurch unterstützt, dass der ausgesparte Artikel vor Betreuung eine engere Zusammengehörigkeit von Zubereitung und Betreuung nahelegt mit der Folge, dass unserer Frühstücksgäste als Attribut zu Zubereitung und Betreuung interpretiert wird. Man könnte argumentieren, dass beim Kompositum Frühstücksgäste das Bestimmungswort Frühstück- auf Zubereitung und das Grundwort -gäste auf Betreuung bezogen sei, und so die Formulierung rechtfertigen. Eine solche Konstruktion mag im Kopf des Schreibers unbewusst eine Rolle gespielt haben; grammatisch möglich ist sie nicht.

305 *Die „Frankfurter Allgemeine“ über die Auflösung des Gefangenenlagers Guantanamo:*
In dem Gefängnis sollen, nach Abschluss der Umbauarbeiten, auch Verhandlungen vor Militärtribunalen stattfinden. Verkauf, Umbau und Verlegung der Gefangenen werden Wochen, womöglich Monate dauern.
(Hohlspiegel 2010/1, S. 134)

Ist das ein moderner Sklavenhandel?

Das dreifach besetzte Subjekt Verkauf, Umbau und Verlegung der Gefangenen ist grammatisch doppeldeutig. Gemeint ist:

Verkauf + Umbau + Verlegung der Gefangenen

Man verliest sich aber im Sinne von:

Verkauf der Gefangenen + Umbau der Gefangenen + Verlegung der Gefangenen

Dieses Verlesen wird dadurch nahegelegt, dass das Nomen Verkauf eine „ungesättigte Valenz" hat: Verkauf *von X;* entsprechend bei Umbau. Als Leser sucht man eine passende Füllung – und glaubt sie in der Gefangenen gefunden zu haben. Es geht also um die Frage, worauf sich das Genitivattribut bezieht. Eindeutiger wäre die Formulierung:

Verkauf und Umbau sowie die Verlegung der Gefangenen

Noch deutlicher wäre:

Verkauf und Umbau des Lagers und Verlegung der Gefangenen

306 *Aus der „Neuburger Rundschau":*

Unbekannte hatten zuvor in Scheyern aus einem unversperrten Auto ein Päckchen mit Parfümflaschen, einen Geldbeutel mit EC-Karten und einen weißen Fiat Punto gestohlen.

(Hohlspiegel 2014/8, S. 146)

Einen Fiat Punto aus einem unversperrten Auto stehlen – wie soll man sich das vorstellen?

In diesem Beispiel liegt eine Dreifachbesetzung der Akkusativobjekt-Stelle vor:

ein Päckchen mit Parfümflaschen
einen Geldbeutel mit EC-Karten
einen weißen Fiat Punto

Die für Aufzählungen von drei Einheiten typische Verwendung von Komma und Konjunktion (= A, B und C) verbindet diese drei Objekte und legt nahe, dass alle *drei* Gegenstände aus einem Auto gestohlen wurden. Irritation entsteht dadurch, dass sich die Angabe aus einem unversperrten Auto sinngemäß nur auf die erste Wortgruppe oder auf die beiden ersten beziehen kann.

Unmissverständlich wird die Formulierung, wenn man aus einem unversperrten Auto so umstellt, dass es sich nicht mehr auf einen weißen Fiat Punto beziehen kann. Falls nur das Päckchen aus dem Auto gestohlen wurde, hieße es dann:

Unbekannte hatten zuvor in Scheyern ein Päckchen mit Parfümflaschen *aus einem unversperrten Auto*, einen Geldbeutel mit EC-Karten und einen weißen Fiat Punto gestohlen.

Falls Päckchen *und* Geldbeutel aus dem Auto gestohlen wurden, müsste man zusätzlich diese beiden Objekte durch ein und enger miteinander verbinden:

Unbekannte hatten zuvor in Scheyern ein Päckchen mit Parfümflaschen *und* einen Geldbeutel mit EC-Karten *aus einem unversperrten Auto* und einen weißen Fiat Punto gestohlen.

307 *Aus „Der Teckbote":*

Ohne oder mit einem Mangel an Bewegung können sich Kinder nicht richtig entwickeln.

(Hohlspiegel 2012/6, S. 150)

Gemeint ist hier ohne Bewegung oder mit einem Mangel an Bewegung und nicht ohne Mangel an Bewegung oder mit einem Mangel an Bewegung.

Es geht also darum, ob sich ohne auf Mangel oder auf Bewegung bezieht.

308 *Aus dem „Gießener Anzeiger“:*

Im Urlaub füttert der Automat die Fische oder aber die Oma.

(Hohlspiegel 2002/25, S. 210)

Großer Fortschritt: Auch das Pflegepersonal kann durch Automaten ersetzt werden?

Hier ist unklar, ob das Akkusativobjekt doppelt besetzt ist (die Fische oder aber die Oma) oder – und das ist gemeint – das Subjekt (der Automat oder die Oma). Die Doppeldeutigkeit entsteht dadurch, dass von der Wortform her Oma Nominativ oder Akkusativ sein kann und die Wortstellung die Doppelbesetzung der Automat oder die Oma nahelegt. Mit anderer Stellung wird die Formulierung eindeutig:

Im Urlaub füttert der Automat oder aber die Oma die Fische.

Der Fund könnte auch im Zusammenhang mit dem Satzglied Subjekt (→ Kap. 3.2.1) besprochen werden.

309 *Aus dem „Göttinger Tageblatt“:*

Seuchen, Chaos und Hilfe aus Göttingen

(Hohlspiegel 2015/20, S. 146)

Hier scheint alles Schlechte und Gute aus Göttingen zu kommen.

Gemeint ist aber, dass nach dem Erdbeben in Nepal 2015 Seuchen und Chaos existieren – und aus Göttingen Hilfe kommt. Die Missverständlichkeit liegt zum einen daran, dass in dieser Überschrift kein ordnendes Prädikat vorliegt; zum andern daran, dass man aus Göttingen als Attribut auf alle drei vorangehenden Nomen bezieht. Mit einer anderen Interpunktion kann man verdeutlichen, was wie zusammengehört:

Seuchen und Chaos – und Hilfe aus Göttingen

Vgl. zu dieser Überschrift auch die ausführliche Darstellung online: http://www.goettinger-tageblatt.de/Goettingen/Uebersicht/Nepalesische-Studenten-organisieren-Mahnwache-fuer-Erdbebentote-und-sammeln-Spenden (Abruf am 20.10.2016).

310 *Aus der „Allgäuer Zeitung“:*

Motorradfahrer ohne Helm und Alkohol unterwegs

(Hohlspiegel 2013/41, S. 162)

Gehört im Allgäu der Alkohol wie der Helm zur Standardausrüstung von Motorradfahrern?

Gemeint ist: Der Motorradfahrer war ohne Helm und mit Alkohol unterwegs. – Denn wäre gemeint, der Motorradfahrer war ohne Helm unterwegs und hatte auch nichts getrunken, dann wäre diese zweite Information belanglos – es sei denn, in der Gegend wäre bei Motorradfahrern Fahren ohne Alkohol sehr auffällig und eine Nachricht wert.

Wie formulieren andere Nachrichten diesen Sachverhalt? Aus den Lokalnachrichten von „Die Glocke online":

Unter Alkoholeinfluss und ohne Helm unterwegs

Wenden/Olpe (lnw) – Ohne Helm, dafür aber mit Alkohol im Blut und der achtjährigen Tochter auf dem Sozius, hat die Polizei im sauerländischen Wenden einen Motorradfahrer erwischt.

(http://www.die-glocke.de/lokalnachrichten/regionales/Unter-Alkoholeinfluss-und-ohne-Helm-unterwegs-c51fdb7f-f0e1–476d-859f-e5308054f802-ds,Abruf am 27.01.2015)

Oder in den Online-Nachrichten der Polizei Sachsen:

Motorradfahrer ohne Helm[,] aber mit viel Alkohol unterwegs

(http://www.polizei.sachsen.de/de/MI_2014_30630.htm, Abruf am 27.01.2015)

Semantische Unverträglichkeit

311 *Aus dem „Tagesspiegel":*

Die Bergleute verdienten sehr gut, bekamen extra Lebensmittelrationen, zwei Liter Trinkbranntwein im Monat auf Bezugsschein, später manche Lungenkrebs oder Silikose.

(Hohlspiegel 2013/51, S. 142)

Dem Prädikatsverb bekamen sind vier Akkusativobjekte zugeordnet. Dabei hat bekamen bei den beiden ersten Akkusativobjekten die Bedeutung von geschenkt bekommen/erhalten, bei den beiden nachfolgenden Akkusativobjekten (Lungenkrebs oder Silikose) die Bedeutung von einer Krankheit befallen werden. Dieser Bedeutungswechsel irritiert. Das wäre nicht der Fall, wenn man das Prädikatsverb wiederholen würde (und ein und und eventuell zusätzlich ein aber einfügt, das die Kontrastierung anzeigt):

Die Bergleute verdienten sehr gut, bekamen extra Lebensmittelrationen und zwei Liter Trinkbranntwein im Monat auf Bezugsschein; später *bekamen* manche (*aber*) Lungenkrebs oder Silikose.

312 *Aus einer Anzeige in der „Ostfriesen-Zeitung“:*

Technischer Außendienst (Richtfunktechnik). Wir suchen einen AD-Mitarbeiter für Ostfriesland, der unser Richtfunknetz und daran angeschlossene Kunden wartet, montiert und einrichtet.

(Hohlspiegel 2013/52, S. 142)

Ob der Mitarbeiter weiß, wie man Kunden montiert?

Im Relativsatz ist das Akkusativobjekt doppelt und das Prädikat dreifach besetzt. Zum zweiten Akkusativobjekt (daran angeschlossene Kunden) passen die Prädikatsverben nicht. Möglich wäre die Formulierung:

… und die Anschlüsse der Kunden wartet, montiert und einrichtet.

Sinnvoll wäre es, wenn man auch die Reihenfolge der Prädikate ändern würde entsprechend der üblichen Sach-Reihenfolge: erst montieren, dann einrichten und dann warten.

313 *Aus „Deutschland today“:*

Ein Pilot wurde bei einer Kollision und anschließend beim Absturz getötet.

(Hohlspiegel 2010/40, S. 194)

So wie es hier steht, starb der Pilot zweimal; das liegt daran, dass nach dem und die Zeitangabe anschließend steht und die Präposition wiederholt wird. Nicht missverständlich wäre:

Ein Pilot wurde bei einer Kollision und dem anschließenden Absturz getötet.

314 *Aus „Sonntag Aktuell“:*

Danach soll der Ritter Sigvat seine Verfolger abgeschüttelt haben, als er mit dem Pferd und Frau hinter sich im Sattel an der engsten Stelle über die tosende Schlucht sprang.

(Hohlspiegel 2010/3, S. 146)

Die Doppelbesetzung im Adverbial mit dem Pferd und Frau hinter sich im Sattel irritiert, weil mit in zwei unterschiedlichen Bedeutungen verwendet wird: mit dem Pferd ist instrumental, (mit der) Frau hinter sich im Sattel modal. Man muss deshalb mit wiederholen, eventuell mit zusätzlicher Markierung wie im folgenden Vorschlag:

…, als er mit dem Pferd – mit seiner Frau hinter sich im Sattel – an der engsten …

Bei dieser Formulierung wird deutlich, dass es um zwei Adverbiale geht und nicht um eine Doppelbesetzung (nach mit) innerhalb *eines* Adverbials.

4 Pannen zwischen Sätzen

Bisher ging es um grammatische Pannen innerhalb eines einzelnen (man sagt auch: „einfachen") Satzes. Im Folgenden geht es um Pannen, die zwischen zwei Teilsätzen innerhalb eines zusammengesetzten (man sagt auch: „komplexen") Satzes bestehen.

Wir haben den (einzelnen) Satz salopp als „Prädikat mit Drumherum" definiert. Ein zusammengesetzter Satz enthält also mindestens zwei Prädikate – jeweils mit „Drumherum".

Ein Teilsatz innerhalb eines Gesamtsatzes kann *Hauptsatz*form (= oft Finitum-*Zweit*stellung) haben wie bei

Paul *bleibt* zuhause, ...

oder *Nebensatz*form (= meist Finitum-*Letzt*stellung) wie bei

..., weil es *regnet*.

Man sagt dann auch: Dieser Teilsatz *ist* ein *Hauptsatz* bzw. ein *Nebensatz*.

Konstruktionen aus Hauptsatz und Nebensatz nennt man *Satzgefüge*. In diesen Satzgefügen kann der Nebensatz grundsätzlich nicht ohne den Hauptsatz stehen (→ E 90).

Konstruktionen aus zwei (oder mehr) Hauptsätzen nennt man *Satzreihe*:

Paul bleibt im Bett, *denn* er ist krank.

Paul ist krank, *deshalb* bleibt er im Bett.

4.1 Satzgefüge

Von den zwei Teilsätzen innerhalb eines Satzgefüges wie bei

Paul *bleibt* zuhause, weil es heftig *regnet*

hat einer Hauptsatzform (meist steht dann die Personalform, das „Finitum", nach der ersten Satzgliedstelle) und der andere Nebensatzform (meist steht dann das Finitum am Satzende); sie sind formal einander über- bzw. untergeordnet (→ E 97).

Ein Satzgefüge liegt nicht nur bei einer Verknüpfung von Hauptsatz und Nebensatz vor, sondern auch dann, wenn ein Nebensatz von einem ranghöheren Nebensatz abhängt (der seinerseits von einem Hauptsatz abhängt):

Wir haben gehört, dass Paul zuhause bleibt, weil es heftig regnet.

Auch *teilsatzwertige* Infinitivgruppen werden bei den Satzgefügen einbezogen:

Er trat ins Zimmer, *ohne anzuklopfen.*

Sie war überzeugt (davon), *das Richtige zu tun.* (→ E 93)

Sie sind nämlich bedeutungserhaltend in konjunktionale Satzgefüge umformbar:

Er trat ins Zimmer, ohne dass er anklopfte.

Sie war überzeugt (davon), *dass sie das Richtige tat.*

Man kann daher Infinitivgruppen grundsätzlich als „Infinitivsätze" bezeichnen (→ E 111).

Auch bestimmte Partizipialgruppen werden bei den Satzgefügen einbezogen, und zwar dann, wenn sie wie die folgende als Teilsatz-wertig verstanden werden (sollen):

Er konnte, von der Verletzung extrem geschwächt, nicht mehr laufen.

Vgl.: Er konnte, weil er von der Verletzung extrem geschwächt war, nicht mehr laufen.

Man kann daher eine solche Partizipialgruppe auch als „Partizipialsatz" bezeichnen.

Zwei Teilsätze innerhalb eines Satzgefüges können auf zweierlei Art miteinander verknüpft sein:

1 Beide (Teil-)Sätze setzen an einer Satzteilstelle (= Satzglied oder Attribut) an, die *beiden* Teilsätzen gemeinsam ist (= einem *„Scharnier"*) (→ E 91):

(1a) *Der Mann*, der dort am Fenster steht, ist mein Bruder.

(1b) *Mein Bruder*, der dort am Fenster steht, fährt morgen nach Köln weiter.

(1c) *Wer* nachher noch mit aufräumen kann, soll mir Bescheid geben.

(2) Er repariert seine Hosentaschen immer (*so*), wie es sein Onkel getan hat.

(3) Wir wohnen (*dort*), wo meine Eltern früher gewohnt haben.

Diese „Scharnier"-Beziehungen nennen wir Relativbeziehungen – darunter sind „neutrale" wie (1a) bis (1c) sowie vergleichende wie (2) und lokale wie (3).

2 Einer der beiden Teilsätze füllt eine Satzteilstelle des *anderen* Teilsatzes aus. Zu diesen „Füll"-Beziehungen zählen zum einen die sogenannten „Adverbialbeziehungen"; bei ihnen ist die ausgefüllte Stelle ein *Adverbial* (im folgenden Beispiel ein kausales: Paul blieb *x-wegen* zuhause):

Paul blieb (deswegen) zuhause, *weil* es heftig regnete.

Zum andern zählen zu den „Füll"-Beziehungen die „Ergänzungsbeziehungen"; bei ihnen ist die ausgefüllte Stelle eine *Ergänzung* (im Beispiel ein Präpositionalobjekt zu sich *über X* freuen):

Wir freuen uns *darüber*, dass es ihm wieder gut geht.

4.1.1 Adverbial-Satzgefüge

Adverbial-Satzgefüge sind z. B. die folgenden:

(1) Paula hat sehr hart gearbeitet, *obwohl* sie krank ist.

(2) Er ging ins Kino, *statt* uns beim Umzug zu helfen.

(3) Er trat gegen die Autotür, *worauf* ihn die Polizei festnahm.

(4) *Wenn* ich mich nicht irre, kommt ihr Zug um 18.03 an.

(5) Ich finde dich sehr unkollegial, *um* die Wahrheit zu sagen.

Hier führt jeweils der untergeordnete Teilsatz einen „sachbezogenen" Umstand (1 bis 3) bzw. einen „kommunikationsbezogenen" Umstand (4 bis 5) für die im übergeordneten Teilsatz dargestellte Aussage an (→ E 103).

Um welche Verknüpfungsbedeutung es sich handelt, zeigt meistens das jeweilige Verknüpfungsmittel – Konjunktion oder Präpositionaladverb – an (..., *obwohl* ... bzw. ...; *worauf* ...) (→ E 100).

Bei der Darstellung als Satzgefüge stehen für Adverbialbeziehungen zwei syntaktische Formate (A und B) zur Verfügung: eine *konjunktionale* (= A) und eine *anaphorische* Verknüpfung (= B).

- Format A: *Dadurch dass* er den falschen Schalter drückte, löste er einen Großalarm aus. Der Nebensatz wird mit einer *unter*ordnenden Konjunktion (hier: dadurch dass) mit dem Hauptsatz verknüpft – entsprechend bei den Beispielen (1) bis (2) und (4) bis (5).
- Format B: Er drückte den falschen Schalter, *wodurch* er einen Großalarm auslöste. Die beiden Teilsachverhalte „Handlung" und „Folgegeschehen" sind hier im Vergleich zu Format (A) dem Haupt- und Nebensatz *umgekehrt* zugeordnet. Der Nebensatz bezieht sich anaphorisch (hier: mit dem Pronominaladverb wodurch) auf den Hauptsatz zurück – entsprechend bei Beispiel (3). Man kann dieses Format B als *anaphorisches Adverbial*-Satzgefüge bezeichnen. Entsprechend kann man auch von einer *anaphorischen* Adverbialbeziehung sprechen (→ E 100–102).

Logische Verknüpfung von Teilsätzen

316 *Aus dem „Südkurier":*

Obwohl von der Frau noch immer jede Spur fehlt, steckt die Polizei bei ihren Ermittlungen in einer Sackgasse.

(Hohlspiegel 2014/15, S. 162)

Da fragt man sich, ob mit solcher Logik die Vermisste gefunden werden kann.

Aber die Polizei hat wohl alles richtig gemacht, nicht jedoch der Verfasser der Meldung. Statt einer *konzessiven* Beziehung zwischen Nebensatz und Hauptsatz müsste eine *kausale* hergestellt werden, also weil statt obwohl. Zutreffender wäre eine weitergehende Umformulierung:

Obwohl sie allen Spuren nachgegangen ist, steckt die Polizei bei ihren Ermittlungen in einer Sackgasse.

Zur Orientierung in der *Sache* der entsprechende Online-Bericht vom 27.3.2014:

Vermisstenfall: Ermittlungen stecken in der Sackgasse
Seit dem 22. Februar fehlt von der Konstanzerin Melinda S. jede Spur. Die Polizei schließt inzwischen einen Selbstmord nicht mehr aus.
Seit über einem Monat gilt Melinda S. als vermisst. Die 60-Jährige war Ende Februar aus ihrer Wohnung im Stadtteil Fürstenberg verschwunden. Obwohl von der Frau noch immer jede Spur fehlt, steckt die Polizei bei ihren Ermittlungen in einer Sackgasse. „In dem Fall ist eigentlich alles schon ermittelt", teilt Bernd Schmidt, einer der Sprecher des Konstanzer Polizeipräsidiums, auf Nachfrage mit. „Wir sind sämtlichen Spuren und Hinweisen nachgegangen."

(http://www.suedkurier.de/region/kreis-konstanz/konstanz/Vermisstenfall-Ermittlungen-stecken-in-der-Sackgasse;art372448,6811946, Abruf am 09.07.2016)

317 *Aus der „Rhein-Neckar-Zeitung":*
Er wurde nur 27 Jahre alt, nachdem er an Tuberkulose starb.
(Hohlspiegel 2012/26, S. 158)

Hat er also nach dem Tod noch weitergelebt?

Durch nachdem ergibt sich hier eine unsinnige zeitliche Abfolge. Einleuchtend wäre eine Formulierung, die Gleichzeitigkeit signalisiert:

Er *war* nur 27 Jahre alt, *als* er an Tuberkulose starb.

Normalerweise verwendet man in temporalen Adverbialsätzen, die mit nachdem eingeleitet sind, das Plusquamperfekt. Hätte sich der Schreiber daran gehalten, wäre ihm wohl gleich aufgefallen, dass die Formulierung missglückt ist.

318 *Aus der hannoverschen „Neuen Presse":*
24-Jährige starb kurz, bevor sie „Ja" sagte
(Hohlspiegel 2010/24, S. 158)

Mal eben kurz sterben – wie geht das?

So wie das Komma hier platziert worden ist, versteht man kurz beim ersten Lesen als Adverbial zu starb. Sinngemäß gehört kurz jedoch zur Konjunktion bevor – es präzisiert diese Konjunktion und leitet zusammen mit ihr den temporalen Nebensatz ein. Deshalb muss das Komma *vor* kurz bevor stehen. Der Kommairrtum liegt nahe, weil im Deutschunterricht häufig solche Konjunktionen als „Signalwörter" gelehrt werden, vor denen ein Komma stehen müsse; bei solchen Ratschlägen muss man aber mit der Möglichkeit der Konjunktionserweiterung rechnen, sonst geht der Rat-Schlag daneben.

Dazu kommt ein Modalitätsproblem: Es müsste heißen …, kurz bevor sie „Ja" sagen *wollte/sollte,* denn als Tote konnte sie nicht mehr ja sagen.

319 *Aus dem Wissenschaftsmagazin „Zeit Wissen“:*
Laut der amerikanischen Feuerwehr-Vereinigung sterben 40 Prozent der Opfer an der Vergiftung, bevor sie wieder aufwachen.
(Hohlspiegel 2008/45, S. 190)

Da sieht man wieder einmal, wie zäh die Amis sind – sie wachen auf, obwohl 40 % von ihnen vorher schon gestorben sind.

Vermutlich ist hier gemeint: ... sterben 40 % der Opfer an der Vergiftung, ohne vorher das Bewusstsein wieder erlangt zu haben.

Zusammenziehungen in Adverbialnebensätzen

320 *Hinweisschild in einem Stadtbus in Hamburg:*
Wir freuen uns, wenn Sie vorne einsteigen, die Fahrkarte vorzeigen und hinten wieder aussteigen.
Vielen Dank, Ihr HVV
(Hohlspiegel 2015/37, S. 138)

Klar fände die Stadtverwaltung das toll – dann hat der Bus eine grenzenlose Aufnahmekapazität: vorne rein und gleich hinten wieder raus.

Wie entsteht dieses mögliche Missverständnis, demzufolge die drei Handlungen drei unmittelbar aufeinander folgende Schritte in einem einzigen Handlungsmuster zu sein scheinen? Zum einen dadurch, dass drei konditionale Nebensätze zusammengezogen sind unter der nur einmal anfangs genannten Konjunktion wenn und dem gemeinsamen Subjekt Sie; zum zweiten suggeriert das Komma nach dem ersten Teilsatz einen Drei-Schritt. Zudem wirkt das wieder so, dass das Ein- und Aussteigen als ein einziger Handlungskomplex verstanden wird.

Wie könnte man die Aussage „heilen“? Man müsste die drei erbetenen Handlungen stärker voneinander unabhängig machen: Man führt Konjunktion und Subjekt zu jeder Handlung neu an:

> Wir freuen uns, wenn Sie vorne einsteigen, wenn Sie die Fahrkarte vorzeigen und wenn Sie hinten aussteigen.

Oder man baut zusätzlich bei der dritten Aussage noch ein Detail ein, das sie stärker von den anderen isoliert:

> Wir freuen uns, wenn Sie vorne einsteigen, wenn Sie die Fahrkarte vorzeigen und wenn Sie *bei Fahrtende* hinten aussteigen.

Oder man trennt sie noch deutlicher ab:

> Wir freuen uns, wenn Sie vorne einsteigen und die Fahrkarte vorzeigen und wenn Sie bei Fahrtende (dann) hinten aussteigen.

Allerdings sollte die Bitte, aktiv die Fahrkarte vorzuzeigen, auch gelten, wenn jemand (aus Eile) in der Mitte oder hinten einsteigt.

Probleme bei Infinitivsätzen (→ E 104)

321 *Aus „hinundweg", dem Magazin des Verkehrsverbundes Rhein-Neckar:*
Fast täglich sammeln die Mitarbeiter mehrere Eier von Haien und Rochen aus dem sandigen Boden der Aquarien, um sie behutsam auszubrüten.
(Hohlspiegel 2015/12, 148)

Da müssen die Mitarbeiter wirklich sehr behutsam vorgehen, damit sie die Eier nicht zerdrücken, wenn sie auf ihnen sitzen.

Wenn ein untergeordneter Teilsatz durch einen Infinitivsatz realisiert wird, können Probleme entstehen: Der Infinitivsatz bietet dem Leser kein Satzglied Subjekt, in dem angegeben ist, wer etwas tut. Wenn nicht explizit ein solches Agens angegeben wird, hält sich der Leser bei Infinitivsätzen daher an das Subjekt/Agens des zugehörigen Hauptsatzes, also Mitarbeiter – die brüten dann aus.

Es müsste also zur Verdeutlichung signalisiert werden, dass die Mitarbeiter nicht mit ihrer eigenen Körperwärme die Eier ausbrüten; möglich wäre dazu die Einfügung eines modalen Adverbials wie künstlich oder in einer Wärmekammer:

..., um sie behutsam künstlich / in einer Wärmekammer auszubrüten.

322 *Aus dem „SZ-Magazin":*
Die Startbahn in Maputo ist zu kurz, um vollgetankt nach Berlin zu starten.
(Hohlspiegel 2013/28, S. 134)

Wer wäre dabei vollgetankt: die Startbahn oder die Maschine – oder vielleicht der Pilot?

Auch hier liefert der Infinitivsatz kein explizites Subjekt – und damit ist nicht festgelegt, wer vollgetankt wäre. Etwas klarer schon wäre eine Formulierung wie

Die Startbahn in Maputo ist zu kurz, um *mit vollgetankter Maschine* nach Berlin zu starten.

Eindeutig wird die Konstruktion, wenn man statt des Infinitivsatzes einen Nebensatz mit Subjekt wählt:

Die Startbahn in Maputo ist zu kurz, als dass *man* mit vollgetankter Maschine nach Berlin starten könnte.

Probleme bei Partizipialsätzen (→ E 95 und 96)

323 *Aus dem „Tagesspiegel“:*

Indem eine Vielzahl gekaperter Web-Seiten zu einem abgestimmten Zeitpunkt zum Beispiel einen Internetshop mit Anfragen bombardiert, kann dessen Server in die Knie gezwungen werden. So eingeschüchtert, versuchen die Cyber-Gangster, den Shop-Betreiber danach zu erpressen.

(Hohlspiegel“ 2012/21, S. 142)

Nein, die Gangster lassen sich keineswegs einschüchtern!

Wie bei den Infinitivsätzen bieten auch die meisten Partizipialsätze kein explizites Agens bzw. – bei Partizipien II – Patiens: So eingeschüchtert soll sich natürlich auf Shop-Betreiber beziehen; der Leser nimmt aber den erstbesten Bezugspunkt an – das ist hier Cyber-Gangster. Wenn man den Partizipialsatz in einen Konjunktionalsatz umformt, verschwinden die Missverständnismöglichkeiten, weil dann ein Subjekt klärt, wer Agens bzw. Patiens ist:

Nachdem der Shop-Betreiber so (von den Cyber-Gangstern) eingeschüchtert worden ist, versuchen sie ihn zu erpressen.

Die Umformulierung macht deutlich, dass es um eine *temporale* Beziehung geht.

324 *Aus den „Westfälischen Nachrichten“:*

Mit 30 Jahren viel zu früh gestorben,
managte fortan Ehefrau und
Mutter Judith das Geschäft mit dem Eis.

(Hohlspiegel 2016/43, S. 138)

Vermutlich war *vor* diesem Textauszug die Rede von dem Mann Judiths, der ein Eisgeschäft gegründet hat und mit 30 Jahren starb. Wir als Leser des im Hohlspiegel isoliert dargebotenen Textauszugs kriegen diesen vermuteten Bezugsausdruck nicht mit. So beziehen wir gestorben auf die Ehefrau Judith – und da wirkt es natürlich merkwürdig, dass sie nach ihrem frühen Tod die Geschäfte weitergeführt hat.

Den Partizipialsatz mit 30 Jahren viel zu früh gestorben verstehen wir *temporal:* Nachdem sie ... gestorben ist, ...

325 *Aus einer dpa-Meldung:*

Einmal infiziert, helfen Medikamente gegen Schmerzen und Fieber, Gurgeln und Nasentropfen.

(Hohlspiegel 2014/29, S. 138)

Muss man also die Medikamente erst einmal infizieren, damit sie wirken?

Hier sucht man als Leser nach einem Subjekt (= das enthält beim Passiv das Patiens) zu infiziert und stößt dabei auf Medikamente. So ist der Satz aber nicht gemeint. Was kommt sonst als Subjekt zu infiziert infrage? Man müsste ein unbestimmtes man substituieren. Eine eindeutige Formulierung würde lauten:

Wenn/sobald man sich einmal infiziert hat, helfen ...

Durch diese Umformulierung in einen Nebensatz wird auch klar, dass der Partizipialsatz in einer Adverbialbeziehung zum restlichen Satz steht – die man als konditional oder temporal ansehen kann.

Der Fund enthält auch noch eine zweite Doppeldeutigkeit – möglicherweise war dies der Grund, der zur Aufnahme des Fundes in den Hohlspiegel führte: Beim ersten Lesen könnte man annehmen, die Medikamente würden gegen vier Probleme helfen: gegen Schmerzen, Fieber, Gurgeln, Nasentropfen; in diesem Fall läge eine Vierfachbesetzung vor, in zwei mit und gekoppelte Problempaare untergliedert. Gemeint ist natürlich eine Gegenmittel-Dreifachbesetzung: Medikamente (= gegen Schmerzen und Fieber), Gurgeln, Nasentropfen.

Man könnte diese Unklarheit beseitigen durch eine Ankündigung wie ... helfen drei Dinge: Medikamente ..., Gurgeln und Nasentropfen.

Um eine vergleichbare Unklarheit geht es beim folgenden Fund:

326 *Aus dem „Mindener Tageblatt“:*

Zu einem Haufen geschichtet finden Igel und Kleinstlebewesen ideale Verstecke zum Überwintern.

(Hohlspiegel 2013/48, S. 174)

Hier ist der Partizipialsatz nicht mit einem Komma abgetrennt; damit erscheint er nicht als teilsatzwertig, sondern als zugeordneter Satzteil zu Igel und Kleinstlebewesen – was aber nicht gemeint ist: Nicht die Igel sollen zu Haufen geschichtet werden, sondern Blätter und trockenes Astwerk (von denen im Zeitungsartikel vermutlich vorher die Rede war). Der Partizipialsatz entspricht hier einem *konditionalen* Adverbialnebensatz:

Wenn man Blätter und trockenes Astwerk zu einem Haufen schichtet, finden ...

Ein entsprechendes Problem liegt beim folgenden Fund vor:

327 *Aus der Mainzer „Allgemeinen Zeitung“:*

Bereits vielfach vorbestraft verhängte das Gericht eine Haftstrafe von viereinhalb Monaten ...

(Hohlspiegel 2012/12, S. 154)

Hier entspricht der Partizipialsatz – so vermuten wir – einer *kausalen* Adverbialbeziehung:

Da der/die Angeklagte bereits vielfach vorbestraft war, verhängte das Gericht eine Haftstrafe von viereinhalb Monaten.

Unsere Vermutung beruht auf der Tatsache, dass Vorbestrafte in der Regel höhere Strafen erhalten als Angeklagte ohne Vorstrafen.

Etwas andere Probleme liegen im folgenden Fund vor:

328 *Aus dem „Delmenhorster Kreisblatt“:*

Stark alkoholisiert stieß die Polizei auf zwei 14-jährige Mädchen, wobei eine hilflos auf dem Gehweg an der Bremer Straße lag.

(Hohlspiegel 2011/19, S. 158)

Sehr wahrscheinlich soll sich stark alkoholisiert auf das Nomen Mädchen beziehen. Als Leser stellt man aber zunächst einmal einen Bezug zu dem unmittelbar folgenden Subjekt (die Polizei) her – und merkt dann, dass diese Lesart (hoffentlich) nicht gemeint war.

Bei diesem Beispiel ist zudem nicht gleich klar, in welchem logischen Bezug diese Partizipialkonstruktion zum Satzrest steht; welche der folgenden Umformungen würde am ehesten passen?

(1) Die Polizei stieß auf zwei 14-jährige Mädchen, *die* (gerade) stark alkoholisiert waren, …
Dann wäre die Partizipialkonstruktion attributiv zu Mädchen zu sehen und entspräche einem Relativnebensatz.

(2) Die Polizei stieß auf zwei 14-jährige Mädchen, *als* die gerade stark alkoholisiert waren, …
Dann entspräche die Partizipialkonstruktion einem Adverbialnebensatz.

Ein kleiner Blick noch auf den wobei-Anschluss im Fund: Dies ist ein anaphorisches Satzgefüge, bei dem sich der Nebensatz mithilfe des anaphorischen Adverbs wobei auf den ganzen ersten Teilsatz rückbezieht (→ E 94).

Partizipial ergänzbare Wortgruppen

Bildunterschrift in der „Hohenloher Zeitung“:

329 Wäschewaschen zählt zu den häufigen Tätigkeiten im Haushalt. Mit Kindern füllt sich die Maschine fast täglich.

(Hohlspiegel 2016/39, S. 138)

So können endlich auch Kinder maschinell gewaschen werden.

Beim Verb sich füllen erwartet man eine Ergänzung, die angibt, womit sich etwas füllt (Valenz). Deshalb interpretiert man mit Kindern in diesem Sinn als präpositionales Objekt. Gemeint ist aber eine adverbiale Angabe im Sinne von mit Kindern lebend, einem konditionalen Nebensatz entsprechend: Wenn man Kinder hat / mit Kindern lebt, …

330 *Aus der „Landshuter Zeitung":*

Teils noch Kaulquappe, teils schon winziger Laubfrosch, wird der Naturschutzbeauftragte des Landkreises im Juli Zeuge eines wichtigen Entwicklungsprozesses einer gefährdeten Art.

(Hohlspiegel 2010/31, S. 142)

Ist der Naturschutzbeauftragte nun selbst zu einem Frosch geworden?

Die zweiteilige Wortgruppe teils noch Kaulquappe, teils schon winziger Laubfrosch hängt semantisch in der Luft. Grammatisch liegt eine Wortgruppe vor, die durch ein *Partizip* ergänzt werden kann: teils noch Kaulquappe, teils schon winziger Laubfrosch *seiend*. Das Partizip seiend erspart man sich bei solchen Konstruktionen. Das erklärt aber noch nicht die Missverständlichkeit des Satzes. Man müsste eine weiter gehende Umformulierung vornehmen, z. B.:

Durch die Beobachtung von etwas, was teils noch Kaulquappe und teils schon winziger Laubfrosch ist, wird der Naturschutzbeauftragte des Landkreises im Juli Zeuge eines wichtigen Entwicklungsprozesses einer gefährdeten Art.

Eine solche Umformulierung macht auch deutlich, dass teils noch Kaulquappe, teils schon winziger Laubfrosch sinngemäß in einer Adverbialbeziehung zum restlichen Satz steht.

Implizite Adverbialbeziehung

331 *Aus der „Apotheken Umschau":*

Helles Büro, guter Schlaf

(Hohlspiegel 2014/42, S. 158)

Schläft man gut in einem hellen Büro? Das wird der Chefetage nicht gefallen.

Bei Helles Büro, guter Schlaf handelt es sich, wie man annehmen kann, um zwei verkürzte Sätze. Sie stehen unverbunden nebeneinander, sodass man nicht weiß, wie sie aufeinander zu beziehen sind. Im Unterricht können sich die Lernenden Bedeutungen überlegen und entsprechende explizite Formulierungen bilden. Aufklärung darüber, was gemeint ist, findet man in der Internet-Version:

Nachtruhe:
Helles Büro, guter Schlaf
Wer in einem Raum mit Fenster arbeitet, schläft länger als jemand, der in einem dunklen Büro sitzt. Tageslicht wirkt sich also vermutlich auf den Schlaf aus

(http://www.sued-apotheke-frankfurt.de/Wirueberuns/1166,25112014,0,0,1.html vom 25.11.2014, Abruf am 26.12.2016)

Diese Erkenntnis wird auf der Webseite mit Bezug auf eine wissenschaftliche Studie noch weiter ausgeführt. Eine sinngemäße verdeutlichende Umformulierung von Helles Büro, guter Schlaf in Form eines Satzgefüges könnte sein:

Wenn man in einem hellen Büro arbeitet, hat man in der Nacht einen guten Schlaf.

Bei einem solchen Verständnis erweist sich die Konstruktion Helles Büro, guter Schlaf als eine konditionale Adverbialbeziehung. Wir kennen entsprechende Sprüche – z. B. Ende gut, alles gut (= „Wenn das Ende gut ist, ist alles gut").

Es sind auch andere sinngemäße Umformulierungen möglich, die eine Relativbeziehung oder eine Ergänzungsbeziehung herstellen, z. B.:

Wer in einem hellen Büro arbeitet, hat einen guten Schlaf. (= Relativbeziehung)

Ein helles Büro bewirkt, dass man in der Nacht einen guten Schlaf hat. (= Ergänzungsbeziehung)

Im Unterricht gibt es also auch noch nach der Klärung der gemeinten Bedeutung einen Spielraum für die Analyse. Der besondere Reiz des Fundes liegt darin, dass unterschiedliche Deutungen und grammatische Erklärungen möglich sind, was das Nachdenken und den Austausch der Lernenden anregen kann.

4.1.2 Ergänzungs-Satzgefüge

Ergänzungs-Satzgefüge sind z. B. die folgenden:

Sie hat behauptet, dass ich das Buch habe.

Er weiß noch nicht, ob er kommen kann.

Sie besucht uns doch noch – was wir sehr schön finden.

Er bemüht sich, pünktlich zu kommen.

Bei den Ergänzungsbeziehungen füllt der eine Teilsatz eine Satzteilstelle im anderen Teilsatz aus, die dort von dem Prädikatsverb angelegt ist

Er merkte jetzt erst, *dass* sein Bein blutete. (= Format A; der Nebensatz füllt die Objektstelle zum Hauptsatz-Prädikat merkte aus)

Sein Bein blutete, *was* er erst jetzt merkte. (= Format B; der Hauptsatz füllt die Objektstelle zum Nebensatz-Prädikat merkte aus)

oder dort von einem valenzhaltigen *Nomen* oder *Adjektiv* angelegt ist:

Ihre Empörung (darüber), *dass* er nun doch entlassen wird, ist sehr groß. (= A)

Sie ist sehr stolz (darauf), *dass* sie die Jahrgangsbeste ist. (= A)

Bei der Darstellung als Satzgefüge stehen auch für Ergänzungsbeziehungen die zwei syntaktischen Formate A und B zur Verfügung:

- Format A: Ich finde es sehr ärgerlich, *dass* es schon wieder regnet.
  Der Nebensatz wird mit einer *unter*ordnenden Konjunktion (hier: dass) mit dem Hauptsatz verknüpft oder – bei indirekten *Ergänzungs*fragen wie den folgenden – mit Fragewörtern (Fragepronomen oder Frageadverb):

  Wir wissen, *wer* das war. / …, *warum* er das getan hat.

Wegen dieser zwei Arten von Verknüpfungsmitteln ist die Bezeichnung dieses Formats A bei den Ergänzungs-Satzgefügen etwas umständlicher als bei den Adverbial-Satzgefügen; man könnte je nach Verknüpfungsmittel von „konjunktionales Ergänzungs-Satzgefüge" oder „Ergänzungs-Satzgefüge mit Fragewort" sprechen. Oder man spricht abkürzend einfach von *Ergänzungs-Satzgefügen im Format A.*

- Format B: Es regnet schon wieder, *was* ich sehr ärgerlich finde.
  Die beiden Teil-Sachverhalte „Regen" und „Ärger" sind hier im Vergleich zu Format A dem Haupt- und Nebensatz *umgekehrt* zugeordnet. Der Nebensatz bezieht sich anaphorisch (hier: mit dem Pronomen was) auf den Hauptsatz zurück. Man kann dieses Format B als *anaphorisches Ergänzungs*-Satzgefüge bezeichnen (→ E 106–109).

Probleme mit der Satzteilstellung

332 *Aus dem „Schlitzer Boten":*

> Wie sich inzwischen herausstellt, kann man durchaus davon ausgehen, dass, wenn es die Gemeindewerkstatt noch nicht geben würde, müssten alle Wege gesucht werden, die irgendwo anders dazu führen würden.
>
> (Hohlspiegel 2012/4, S. 138)

Da hat sich der Autor ganz schön im komplexen Satz verheddert.

Das Hauptproblem besteht darin, dass bei dem mit dass eingeleiteten Ergänzungssatz das finite Verb nicht am Ende steht; es müsste heißen:

…, dass … alle Wege gesucht werden *müssten*, …

Vermutlich ist der Fehler dadurch entstanden, dass in den dass-Satz ein weiterer Nebensatz (wenn …) eingeschoben wurde; dadurch konnte der mit müsste eingeleitete Satzrest wie ein eigenständiger Hauptsatz erscheinen:

… wenn es die Gemeindewerkstatt noch nicht geben würde, müssten alle Wege gesucht werden …

Im Übrigen bleibt der Satz trotz der vorgeschlagenen Korrektur (Finitum ans Teilsatzende) noch etwas verwirrend. Das liegt am Adverb dazu, dessen Bezug unklar ist. Gemeint ist wohl:

… dazu führen würden, dass es irgendwo anders eine Gemeindewerkstatt geben würde.

Probleme mit der Negation

333 *Aus der „Nordwest-Zeitung“:*

Durch den schnellen Einsatz wurde verhindert, dass sich das Feuer nicht auf die anderen Wohnungen ausbreiten konnte.

(Hohlspiegel 2014/11, S. 150)

Da hätte die Feuerwehr besser auf den Einsatz verzichtet!

In diesem Satzgefüge ergibt sich durch verhindert im Hauptsatz und nicht im Nebensatz eine sinnwidrige doppelte Negation. Das liegt daran, dass bei einer solchen Ergänzungsbeziehung der Nebensatz von dem Verb im Hauptsatz – hier verhindern – dominiert wird; verhindern enthält selber bereits eine Negation; es bedeutet erreichen, dass etwas *nicht* geschieht. Der Nebensatz füllt eine von diesem implizit negierenden Verb vorgesehene Satzgliedstelle nur noch aus, braucht also seinerseits keine Negation bereitzustellen:

Im Aktiv: Die Feuerwehr verhindert X. (= Akkusativobjekt)

Im Passiv: Von der Feuerwehr wird X verhindert. (= Subjekt)

In manchen anderen Sprachen ist das anders; im Französischen z. B. würde man – zusätzlich zu dem Verb verhindern/empêcher im Hauptsatz – im Nebensatz eine Negationspartikel einfügen (allerdings nur ne und nicht ne pas): empêcher que ... *ne*.

Für eine Klarstellung der Aussage genügt es, wenn die Partikel nicht gestrichen wird.

Bei einer Adverbialbeziehung wie der folgenden wäre das anders:

Die Feuerwehr strengte sich an, damit sich das Feuer nicht auf die anderen Wohnungen ausbreiten konnte.

Hier ist das nicht in dem finalen Adverbialnebensatz nötig, weil der nicht unter der Regie eines implizit negierenden Verbs des Hauptsatzes steht, sondern selber für die Negation sorgen muss.

Wenn man mit dem Fund im Unterricht auch erarbeiten will, dass der Nebensatz in einer Ergänzungsbeziehung zum Hauptsatz steht, kann man die Frageprobe, die man für die Bestimmung des Subjekts verwendet, anwenden: „Wer oder was wurde verhindert?“ Oder man formuliert den Nebensatz zu einem Satzglied mit Nomen um: Die Ausbreitung des Feuers ... wurde ... verhindert.

334 *Aus dem „Tagesspiegel“:*

Ein aufmerksamer Mieter hat am Mittwochabend in Prenzlauer Berg verhindert, dass wegen eines beschädigten Gasrohrs nichts Schlimmeres passiert ist.

(Hohlspiegel 2012/19, S. 154)

Auch hier enthält der Nebensatz als Ergänzung (hier Akkusativobjekt) zu verhindern eine irrtümliche Negation (nichts).

Zudem liest sich der Nebensatz so, als sei das defekte Gasrohr der Grund dafür, dass nichts Schlimmeres passiert ist.

Eine Verbesserung ist hier nicht so einfach wie beim vorigen Beispiel, denn nur das Pronomen nichts zu streichen genügt nicht. Die Formulierung ... verhindert, dass wegen eines beschädigten Gasrohrs Schlimmeres passiert ist kann so verstanden werden, dass zwar Schlimmes, aber nicht wegen des beschädigten Gasrohrs noch Schlimmeres geschehen sei. Eine mögliche Formulierung könnte sein:

> Ein aufmerksamer Mieter hat am Mittwochabend in Prenzlauer Berg verhindert, dass es wegen eines beschädigten Gasrohrs zu einer Katastrophe gekommen ist.

Bei den beiden folgenden Beispielen führt das Pronomen kein in einem Nebensatz, der von einem Verb mit impliziter negativer Bedeutung (dementieren bzw. vermeiden) abhängig ist, zur doppelten Negation:

335 *Aus der „Heilbronner Stimme“:*

Daran ließ Oskar Lafontaine schon vor zwei Jahren keinen Zweifel, als er lautstark über seinen Sprecher dementieren ließ, dass er kein Verhältnis mit Sahra Wagenknecht habe.

(Hohlspiegel 2011/48, S. 162)

336 *Aus der „Schwetzinger Zeitung“:*

Man wolle damit vermeiden, „dass keine wertvolle Zeit verstreicht“, sagte der badenwürttembergische Bundesratsminister Wolfgang Reinhart.

(Hohlspiegel 2011/1, S. 138)

Hier ein Gegenstück zu den (implizit) doppelten Negationen:

337 *Aus der „Süddeutschen Zeitung“:*

Schnell erfolgt eine Anweisung des US-Justizministeriums:
Ab sofort sind alle routinemäßigen Datenlöschungen
der ITler im Hause zu stoppen.
Ein ganz normaler Vorgang: Die Behörden
wollen auf diese Weise sichergehen,
dass im Zuge solcher Lösch-Aktionen
wichtiges Material verschwindet,
das zur Aufklärung beitragen könnte.

(Hohlspiegel 2016/13, S. 138)

Hier *fehlt* die beabsichtigte Negation – vermutlich war statt sichergehen zunächst vermeiden geplant oder der Schreiber hat die Negationspartikel nicht vergessen:

dass im Zuge solcher Lösch-Aktionen nicht wichtiges Material verschwindet

Probleme mit der Negation gibt es auch innerhalb einfacher Sätze (→ Kap. 3.2.5: *Negation*).

Probleme mit der Negation bei Infinitivsätzen

338 *Aus der „Lippischen Landes-Zeitung":*

Die Weigerung eines Herforder Richters, Temposünder nicht zu verurteilen, hat eine Diskussion darüber ins Rollen gebracht.

(Hohlspiegel 2010/49, S. 190)

Das Nomen Weigerung im Hauptsatz enthält bereits eine implizite Negation; die darf daher in dem von diesem Nomen abhängigen Infinitivsatz (→ E 110) nicht noch einmal – wie hier mit nicht – expliziert werden. Ein Vergleich der folgenden möglichen Formulierungen zeigt, dass je nach der Bedeutung des übergeordneten Nomens die Negation im Infinitivsatz fehlen oder aber enthalten sein muss:

Die *Weigerung* des Richters, Temposünder zu verurteilen, ...

Der *Entscheidung* des Richters, Temposünder *nicht* zu verurteilen, ...

Entsprechendes gilt für Formulierungen mit den Verben, von denen die beiden Nomen abgeleitet sind:

Der Richter *weigert* sich, Temposünder zu verurteilen

Der Richter *entscheidet* sich, Temposünder *nicht* zu verurteilen

Da das Nomen Weigerung von einem Verb abgeleitet ist, trägt es die Valenzen dieses Verbs und dessen Grundbedeutung mit sich. Zwischen dem Verb sich weigern und dem Infinitivsatz besteht also die gleiche Ergänzungsbeziehung wie zwischen dem Nomen Weigerung und dem Infinitivsatz.

339 *Aus dem „Tagesspiegel":*

Die Bundesregierung werde aber alles daran setzen, um zu verhindern, damit sich so etwas nicht wiederhole.

(Hohlspiegel 2011/48, S. 162)

Hier liegt mit dem Verb verhindern und der Negationspartikel *nicht* im davon abhängigen Nebensatz wiederum eine doppelte Negation vor. Daher muss entweder das nicht gestrichen werden oder man müsste verhindern durch ein Verb wie erreichen ersetzen: ..., zu *erreichen*, dass sich so etwas *nicht* wiederhole.

Es kommt im Fund noch eine weitere syntaktische Fehlkonstruktion hinzu: Es muss heißen um zu verhindern, dass ... Das Verb verhindern verlangt ein Akkusativobjekt und entsprechend einen dass-Satz, der diese Objektstelle ausfüllt. Im Fund wird demgegenüber ein finaler Adverbialsatz verwendet; der sichert zwar ungefähr die gemeinte Aussage, ist grammatisch aber fehlerhaltig.

Im Übrigen schreibt man daransetzen zusammen.

Zu diesem Verb noch ein syntaktischer Hinweis: Wenn man es mit Infinitivsatz verwendet, ist strittig, ob die Konjunktion um korrekt ist: Im Rechtschreib-*Duden* z. B. steht der Beispielsatz:

Sie hat alles darangesetzt, um ihr Ziel zu erreichen.

Im *Duden Universalwörterbuch* steht demgegenüber:

Er hat alles [...] darangesetzt, dieses Ziel zu erreichen.

Hinter dieser Unsicherheit steht das gleiche Problem wie bei dem Ausgangs-Fund: Der Infinitivsatz mit der Infinitivkonjunktion um wird in finaler Bedeutung verwendet, z. B. in:

Er hat alles getan, um dieses Ziel zu erreichen.

Hier liegt keine Ergänzungsbeziehung vor, sondern eine Adverbialbeziehung – der Infinitivsatz hängt nicht von der Valenz des Hauptsatz-Verbs tun ab, sondern entspricht einem Adverbial der Absicht bzw. des Zwecks: zwecks Erreichung dieses Ziels. Demgegenüber verlangt ein Verb wie daransetzen eine Ergänzung, die das Ziel ausführt; die Absicht selber ist bereits in dem Verb daransetzen enthalten. – Insofern halten wir den Beispielsatz im Rechtschreib-*Duden* für nicht angemessen.

340 *Aus der „Emder Zeitung“:*

Die Region Ostfriesland muss künftig verstärkt darauf achten, im Zuge des demografischen Wandels Fachkräfte zu verlieren, weil andere Regionen attraktiver erscheinen.

(Hohlspiegel 2009/51, S. 170)

Im Unterschied zum vorhergehenden Fund enthält das Verb (auf etwas) achten keine implizite Negation; daher ist eine Negation innerhalb des Infinitivsatzes notwendig: ... darauf achten, *nicht* im Zuge des demografischen Wandels Fachkräfte zu *verlieren.*

341 *Aus der „Werra-Rundschau“:*

Finanzminister Wolfgang Schäuble warnte die Griechen, ihre Sparauflagen zu erfüllen.

(Hohlspiegel 2011/39, S. 158)

Das Verb (jemand vor etwas) warnen verlangt, dass im Infinitivsatz etwas Unerwünschtes, etwas Negatives steht. Da die Erfüllung der Sparauflagen aber gerade etwas Positives wäre, muss man ein nicht in dem Infinitivsatz einfügen: ihre Sparauflagen *nicht* zu erfüllen. Oder man müsste das Verb im Hauptsatz ersetzen durch z. B. raten: Schäuble riet den Griechen (dringend), ihre Sparauflagen zu erfüllen.

342 *Aus der „Süddeutschen Zeitung":*

Die Polizei rät, Wohnungen gut zu sichern, und warnt, bei Geräuschen eine ‚direkte Konfrontation' mit einem Einbrecher zu vermeiden.

(Hohlspiegel 2011/45, S. 182)

Also soll man auf den Einbrecher losgehen?

Auch hier: Das Verb warnen verlangt im Nebensatz etwas Negatives, das Verb vermeiden sichert aber im Nebensatz durch seine implizite Negation gerade etwas Positives. Die beiden Verben beißen sich. Man muss also entweder im Hauptsatz oder in dem Infinitivsatz das Verb ersetzen:

Die Polizei rät, Wohnungen gut zu sichern, und warnt (davor), bei Geräuschen eine ‚direkte Konfrontation' mit einem Einbrecher zu *suchen.*

Die Polizei rät, Wohnungen gut zu sichern, und *rät*, bei Geräuschen eine ‚direkte Konfrontation' mit einem Einbrecher zu vermeiden.

Das zweite rät kann, weil es eine Wiederholung ist, gestrichen werden.

Passiv/Aktiv in Infinitivsätzen

343 *Aus dem „Mannheimer Morgen":*

- **Einbruchmeldeanlagen** verhindern keinen Einbruch, können jedoch **abschreckend wirken** und erhöhen das Risiko, den Einbrecher zu entdecken.

(Hohlspiegel 2012/10, S. 162)

Diese missglückte Formulierung kann man verbessern, wenn man entweder Risiko durch Chance ersetzt oder den Infinitivsatz ins Passiv umformuliert und dabei klarstellt, um wessen Risiko es geht:

Einbruchmeldeanlagen … erhöhen *die Chance*, den Einbrecher zu entdecken.

Einbruchmeldeanlagen … erhöhen das Risiko *des Einbrechers, entdeckt zu werden.*

Wenn wie hier der Infinitivsatz von einem valenzhaltigen Nomen im Hauptsatz abhängt, muss man darauf achten, die notwendigen Informationen in Form eines Attributs zu diesem Nomen anzugeben: das Risiko *des Einbrechers*. Würde die Ergänzungsbeziehung dagegen von dem Verb riskieren abhängen, würde das zugehörige Subjekt diese Informationen bieten: Der Einbrecher riskiert, …

Probleme in anaphorischen Ergänzungs-Satzgefügen

344 *Aus dem „Tagesspiegel“:*

Solange der Trust aber keine Steuern hinterzogen hat, was Cameron abstreitet … dürfte der Vorgang lediglich bestätigen, was bekannt war: Cameron hat Geld.

(Hohlspiegel 2016/17, S. 146)

Eine versehentliche Selbstentlarvung Camerons?

Natürlich war gemeint, dass Cameron *bestreitet*, dass er Steuern hinterzogen hat. Das Verb abstreiten im zweiten Nebensatz (was …) enthält bereits eine implizite Negation; durch die zusätzliche explizite Negation durch das Pronomen keine im ersten Nebensatz (Solange … hat) entsteht daher eine doppelte Negation.

Wie hätte man anders formulieren können? Man kann nicht einfach die Negation keine aus dem ersten Teilsatz weglassen, weil dann die ganze Aussage kippt und fast ein Schuldspruch erfolgt:

Solange der Trust aber Steuern hinterzogen hat, was Cameron abstreitet …, dürfte der Vorgang lediglich bestätigen, …

Insofern hätte man im was-Nebensatz ein anderes Verb wählen müssen, z. B. behaupten:

Solange der Trust aber keine Steuern hinterzogen hat, was Cameron *nachdrücklich behauptet…*

Bei diesem Fund wird die besondere Eignung von anaphorischen Ergänzungs-Satzgefügen deutlich: In das temporale Satzgefüge Solange … hat, dürfte … bestätigen hinein wird eine Zusatzaussage über Camerons Stellungnahme eingeblendet.

345 *Aus der „Frankfurter Rundschau“:*

Die wichtigste Aufgabe der Lotsen ist es deshalb, eine Kollision zu verhindern – was im Flugverkehr durch ihren Einsatz nur äußerst selten passiert.

(Hohlspiegel 2014/46, S. 158)

Dann kann man sich ja die Lotsen sparen, wenn es ihnen so selten gelingt, eine Kollision zu verhindern!

Gemeint ist natürlich das Gegenteil: dass die Lotsen fast immer erfolgreich Kollisionen verhindern.

Der Autor dieses Satzes hat eine syntaktisch ungeeignete Konstruktion gewählt. Hätte er für die Verknüpfung des Infinitivsatzes und des nachfolgenden Teilsatzes eine *Relativbeziehung* genommen, wäre die Konstruktion eindeutig geworden:

Die wichtigste Aufgabe der Lotsen ist es deshalb, eine *Kollision* zu verhindern – *die* im Flugverkehr durch ihren Einsatz nur äußerst selten passiert.

Stattdessen hat er den Infinitivsatz und den dritten Teilsatz als Ergänzungsbeziehung gewählt, und zwar im Format eines anaphorischen Ergänzungs-Satzgefüges; das was bezieht sich dabei auf den kompletten Infinitivsatz zurück, nicht nur auf Kollision. Dadurch erscheinen die Lotsen nun als totale Versager.

Ein etwas genauerer Blick auf diese Konstruktion: Es ist ein Satzgefüge aus drei Teilsätzen – davon der erste ein Hauptsatz, der zweite (= der Infinitivsatz) und dritte ein Nebensatz. Der Infinitivsatz dient hier gewissermaßen zwei „syntaktischen Herren":

Er füllt zum einen die durch das Verweiswort es angezeigte Stelle des Subjekts im ersten Teilsatz, dem Hauptsatz (X ist die wichtigste Aufgabe).

Zum anderen füllt er – durch was eingefangen – die Stelle des Subjekts im dritten Teilsatz, dem Nebensatz: X passiert im Flugverkehr ... nur ... selten. Diese syntaktische Beschreibung mag auf den ersten Blick verwundern: Wir sind eigentlich umgekehrte Verhältnisse gewohnt: dass ein Nebensatz dem Hauptsatz als Subjektfüllung dient: Dass sie eine Kollision verhindern, passiert im Flugverkehr ... nur selten.

Der mittlere Teilsatz dient also beiden anderen Teilsätzen als Subjektfüllung; er spielt in zwei Ergänzungsbeziehungen mit.

Dies ist syntaktisch nur dadurch möglich, dass die erste Ergänzungsbeziehung in Format A (= hier als Infinitivsatz) dargestellt ist und die zweite in Format B (= als *anaphorisches* Ergänzungs-Satzgefüge).

Auch wenn in diesem Fund der anaphorische Anschluss schiefgelaufen ist, lässt sich das besondere syntaktische Potenzial von anaphorischen Ergänzungs-Satzgefügen daran erkennen: Man kann mit ihnen jede gerade geäußerte satzförmige Aussage ihrerseits noch einmal in eine weiterführende Aussage einbeziehen, ohne vorher schon die Gesamtaussage durchplanen zu müssen.

4.1.3 Relativ-Satzgefüge

Bei den Relativbeziehungen handelt es sich um Satzgefüge wie die folgenden:

(1) *Mein Vater, der* eben aus Köln gekommen ist, übernachtet bei uns.
(2) *Wer* als Letzter meinen Schlüssel benutzt hat, *(der)* soll sich melden.
(3) *Im Gartenhaus, wo* die Spaten stehen, müsste auch ein Beil liegen.
(4) *Wo* die Spaten stehen, *(da)* müsste auch ein Beil liegen.

(5) Sie spielt die F-Dur-Sonate *mit sehr schnellem Vibrato, wie* Maisky sie immer gespielt hat.

(6) Sie spielt die F-Dur-Sonate *(so), wie* Maisky sie immer gespielt hat.

Haupt- und Nebensatz sind über eine beiden gemeinsame Satzteilstelle – ein „syntaktisches Scharnier" – aneinandergekoppelt (das Scharnier ist in beiden Teilsätzen kursiv gesetzt). In diesen sechs Sätzen ist das Scharnier immer eine Satzgliedstelle; diese Satzgliedstelle ist in den Sätzen 1, 3 und 5 besetzt (= mein Vater/im Gartenhaus/mit sehr schnellem Vibrato), in den Sätzen 2, 4 und 6 ist sie *nicht* besetzt (= X/x-wo/x-wie).

Der Nebensatz bezieht sich anaphorisch auf das Scharnier im Hauptsatz. Bei Adverbial- und bei Ergänzungs-Satzgefügen im Format B bezieht sich der Nebensatz zwar ebenfalls anaphorisch auf den Hauptsatz – aber auf den Hauptsatzinhalt *insgesamt*, nicht nur auf *einen* dortigen Satzteil (→ E 112–116).

Rückbezug auf attribuierte Bezugsausdrücke

346 *Aus einer dpa-Meldung:*

Mitorganisiert wird die Gedenkfeier auch von der Tochter der Familie, die vor 26 Jahren in den Flammen umgekommen war.

(Hohlspiegel 2015/1, S. 142)

Ist die Tochter für die Gedenkfeier wiederauferstanden?

Das Relativpronomen kann auf Familie oder auf Tochter bezogen werden. Das Missverständnis könnte nicht entstehen, wenn von den Wortformen her nur *ein* Bezug möglich wäre. Wenn es hieße vom Sohn der Familie, wäre die Aussage klar, denn das Relativpronomen die kann sich nur auf Tochter, nicht auf Sohn beziehen (die ist im Singular die *Femininum*-Form).

Eine Rolle spielt auch das Prädikat im Relativsatz: Bei einem Satz wie:

von den *Verwandten* der Familie, die … umgekommen *war*

ist der Sinn eindeutig, hier aber nicht wegen des Relativpronomens die (die kann eine Femininumform im Singular oder Plural sein), sondern wegen war im Relativnebensatz (das Finitum war ist Einzahl wie Familie).

Eine eindeutige Umformulierung mit Tochter ist nicht einfach. Möglich, wenn auch stilistisch nicht unbedingt überzeugend, wäre:

auch von der Tochter der vor 26 Jahren in den Flammen umgekommenen Familie

Hier wird der ehemalige Relativsatz zu einer Partizipialkonstruktion verkürzt, und die wird unmissverstehbar direkt vor das Bezugsnomen Familie platziert.

Auf den ersten Blick könnte man auch den Artikel *der* … Familie durch ein Demonstrativpronomen *derjenigen* … Familie ersetzen, um dadurch den nachfolgenden Relativsatz eng an Familie zu binden. Aber dadurch würde sich die Bedeutung der Aussage verschieben: Jetzt gäbe es mindestens *eine* weitere Familie, um die es auf der Gedenkfeier geht.

347 *Aus der „Aachener Zeitung“:*

Doch um das Areal überhaupt bebauen zu können, müssen zunächst die ehemaligen Dienstwohnungen der Vollzugsbeamten weichen, deren Skelette bereits in den Himmel ragen.

(Hohlspiegel 2008/5, S. 154)

Waren da die Geier zugange?

Gemeint ist hier der Relativanschluss an Dienstwohnungen – nicht an Vollzugsbeamte, wie man zunächst meinen könnte. Grammatisch ist beides möglich. Klar würde es, wenn man den Relativnebensatz einfach an das Nomen anschließt, auf das er sich bezieht:

* ... müssen zunächst die ehemaligen Dienstwohnungen, deren Skelette bereits in den Himmel ragen, der Vollzugsbeamten weichen.

Grammatisch geht das aber nicht. Ein Genitivattribut, hier der Vollzugsbeamten, kann man nicht einfach von seinem Bezugsausdruck, hier Dienstwohnungen, wegrücken. Möglich wäre – wie weiter oben – eine Umformung des Relativsatzes in ein partizipiales Attribut:

..., müssen zunächst die ehemaligen, wie Skelette in den Himmel ragenden Dienstwohnungen der Vollzugsbeamten weichen.

Ein weiteres Beispiel zum gleichen Problem ist der folgende Fund:

348 *Aus einer dpa-Meldung:*

‚Libération‘: Der Selbstmord von Robert Enke, der doch für die WM in Südafrika 2010 angekündigt war, versetzt Deutschland in einen Schockzustand.

(Hohlspiegel 2009/48, S. 186)

Komplizierter ist es im folgenden Fund:

349 *Aus dem „Westfalen-Blatt“:*

Angesprochen sind alle Schützensenioren (mit Frauen) ab Geburts-Jahrgang 1941 sowie die Witwen der Schützenbrüder, die im Erlebensfall das gleiche Alter erreicht hätten.

(Hohlspiegel 2008/9, S. 174)

Worauf bezieht sich der Relativsatz? Auf Witwen oder Schützenbrüder? Letzteres ist offensichtlich gemeint. Aber auch so bleibt der Nebensatz irritierend. Es geht um Geburtsjahrgänge; das lässt sich einfacher und klarer folgendermaßen ausdrücken:

... ab Geburts-Jahrgang 1941 sowie die Witwen bereits verstorbener Schützenbrüder derselben Jahrgänge.

Rückbezug auf Komposita

350 *Aus den „Dresdner Neuesten Nachrichten":*

1971 fand die Polizei zwei Frauenleichen,
die in einem Altenheim in der
Nähe der Arbeitsstelle des mutmaßlichen
Serienmörders gearbeitet hatten.

(Hohlspiegel 2016/23, S. 146)

Pflegenotstand – selbst posthum muss im Pflegebereich noch gearbeitet werden!

Dieses makabre Missverständnis entsteht dadurch, dass der Nebensatz des Relativ-Satzgefüges sich vergeblich auf Frauen-, also das Bestimmungswort im Kompositum Frauenleichen, zu beziehen versucht. Das klappt nicht: Bei Komposita können sich Relativnebensätze – wie Attribute auch (→ F 274–281) – nur auf das Grundwort beziehen.

Diese Formulierungs-Panne ist leicht zu beheben: Das Kompositum wird in eine Attributstruktur umgeformt:

1971 fand die Polizei die Leichen von zwei Frauen, die in einem Altenheim ... gearbeitet hatten.

Entsprechend im folgenden Fund:

351 *Aus dem „Tagesspiegel":*

Bei 35 Grad durchkämmen sie die kleinen Straßen des jüdischen Viertels. Sehen in erstaunte Touristenaugen, die an einem Cocktail nippen.

(Hohlspiegel 2015/39, S. 148)

Rückbezug auf Mehrfachbesetzungen

352 *Aus dem Magazin für Denkmalkultur „Monumente":*

Der Wasserturm in Mannheim-Freudenheim ist seit
einigen Jahren bewohnt – von Menschen
und Turmfalken, die in den aufgehängten
Nistkästen brüten.

(Hohlspiegel 2016/16, S. 138)

Wäre die Präposition von wiederholt worden, wäre das Missverständnis weniger naheliegend: ... von Menschen und von Turmfalken, die ... Noch weniger missverständnisanfällig wäre dieselbe Konstruktion bei veränderter Interpunktion:

Der Wasserturm in Mannheim-Freudenheim ist seit einigen Jahren bewohnt, von Menschen – und von Turmfalken, die in den aufgehängten Nistkästen brüten.

Der Gedankenstrich hilft dabei, den zweiten Teil der Mehrfachbesetzung vom ersten zu isolieren.

Ausklammerung von Relativnebensätzen

Mehrdeutigkeit kann auch entstehen, wenn der Relativnebensatz nicht direkt an das Satzglied anschließt, auf das er sich bezieht. Man kann in diesem Fall von einer Ausklammerung des Nebensatzes sprechen:

353 *Aus dem „Bonner-Generalanzeiger“:*

In der Nähe des Eifeldörfchens Effelsberg „lauscht“ das Radioteleskop ins Weltall, das derzeit neu gestrichen wird.

(Hohlspiegel 2016/37, S. 138)

Oh Gott, was für eine Arbeit!

Dies ist eine der häufigen Ausgliederungen, die dem Leser die Rezeption des ersten Teilsatzes (= des Hauptsatzes) erleichtern sollen, aber ihm dafür bezogen auf den zweiten Teilsatz (= den Relativnebensatz) eine Doppeldeutigkeit einbrocken. Der Relativnebensatz ist non-restriktiv; möglicherweise hätte es ohne Ausgliederung die Unklarheit gegeben, ob er restriktiv zu verstehen ist, sodass es mindestens zwei solcher Teleskope geben muss:

In der Nähe des Eifeldörfchens Effelsberg „lauscht“ das Radioteleskop, das derzeit neu gestrichen wird, ins Weltall.

Daher empfiehlt es sich hier, die Relativbeziehung als Satzreihe zu formulieren:

In der Nähe des Eifeldörfchens Effelsberg „lauscht“ das Radioteleskop ins Weltall; es wird derzeit neu gestrichen.

354 *Aus der „Welt“:*

Seit Mai wurden vermehrt ältere Menschen Opfer von Taschendieben, die gerade Geld bei ihrer Bank abgehoben hatten.

(Hohlspiegel 2010/29, S. 142)

Der Relativnebensatz kann sich grammatisch auf ältere Menschen oder auf Taschendieben beziehen; den letzteren Bezug stellt man als Leser aber – mindestens zunächst – eher her, da Taschendieben das am nächsten liegende von seiner Form her mögliche Bezugswort ist.

Bei diesem Beispiel – wie auch bei den folgenden Beispielen – kann man die Doppeldeutigkeit mühelos durch Umstellung des Relativsatzes direkt hinter das Bezugsnomen auflösen.

355 *Aus dem „Göttinger Tageblatt“:*
Zu allem Überfluss verletzte sich Hubnik auch noch am Knöchel, für den es bereits das zweite Eigentor in dieser Saison war.
(Hohlspiegel 2012/18, S. 150)

Der auf Knöchel folgende Relativnebensatz soll sich – so beabsichtigte es der Autor – auf Hubnik beziehen.

356 *Aus der „Süddeutschen Zeitung“:*
VW willigte ein, die Autobesitzer mit
Motoren zu entschädigen, deren
Abgaswerte manipuliert worden waren.
(Hohlspiegel 2016/27, S. 138)

Ein neuer Trick von VW – manipulierte Motoren durch manipulierte Motoren zu ersetzen?

Durch die Ausklammerung des Relativnebensatzes ist nicht nur unklar, worauf er sich bezieht. Darüber hinaus droht auch, dass mit Motoren von einem Attribut zu Autobesitzer in ein Präpositionalobjekt zu entschädigen umkippt. – Gemeint ist, dass Besitzer von Autos, deren Motoren manipuliert worden waren, entschädigt werden.

357 *Aus der „Waiblinger Kreiszeitung“:*
Einer ungefähr 20 Jahre alten Frau verpasste er eine Ohrfeige, die von der Polizei gebeten wird, sich zu melden.
(Hohlspiegel 2011/22, S. 142)

Auch hier ergibt sich wegen der Ausklammerung ein zweiter möglicher Bezug für den Relativsatz; und auch hier ist – angesichts unseres Weltwissens – der nichtgemeinte Bezug sehr unwahrscheinlich: Ohrfeigen können sich nicht bei der Polizei melden.

Im Unterschied zu den vorangehenden Funden ist allerdings eine Umstellung des Relativnebensatz zur Behebung der Unklarheit problematisch:

Einer ungefähr 20 Jahre alten Frau, die von der Polizei gebeten wird, sich zu melden, verpasste er eine Ohrfeige.

Das liegt daran, dass der Relativnebensatz hier eine weiterführende Aussage importieren soll, im Sinne eines zusätzlichen Sprechaktes; das ist wohl auch der Grund, warum der Schreiber den Relativnebensatz an den Schluss des Satzgefüges gesetzt hat. Diese weitere Aussage schließt eigentlich temporal oder/und kausal an die Aussage davor an. Unmissverständlich wäre daher eine Satzreihe mit einem temporalen oder/und kausalen Konnektor:

Einer ungefähr 20 Jahre alten Frau verpasste er eine Ohrfeige. Die Frau wird (nun) (deshalb) von der Polizei gebeten sich zu melden.

358 *Aus dem „Tagesspiegel":*

Sie warfen Stöckchen in die Richtung der Sprayer, die die Hunde apportierten.

(Hohlspiegel 2011/51, S. 162)

Wer apportiert hier wen? Die Sprayer die Hunde, die Stöckchen die Hunde, die Hunde die Sprayer oder die Hunde die Stöckchen?

Syntaktisch sind alle vier Deutungen möglich, gemeint ist die letztgenannte. Die Vieldeutigkeit entsteht hier durch das Zusammenspiel der Ausklammerung mit der kasusundeutlichen Form der Pronomen in die die Hunde …: Das Relativpronomen die kann sich auf Sprayer oder auf Stöckchen beziehen; zudem kann es Subjekt (= Kasus Nominativ) oder Akkusativobjekt im Relativnebensatz sein.

Für eine Umformung, die beide Doppeldeutigkeiten aufhebt, muss der Relativnebensatz an das Bezugswort angeschlossen und zudem ins Passiv gesetzt werden:

Sie warfen Stöckchen, die von den Hunden apportiert wurden, in die Richtung der Sprayer.

Da die Stöckchen von den Hunden apportiert werden, *nachdem* sie geworfen worden sind, empfiehlt sich noch eine Umstellung der Satzgliedreihenfolge im Hauptsatz:

Sie warfen in die Richtung der Sprayer Stöckchen, die von den Hunden apportiert wurden.

Weitere Funde zu Problemen bei ausgeklammerten Relativnebensätzen:

359 *Aus der „Frankfurter Allgemeinen":*

Ursprünglich war geplant, die Versorgung und die Sicherheit der Flüchtlinge im tschadischen Grenzgebiet zu Sudan mit europäischen Soldaten zu gewährleisten, die zu Tausenden aus den Kampfgebieten in Darfur in die Grenzregion geflohen sind.

(Hohlspiegel 2008/9, S. 174)

360 *Aus dem „Spiegel":*

Damals wurde der Londoner Black-Power-Aktivist Michael X in Trinidad und Tobago zum Tode verurteilt, dessen Oberhaupt damals Elizabeth war.

(Hohlspiegel 2015/29, S. 130)

361 *Aus der „Schwäbischen Zeitung":*

Beim 0:1 im Testspiel gegen den FC Ingolstadt zog sich Matthias Zimmermann einen Kreuzbandriss zu, der eigentlich nach England wechseln wollte.

(Hohlspiegel 2017/37, S. 146

Zusammenziehungen in Relativnebensätzen

362 *Das Stuttgarter Wochenblatt „Sonntag Aktuell" über den Verband Deutscher Haushüter-Agenturen:*

Er vermittelt Rentner, die sich um den Garten kümmern, Haustiere und den Briefkasten leeren.

(Hohlspiegel 2014/31, S. 134)

Wie leert man Haustiere?

Der Relativnebensatz enthält zwei Prädikate mit jeweils unterschiedlichen weiteren Satzgliedern: Zu kümmern gehört das Satzglied um den Garten (= Präpositionalobjekt), zu leeren gehört das Satzglied den Briefkasten (= Akkusativobjekt); im Gefolge der Zusammenziehung ist aber nicht auf Anhieb klar, wozu Haustiere gehört: Gehört es – zusammen mit den Briefkasten – zu leeren (= doppelt besetztes Objekt) oder gehört es – zusammen mit um den Garten – zu kümmern (= doppelt besetztes Objekt)? Unser Weltwissen rät zur zweiten Lesart.

Die kann man deutlich machen, indem man vor Haustiere ein erneutes um einfügt und vor den Briefkasten leeren ein erneutes Relativpronomen:

... Rentner, die sich um den Garten kümmern, um Haustiere und die den Briefkasten leeren.

Stilistisch besser schiene uns eine Umstellung und zusätzlich die Einfügung von und:

die sich um (den) Garten *und* (die) Haustiere *kümmern* und den Briefkasten leeren.

Die eingeklammerten Artikel sollten beide gesetzt oder beide weggelassen werden.

363 *Aus dem „Urlaubs- und Freizeitjournal für die Region Saale-Unstrut":*

1703 entdeckte der Hallesche Professor Hoffmann die Heilkraft des Wassers aus einer Quelle, die man im Jahr 1710 einfasste und drum herum einen Lustgarten errichtete. Das zog viele betuchte und illustrierte Gäste an, welche hier eine Kur absolvierten.

(Hohlspiegel 2011/43, S. 166)

Warum der Relativnebensatz die man im Jahr 1710 einfasste und drum herum einen Lustgarten errichtete grammatisch nicht möglich ist, erkennt man, wenn man sich verdeutlicht, aus welchen beiden Relativsätzen er zusammengezogen ist:

…, die man im Jahr 1710 einfasste und *um die herum man* einen Lustgarten errichtete … Das Relativpronomen die, das im ersten Relativnebensatz das Akkusativobjekt ist, im zweiten Relativnebensatzes aber Teil eines präpositionalen Adverbials *um die herum*, kann man nicht einsparen. Und auch das Subjekt man sollte man belassen. Der Zweck von Zusammenziehungen ist es, dem Leser Verstehens-Unnötiges zu ersparen; die in dem Fund gewählte Konstruktion erhöht aber die Verstehensarbeit des Lesers.

Probleme bei Partizipialkonstruktionen

364 *Aus der „Hildesheimer Allgemeinen Zeitung":*
Mit den Beinen im Kindersitz eines Einkaufswagens klemmend hat die Polizei einen 32-jährigen Drogensüchtigen in Hameln zunächst befreit.
(Hohlspiegel 2017/37, S. 146)

Eine artistische Leistung der Hildesheimer Polizei!

Da Partizipialkonstruktionen in ihrer Form kein implizites Subjekt erkennen lassen, muss man als Leser ein mögliches Subjekt suchen; hier folgt ein solches passendes Subjekt direkt nach der Partizipialkonstruktion: die Polizei. – Gemeint ist hier natürlich, dass der Drogensüchtige sich im Einkaufswagen verklemmt hatte.

Man kann den Sachverhalt am zuverlässigsten dadurch eindeutig machen, dass man die Partizipialkonstruktion attributiv direkt auf Drogensüchtige bezieht:

Die Polizei hat einen mit den Beinen im Kindersitz eines Einkaufswagens klemmenden 32-jährigen Drogensüchtigen in Hameln zunächst befreit.

Oder man formt sie in ein Relativ-Satzgefüge um:

Die Polizei hat in Hameln einen 32-jährigen Drogensüchtigen, der (gerade) mit den Beinen im Kindersitz eines Einkaufswagens klemmte, zunächst befreit.

4.2 Satzreihe

Von einer Satzreihe sprechen wir, wenn innerhalb eines Gesamtsatzes zwei oder mehr Hauptsätze vorliegen, die gleichrangig sind (→ E 117):

Paul ist traurig, er weint deshalb manchmal.

Während ein Satzgefüge immer *entweder* ein Relativ-Satzgefüge *oder* ein Ergänzungs- *oder* ein Adverbial-Satzgefüge *ist*, haben Satzreihen eine offenere Struktur: Zwischen den beiden Teilsätzen einer Satzreihe besteht manchmal *keine* explizite logische Beziehung, wie z. B. bei:

Draußen stürmte es heftig, Paula arbeitete an ihrem neuen Buch.

Oft bestehen aber *eine* oder *zwei* oder *drei* (oder noch mehr) Teilsatzbeziehungen:

Die Kinder dürfen *Paul* nassspritzen, *er* friert nicht. (= Relativbeziehung)

Die Kinder dürfen *Paul* nassspritzen, *denn er* friert nicht. (= konjunktionale Adverbialbeziehung + Relativbeziehung)

Die Kinder dürfen *Paul* nassspritzen, *denn er* mag *das*. (= konjunktionale Adverbialbeziehung + Relativbeziehung + anaphorische Ergänzungsbeziehung)

Für diese letzte Satzreihe ist keine der drei in ihr realisierten Teilsatzbeziehungen strukturbestimmend. Wir sagen daher nicht: „Diese Satzreihe *ist* eine kausale *Adverbialbeziehung*" (bzw. „... *ist* eine *Ergänzungsbeziehung*" usw.), sondern wir sagen: „In dieser Satzreihe liegt unter anderem eine kausale Adverbialbeziehung vor."

Ein Hinweis: Wenn man bei einer Satzreihe zwischen den Teilsätzen statt Komma einen Punkt setzt (= Satzfolge), ändert sich grammatisch nichts. Wir behandeln daher die Beziehungen unabhängig davon, ob Teilsätze innerhalb eines Gesamtsatzes oder als Satzfolge von zwei (einfachen) Sätzen auftreten, und sprechen in beiden Fällen von Satzreihen.

4.2.1 Adverbialbeziehungen in Satzreihen

Für die *Adverbial*beziehungen stehen auch bei der Darstellung in einer Satzreihe zwei Formate (C und D) zur Verfügung; wie bei den Adverbial-*Satzgefügen* handelt es sich dabei um eine *konjunktionale* (= C) und eine *anaphorische* (= D) Verknüpfung:

- Format C: Sie blieben zuhause, *denn* es regnete heftig.
  Der zweite Hauptsatz wird mit einer nebenordnenden Konjunktion (hier: denn) mit dem ersten Hauptsatz verknüpft.
- Fomat D: Es regnete heftig, *deshalb* blieben sie zuhause.
  Die beiden Teil-Sachverhalte „Grund" und „begründete Handlungsentscheidung" sind hier den beiden Teilsätzen gegenläufig zu (C) zugeordnet; diese gegenläufige Zuordnung entspricht der von Format (B) bei den Satzgefügen. Bei (D) bezieht sich das Pronominaladverb deshalb im zweiten Teilsatz *anaphorisch* auf den ersten Teilsatz zurück. Man kann dieses Format als *anaphorisch* bezeichnen. Entsprechend kann man auch von einer *anaphorischen* Adverbialbeziehung sprechen, die in dieser Satzreihe vorliegt.

Worauf sich diese anaphorischen Elemente im Einzelfall genau zurückbeziehen sollen, ist für den Leser nicht immer (gleich) klar – dies ist daher eine reiche Quelle für Pannen (→ E 118).

Unklarer Rückbezug von Adverbien bei anaphorischen Adverbialbeziehungen

366 *Aus dem Harzer „Echo zum Sonntag":*

Der Täter hat sich freiwillig zur Behandlung in eine psychiatrische Einrichtung begeben. Es besteht Suizidgefahr. Daher sei nicht mit Wiederholungsgefahr zu rechnen.

(Hohlspiegel 2012/20, S. 158)

Besteht also bei Suizidgefahr keine Wiederholungsgefahr?

Man bezieht das anaphorische Adverb daher automatisch auf den unmittelbar vorangehenden Satz. Das legt die Lesart nahe, dass sich der Täter vermutlich umbringen wird, bevor er ein weiteres Verbrechen verüben kann. Gemeint ist jedoch ein Bezug auf den ersten Satz:

> Der Täter hat sich freiwillig zur Behandlung in eine psychiatrische Einrichtung begeben. Daher sei nicht mit Wiederholungsgefahr zu rechnen.

Von einer Adverbialbeziehung zwischen diesen beiden Sätzen kann man sprechen, weil durch das Adverb daher der vorangehende Satz als Adverbial zum Folgesatz aufgegriffen wird. Das verdeutlicht eine Umformulierung in ein Satzgefüge:

> Weil sich der Täter freiwillig zur Behandlung in eine psychiatrische Einrichtung begeben hat, sei nicht mit Wiederholungsgefahr zu rechnen.

Die Umformulierung zeigt, dass der erste Satz der Satzreihe die Begründung für die Aussage des zweiten Satzes (im Fund: des dritten Satzes) enthält. Dieser adoptiert sozusagen den vorangegangenen Satz als Adverbial. Deshalb kann man von einer anaphorischen Adverbialbeziehung sprechen.

Es sind ganz bestimmte Adverbien, die solche anaphorischen Beziehungen herstellen können – u. a. deswegen, daher, dabei, dafür, außerdem, trotzdem. Man bezeichnet sie als „Pronominaladverbien" oder „Präpositionaladverbien", weil sie meist Pronomen-Elemente (*des*wegen) und Präpositions-Elemente (des*wegen*) enthalten; man nennt sie auch „Konjunktionaladverbien", weil sie Verbindungen knüpfen zwischen Teilsätzen. Solche Adverbien werden auch bei Ergänzungsbeziehungen verwendet (→ F 381).

367 *Aus der „Südwest Presse":*

Die Frau wurde in ihrem Auto eingeklemmt und musste von der Feuerwehr befreit werden. Sie zog sich dabei tödliche Verletzungen zu.

(Hohlspiegel 2009/42, S. 174)

Tödliche Verletzungen durch die Feuerwehr?

Worauf bezieht sich das Adverb dabei? Als Leser tendiert man zunächst dazu, einen Bezug zu musste von der Feuerwehr befreit werden herzustellen. Damit entsteht der Eindruck, dass die Feuerwehr schuld an den tödlichen Verletzungen sei. Sinnvoll wird die Aussage, wenn man dabei auf den ganzen vorangehenden zusammengesetzten Satz bezieht (… eingeklemmt und musste … befreit werden).

Um eine Adverbialbeziehung handelt es sich, weil dabei Adverbial zum Prädikat zog … zu ist und dadurch eine Adverbialbeziehung zur vorangehenden Aussage herstellt. Wie im vorangegangenen Fund handelt es sich um eine anaphorische Adverbialbeziehung.

368 *Aus der „Rhein-Neckar-Zeitung“:*

Von 68 Grünen bekennen sich elf als Protestanten, neun sind katholisch. Zum Vergleich: 131 von 237 Unions-Abgeordneten geben an, dass sie katholisch sind, 92 sind zudem evangelisch.

(Hohlspiegel 2011/41, S. 174)

Kann man katholisch und zudem auch evangelisch sein? Ökumene perfekt!

Das Adverb zudem legt die Lesart nahe, dass 92 der katholischen Unions-Abgeordneten gleichzeitig auch evangelisch sind. Bei einer Erstplatzierung von zudem wäre die Gefahr des Missverständnisses weniger groß: zudem sind 92 evangelisch. Wirklich eindeutig wird die Formulierung, wenn man das zudem einfach weglässt.

369 *Aus der „ADAC Motorwelt“:*

Schluss mit den
Leasing-Tücken
Experten in Goslar fordern mehr Verbraucherrechte. Außerdem: LKW-Sicherheit, Drogen im Verkehr und Parkraumüberwachung

(Hohlspiegel 2011/12, S. 170)

Mit dem Adverb außerdem wird ein gekürzter Satz angeschlossen, der nur noch – so deutet es der Leser – die Akkusativobjekte enthält, weil der übrige Satzrahmen des vorangegangenen Satzes – Subjekt und Prädikat – weiter gelten. Ungekürzt würde der Satz lauten:

Außerdem fordern die Experten LKW-Sicherheit, Drogen im Verkehr und Parkraumüberwachung.

Dieser Anschluss funktioniert bei LKW-Sicherheit und Parkraumüberwachung, nicht aber bei Drogen im Verkehr. Wahrscheinlich hatte der Schreiber eine Formulierung im Sinn wie:

Außerdem *ging es um die Themen* LKW-Sicherheit, Drogen im Verkehr und Parkraumüberwachung.

Implizite Adverbialbeziehungen

370 *Aus der „Welt“:*

Als die Polizisten sich näherten, erschossen sich Uwe Mundlos und Uwe Böhnhardt und zündeten das Auto an.

(Hohlspiegel 2014/22, S. 142)

Schon tot und dann noch das Auto anzünden?

Dass man die Satzreihe so (miss-)verstehen könnte, liegt daran, dass man bei Berichten über Handlungen davon ausgeht, dass das Nacheinander der *Sätze* in einer Satzreihe (oder einer Satzfolge) das Nacheinander der *Geschehnisse* wiedergibt. Wegen dieser *implizit* temporalen Beziehung haben wir den Fund unter Adverbialbeziehungen eingeordnet.

Die Wirkung dieses Nacheinanders in Satzreihen kann man – zumal wenn die Teilsätze durch und verbunden sind – selbst durch ein zeitlich gegenläufiges Temporaladverb wie davor nicht aufheben:

Als die Polizisten sich näherten, erschossen sich Uwe Mundlos und Uwe Böhnhardt *und* zündeten davor das Auto an.

Fehlt das und und verwendet man eine Tempusform, die die Vorzeitigkeit der Brandstiftung deutlich macht (hier: Plusquamperfekt), bekommt man die zeitlichen Verhältnisse angemessen geordnet:

Als die Polizisten sich näherten, erschossen sich Uwe Mundlos und Uwe Böhnhardt, zuvor *hatten* sie das Auto *angezündet*.

Am einfachsten kriegt man die beabsichtigte Aussage dadurch hin, dass man die Reihenfolge der beiden Teilsätze der Satzreihe umstellt – passend zum Nacheinander der entsprechenden Handlungen:

Als die Polizisten sich näherten, zündeten Uwe Mundlos und Uwe Böhnhardt das Auto an und erschossen sich.

Man könnte, um die Abfolge noch deutlicher zu machen, auch ein dann oder danach anfügen:

..., zündeten Uwe Mundlos und Uwe Böhnhardt das Auto an und erschossen sich *dann*.

Die zwischen den beiden Handlungsschritten bestehende Vorzeitigkeit bzw. Nachzeitigkeit kann man sehr gezielt auch durch eine Formulierung als temporales Adverbial-Satzgefüge erreichen; und zwar kann man dabei mit jeder der beiden Sachverhaltsreihenfolgen arbeiten:

... erschossen sich Uwe Mundlos und Uwe Böhnhardt, *nachdem sie das Auto angezündet hatten.*

... zündeten Uwe Mundlos und Uwe Böhnhardt, *bevor sie sich erschossen,* das Auto an.

Unklare Reihung bei Nebensätzen

371 *Aus der Zeitschrift „test“:*
Der Betreiber einer Waschanlage muss Schadenersatz zahlen, wenn er die Fahrer von Autos mit Automatikgetriebe nicht ausdrücklich warnt, dass sie erst starten dürfen, wenn die Ampel am Ausgang der Waschstraße Grün zeigt und ihr Auto von der Anlage geschädigt wird.
(Hohlspiegel 2015/33, S. 130)

In diesem Satzgefüge sind vier Nebensätze enthalten:
(1) wenn er die Fahrer von Autos mit Automatikgetriebe nicht ausdrücklich warnt,
(2) dass sie erst starten dürfen,
(3) wenn die Ampel am Ausgang der Waschstraße Grün zeigt
(4) und ihr Auto von der Anlage geschädigt wird.
Die Abhängigkeitsverhältnisse der drei ersten Nebensätze sind relativ klar: Es sind Nebensätze der 1., 2. und 3. Abhängigkeitsstufe – (3) ist also (2) untergeordnet, (2) ist (1) untergeordnet und (1) ist dem Hauptsatz untergeordnet. Unklar bzw. missverständlich ist aber zunächst, an welchen der drei ersten Nebensätze sich der vierte Nebensatz anreiht: Wegen des fehlenden Kommas vor und erscheinen die beiden letzten Nebensätze als einander nebengeordnet:
(a) wenn er die Fahrer von Autos mit Automatikgetriebe nicht ausdrücklich warnt,
(b) dass sie erst starten dürfen,
  (c1) wenn die Ampel am Ausgang der Waschstraße Grün zeigt
  (c2) und ihr Auto von der Anlage geschädigt wird.
Diese Interpretation ist allerdings nicht gemeint, sondern (jetzt mit Komma nach zeigt, weil keine Nebenordnung zum Folgesatz besteht):
(a1) wenn er die Fahrer von Autos mit Automatikgetriebe nicht ausdrücklich warnt,
(b) dass sie erst starten dürfen,
  (c) wenn die Ampel am Ausgang der Waschstraße Grün zeigt,
(a2) und ihr Auto von der Anlage geschädigt wird.
Nebengeordnet sind hier (a1) und (a2), beide direkt abhängig vom Hauptsatz.

Allerdings könnte die Formulierung auch mit dem Komma noch missverständlich sein im Sinne von:
(a) wenn er die Fahrer von Autos mit Automatikgetriebe nicht ausdrücklich warnt,
(b1) dass sie erst starten dürfen,
  (c) wenn die Ampel am Ausgang der Waschstraße Grün zeigt,
und (b2) (dass) ihr Auto von der Anlage geschädigt wird.
Hier wären (b1) und (b2) einander gleichgeordnet: Bei dieser Interpretation erscheint es so, als werde das Auto auf jeden Fall geschädigt. Aber aufgrund des Weltwissens wird ein Leser wohl nicht auf diese Deutung verfallen.

Die verschiedenen Deutungsmöglichkeiten zeigen jedenfalls, dass man mit allzu komplexen Unterordnungen und Reihungen vorsichtig sein sollte. Im Unterricht ist die Frage, welche Teilsätze im Fund einander gleichgeordnet und welche einander untergeordnet sind, knifflig, aber unter Umständen auch eine anspornende Herausforderung. Die Lernenden können sich für die Erklärung der syntaktischen Bezüge selbst (typo-)grafische Veranschaulichungen überlegen. Die hier von uns gewählte ist nicht die einzig mögliche.

4.2.2 Ergänzungsbeziehungen in Satzreihen

Für die Ergänzungsbeziehungen steht bei der Darstellung im Rahmen einer Satzreihe *ein* Format zur Verfügung – eine *anaphorische* (= Format D) Verknüpfung:

Das Paket war nicht rechtzeitig angekommen. *Das* fand sie ärgerlich.

Das Paket war nicht rechtzeitig angekommen. *Darüber* ärgerte sie sich.

Der zweite Satz bezieht sich auf den ersten anaphorisch zurück – und zwar mit einem Pronomen (hier: dem Demonstrativpronomen das) bzw. einem Pronominaladverb (hier: darüber); diese Zuordnung entspricht der von Format (B) bei den Satzgefügen. Entsprechend kann man von einer *anaphorischen* Ergänzungsbeziehung sprechen.

Worauf sich diese anaphorischen Elemente im Einzelfall genau beziehen sollen, ist für den Leser nicht immer (sofort) klar – Ergänzungsbeziehungen in Satzreihen sind daher eine reiche Quelle für Pannen.

Ein Hinweis: Wir teilen die entsprechenden Funde in zwei Gruppen auf – unklare Rückbezüge von *Demonstrativpronomen* und unklare Rückbezüge von *Pronominaladverbien*. Auf diese Weise kann man auch Pannenmaterial zu den beiden Wortart-Untergruppen leichter finden.

Wir hätten beide Fund-Untergruppen auch bei den Wortarten Pronomen bzw. Adverbien unterbringen können. Dort wäre aber ihre spezifische Funktion – nämlich Verknüpfungsmittel (auch: „Konnektoren") in Satzreihen zu sein – nicht gleich deutlich geworden.

Unklarer Rückbezug von Demonstrativpronomen bei anaphorischen Ergänzungsbeziehungen

372 *Aus den Kindernachrichten der „Heilbronner Stimme":*

Die Gehirnhälften übernehmen verschiedene Aufgaben. Wenn du zum Beispiel Englisch-Vokabeln lernst, ist vor allem die linke Hälfte gefragt. Zum Rechnen dagegen braucht man die rechte Hirnhälfte. Das ist bei Tauben ähnlich.

(Hohlspiegel 2013/34, S. 138)

So intelligent sind die Tauben? Sie rechnen und sprechen Englisch?!

Woran liegt es, dass Tauben hier als Fremdsprachen- und Mathe-Lerner erscheinen? Der letzte Satz bezieht sich mit dem Pronomen das auf einen Sachverhalt davor – worauf genau, macht die grammatische Form aber nicht deutlich. Gemeint ist ein Bezug auf den *ersten* Satz: Auch Tauben benutzen je nach Aufgabe die eine oder die andere Hirnhälfte. Das mag eine überraschende Aussage sein; sie ist aber wissenschaftlich untermauert. Studien haben z. B. ergeben, dass Tauben in der Regel mit dem rechten Auge effizienter als mit dem linken nach Körnern suchen – das heißt also, dass sie zum Körnerpicken die linke Hirnhälfte benutzen (weil die das rechte Auge steuert).

Der Fund ist hier unter Ergänzungsbeziehungen bei Satzreihen eingeordnet, weil der Satz Die Gehirnhälften übernehmen verschiedene Aufgaben, der durch das Demonstrativpronomen aufgegriffen wird, die Funktion einer Ergänzung, hier des Subjekts, im letzten Satz erfüllt. Eine Umformulierung in einen Nebensatz macht die Ergänzungsbeziehung noch deutlicher:

Dass die Gehirnhälften verschiedene Aufgaben übernehmen, ist bei Tauben ähnlich.

Diese Formulierung gäbe man auch als Antwort, wenn man den Satz Das ist bei Tauben ähnlich in eine Frage nach dem Subjekt umformen würde:

Was ist bei den Tauben ähnlich? Dass die Gehirnhälften verschiedene Aufgaben übernehmen.

Man kann den letzten Satz des Fundes auch als Nebensatz an den ersten Satz anfügen; das ergibt:

Die Gehirnhälften übernehmen verschiedene Aufgaben, was bei Tauben ähnlich ist.

Auch hier hat der erste Teilsatz die Funktion des Subjekts des Nebensatzes. Bei Nebensätzen sind solche Ergänzungsbeziehungen, bei denen ein nachfolgender Nebensatz anaphorisch den vorangehenden Hauptsatz als Ergänzung aufgreift, eher selten, im Gegensatz zu den Satzreihen, wo die Ergänzungsbeziehungen fast ausschließlich darin bestehen, dass der nachfolgende Satz den vorangehenden als Satzglied aufgreift.

Für den Unterricht mag die Untersuchung von Ergänzungsbeziehungen zwischen Hauptsätzen ungewohnt und anspruchsvoll sein. Es empfiehlt sich, zuerst Relativbeziehungen zwischen Hauptsätzen zu untersuchen (→ Kap. 4.2.3) und erst dann Ergänzungsbeziehungen zu behandeln; so kann gezeigt werden, dass sich bei Letzteren ein Pronomen bzw. ein Pronominaladverb (wie darauf, darüber) nicht auf ein einzelnes Wort oder Satzglied des vorangehenden Satzes (das wäre eine Relativbeziehung) bezieht, sondern auf einen ganzen Satz oder mindestens auf ein Prädikat mit seinen Valenzen. Entsprechendes gilt bei Adverbialbeziehungen (→ Kap. 4.2.1). Für den Lese- und Schreibunterricht ist vor allem wichtig, dass man bei Pronomen und Pronominaladverbien beachten muss, worauf sie sich beziehen. Insofern kann es auch sinnvoll sein, in einer Unterrichtseinheit Funde zur Wortart Pronomen (→ Kap. 2.1.3) und Funde zu Satzgefügen (→ Kap. 4.1) und Satzreihen/-folgen (→ Kap. 4.2), sofern Pronomen bzw. Pronominaladverbien eine Rolle spielen, im Zusammenhang zu behandeln. Es ist auffällig, dass sehr viele grammatische Pannen mit Pronomen und Pronominaladverbien zusammenhängen – sie scheinen eine Schwachstelle in Texten zu sein.

373 *Aus der „Neuen Ruhr/Rhein-Zeitung":*
Blaualgen sind giftig und sollten nicht verschluckt werden. Dies gilt auch für schwimmende Hunde.
(Hohlspiegel 2011/27, S. 150)

Man hüte sich also, schwimmende Hunde zu verschlucken!

Auch bei diesem Fund ist der Bezug des Demonstrativpronomens im letzten Satz unklar. Sind auch Hunde giftig und sollten nicht verschluckt werden? Gemeint ist, dass die Blaualgen-Gefahr nicht nur für Menschen, sondern auch für deren Hunde besteht.

Die genaue grammatische Analyse ist etwas diffiziler als beim vorigen Fund. Wenn man in eine Nebensatzkonstruktion umformuliert, wird der Unterschied der beiden Verstehensmöglichkeiten klarer:

(1) Auch für schwimmende Hunde gilt, dass Blaualgen giftig sind und nicht verschluckt werden sollten.

(2) Auch für schwimmende Hunde gilt, dass sie giftig sind und nicht verschluckt werden sollten.

Bei der (vom Schreiber beabsichtigten) Lesart (1) bezieht man das Demonstrativpronomen dies auf die *gesamte* vorangehende Satzreihe:

dies = Blaualgen sind giftig und sollten nicht verschluckt werden.

Bei Lesart (2) bezieht man dies nur auf die vorangehenden Prädikate und Satzglieder unter Ausschluss des Subjekts:

dies = sind giftig und sollten nicht verschluckt werden.

Man kann den Unterschied dieser beiden Lesarten oberhalb einer *grammatischen* Beschreibungsebene vornehmen, nämlich unter dem Gesichtspunkt der jeweiligen *Aussageabsichten:*

(1) „Dass Blaualgen giftig und daher nicht zum Verzehr geeignet sind, ist eine (medizinisch begründete) *Warnung* an die Badegäste – und diese Warnung wird auch an Hunde bzw. deren Halter gerichtet."

(2) „Dass Blaualgen giftig (und daher nicht zum Verzehr geeignet) sind, ist eine medizinische *Analyse* – und diese Analyse wird auch auf schwimmende Hunde übertragen."

Auf den Online-Medien der Stadt Duisburg findet man einen entsprechenden Bericht, bei dem durch den Textzusammenhang der gemeinte Sinn klarer ist:

Duisburg. Friemersheim (skai) Das Institut für gesundheitlichen Verbraucherschutz der Stadt Duisburg hat im Kruppsee erneut Blaualgen nachgewiesen und bis auf Weiteres ein *Badeverbot* erlassen. Auch am Strandbad des Wolfssees an der Sechs-Seen-Platte im Duisburger Süden wurde ein bläulicher Teppich gesichtet. Der *Badebetrieb* wurde hier ebenfalls vorerst eingestellt. Blaualgen sind giftig und sollten deshalb beim Schwimmen nicht verschluckt werden. Dies gilt auch für schwimmende Hunde. Auf einen Verzehr der Fische aus den Seen sollte verzichtet werden, warnt das Institut.

(http://www.rp-online.de/nrw/staedte/duisburg/blaualgen-erneut-badeverbot-im-kruppsee-aid-1.1306455 vom 16.6.2011)

Eine Bemerkung zum Satzbegriff: Wir gehen davon aus, dass die Satzreihe im Fund aus drei Sätzen besteht:

(a) Blaualgen sind giftig und (b) (Blaualgen) sollten nicht verschluckt werden. (c) Das gilt auch für schwimmende Hunde.

Wir betrachten also (b) als einen Satz, bei dem das Subjekt eingespart ist, weil es im Satz vorher schon genannt ist.

374 *Aus der „Sächsischen Zeitung":*

Ein Imbiss musste den Verkauf nach der Kontrolle einstellen, weil rohes Fleisch in der Hütte unter unhygienischen Bedingungen zubereitet wurde. Nun passiert das in der heimischen Gaststätte, die fertigen Produkte kommen gekühlt an – so sind die Prüfer zufrieden.

(Hohlspiegel 2010/51, S. 170)

Auch so vergeht einem der Appetit!

Der Bezug des Demonstrativpronomens das ist undeutlich: Es soll sich beziehen auf rohes Fleisch zubereitet wurde, also auf das Prädikat und das Subjekt des weil-Satzes. Aber als Leser bezieht man das zunächst einmal auf den Teilsatz *einschließlich* des Adverbials unter unhygienischen Bedingungen:

das = dass rohes Fleisch zubereitet wurde (= gemeinter Sinn)

das = dass rohes Fleisch *unter unhygienischen Bedingungen* zubereitet wurde (= missverstandener Sinn)

Dass in beiden Varianten in der Hütte nicht auftaucht, liegt daran, dass im nachfolgenden Satz das Adverbial in der heimischen Gaststätte steht – inhaltlich geht es genau um diesen Orts-Kontrast. Dadurch dass dieses neue lokale Adverbial im Nachfolgesatz steht, ist für den Leser klar, dass das lokale Adverbial des vorangegangenen (Teil-)Satzes für die Wiederaufnahme durch das Demonstrativpronomen im Nachfolgesatz „gesperrt" ist.

375 *Aus der „Schwäbischen Zeitung":*
Nicht außergewöhnlich sei, dass 15 Mitarbeiter ihre Ausweise vergessen hatten. Das ist Vorschrift, weil in dem Ausweis vermerkt ist, ob ausländische Arbeitskräfte über eine Arbeitserlaubnis verfügen.
(Hohlspiegel 2011/18, S. 154)

Ist es Vorschrift, die Ausweise zu vergessen?

Das Demonstrativpronomen bezieht sich hier sinngemäß auf etwas, was nicht explizit gesagt ist. Grammatisch geht das nicht, auch wenn man als gutwilliger Leser versteht, was gemeint ist.

376 *Aus dem „Hamburger Abendblatt":*
Offenbar steuerte der jüngere der beiden Männer die Lok, als das Unglück geschah. Ob dies im Sinne der Ausbildung geschah, ist bislang ungewiss.
(Hohlspiegel 2011/48, S. 162)

Auch hier ist unklar, welche Ergänzungsbeziehung durch das Demonstrativpronomen hergestellt werden soll. Ist es im Sinne der Ausbildung, dass ein Unglück geschehen soll (Bezug auf das Unglück geschah im Nebensatz des vorangehenden Satzgefüges), oder ist es im Sinne der Ausbildung, dass der Auszubildende die Lok steuern soll (Bezug auf den Hauptsatz)?

377 *Aus der österreichischen „Kleinen Zeitung":*
Nach der Koran-Verteilung in Bruck ziehen nun alle Parteien an einem Strang. Mithilfe des Verfassungsschutzes soll das vereitelt werden.
(Hohlspiegel 2016/18, S. 146)

Natürlich soll – so hoffen wir jedenfalls – mithilfe des Verfassungsschutzes nicht etwa vereitelt werden, dass die Parteien endlich mal alle miteinander kooperieren, sondern dass weiterhin Koran-Schriften in Bruck verteilt werden. In dieser Satzreihe ist eine missverständliche anaphorische Ergänzungsbeziehung realisiert – der Rückbezug mit das greift auf den Satz davor insgesamt zurück, soll aber nur auf den Sachverhalt Koran-Verteilung – also nur auf die Nomengruppe Koran-Verteilung in Bruck innerhalb des temporalen Satzglieds (Nach … Bruck) – zurückgreifen. Das geht nicht.

378 *Aus dem „Trierischen Volksfreund" über eine Handballmannschaft:*
Ob das aber zum Klassenerhalt reicht? „Es steigt nur eine Mannschaft ab, das sollten wir schaffen, ich bin sehr optimistisch", meint Trainerin Cabeza.
(Hohlspiegel 2013/38, S. 164)

Missverständlich ist hier das anaphorische Demonstrativpronomen in der wörtlichen Rede der Trainerin. Sie hofft nicht auf den Abstieg, sondern den Klassenerhalt. In der mündlichen Situation dürfte klar sein, was gemeint ist. Beim Lesen wirkt sich eine grammatische Unklarheit, wie sie hier vorliegt, stärker aus.

In diesem Fund ist das Pronomen, das den Rückbezug herstellt, Akkusativobjekt („wen oder was sollen wir schaffen?"). Das ist auch bei den beiden folgenden beiden Beispielen der Fall. Bei allen oben angeführten Beispielen für Ergänzungsbeziehungen handelt es sich dagegen jeweils um ein Subjekt.

379 *Aus der „Aachener Zeitung":*
Blind für Gefühle? Das kann man lernen
(Hohlspiegel 2011/22, S. 142)

Als Leser hat man keine andere Wahl, als das Demonstrativpronomen auf blind für Gefühle zu beziehen, und so entnimmt man das Gegenteil des gemeinten Sinns. Gemeint ist offenbar, dass man lernen kann, Gefühle *wahrzunehmen*.

380 *Aus der „Bild":*
In aller Offenheit kann unsere Nationaltorhüterin Nadine Angerer erklären, dass sie mit einer Frau lebt. Undenkbar im Männerfußball.
(Hohlspiegel 2011/27, S. 158)

Der zweite Satz der Satzreihe (Undenkbar ...) ist eine gekürzte Version von *Das wäre* undenkbar im Männerfußball. Als Leser tendiert man dazu, dieses mitzudenkende das auf den Nebensatz des vorangehenden Satzgefüges zu beziehen – dann wäre es im Männerfußball undenkbar, dass ein Mann mit einer Frau lebt – oder auf das ganze Satzgefüge – dann wäre es undenkbar, dass im Männerfußball ein Spieler offen erklärt, dass er mit einer Frau lebt. Beide Deutungen sind nicht gemeint. Der zweite Satz bezieht sich sinngemäß auf den offenen Umgang mit *Gleich*geschlechtlichkeit.

Als vereindeutigende Umformung würde es reichen, das Demonstrativpronomen das durch ein bedeutungsdeutlicheres rückverweisendes Wort zu ersetzen:

... *Entsprechendes* wäre im Männerfußball undenkbar.

Sicherer wäre ein expliziterer Rückbezug mithilfe einer den Sachverhalt zusammenfassenden Nomengruppe, z. B.:

... Ein solcher offener Umgang mit Gleichgeschlechtlichkeit wäre ...

Unklarer Rückbezug von Adverbien bei anaphorischen Ergänzungsbeziehungen

381 *Aus einem Brief an die Leser der „Stuttgarter Zeitung", die an einem Sommerkrimi-Wettbewerb teilgenommen hatten:*

Manche von Ihnen hatten wir immer wieder in der Endausscheidung, und trotzdem sind Sie bei uns an irgendwelchen Kleinigkeiten immer wieder gescheitert. Dafür gebührt Ihnen unser besonderer Respekt.

(Hohlspiegel 2008/36, S. 198)

Respekt dafür, dass sie gescheitert sind?

Das Adverb dafür, mit dem der letzte Satz eingeleitet ist, bezieht sich auf das Davorstehende – aber worauf genau? Auf den unmittelbar vorangehenden Teilsatz, wie man beim ersten Lesen annehmen könnte? Gemeint ist ein Bezug auf den *ersten* Teilsatz, also darauf, dass die Teilnehmenden relativ weit – nämlich bis in die Endausscheidung – gekommen sind. Durch das rückverweisende, anaphorische dafür erhält dieser Teilsatz die Funktion eines präpositionalen Objekts zum Prädikat des letzten Satzes.

Weitere Funde zu unklaren Rückbezügen von Adverbien finden sich bei den Adverbialbeziehungen (→ Kap. 4.2.1: F366–F369).

Unklarer Rückbezug von valenzhaltigen Nomen

382 *Aus dem „Weser-Kurier":*

Scannen Sie das Bild und lesen Sie mehr zum Thema Sterbehilfe. Eine Anleitung finden Sie auf Seite 1.

(Hohlspiegel 2014/43, S. 150)

Findet man da eine Anleitung zur Sterbehilfe? So könnte man die Satzfolge verstehen. Gemeint ist das nicht. Die Anleitung bezieht sich auf Scannen Sie das Bild.

Im Unterschied zu den vorangehenden Beispielen besteht die Ergänzungsbeziehung hier nicht darin, dass ein vorangegangener Satz die Funktion einer Ergänzung zum Prädikat erfüllt, sondern darin, dass es sich um die Ergänzung zu einem valenzhaltigen Nomen (Anleitung zu X) innerhalb des vorangegangenen Satzes handelt. Diese grammatische Struktur wird deutlicher, wenn man ein dazu einfügt:

Eine Anleitung dazu finden Sie auf Seite 1.

Das Missverständnis ist damit allerdings nicht ausgeräumt, im Gegenteil. Das dazu verstärkt noch den Bezug zum unmittelbar Vorgehenden (hier: Sterbehilfe).

Eindeutig wäre: Eine Anleitung zum Scannen ... – also mithilfe einer syntaktischen Konversion des Verbs scannen.

4.2.3 Relativbeziehungen in Satzreihen

Auf den ersten Blick mag es verwundern, dass wir für die Darstellung von Relativbeziehungen nicht nur Relativ-Satzgefüge, sondern auch Satzreihen vorsehen. In einer Satzreihe wie

Dort hinten steht mein Vater, er/der ist gerade erst aus Köln gekommen

liegt zwischen beiden Teilsätzen eine Relativbeziehung vor (Scharnier: mein Vater – er/der); man kann sie mühelos in ein Relativ-Satzgefüge umformen:

Dort hinten steht mein Vater, der gerade erst aus Köln gekommen ist.

In dem Relativ-Satzgefüge bezieht sich der Relativnebensatz mit einem Relativpronomen auf das Scharnier im Hauptsatz zurück; in der Satzreihe wird die Relativbeziehung durch den Rückbezug mit einem Personal- oder Demonstrativpronomen realisiert. Ferner werden bei lokalen Relativbeziehungen in Satzreihen Lokaladverbien wie dort verwendet, in vergleichenden Relativbeziehungen Modaladverbien wie so.

Relativbeziehungen in Satzreihen sind pannenanfällig, weil nicht immer klar ist, auf welchen Satzteil im Hauptsatz davor sich das anaphorische Wort rückbezieht.

Mehr als *ein* möglicher Bezugsausdruck im vorausgehenden (Teil-)Satz

383 *Aus der „Tageszeitung“:*

Mein Sohn hatte sich um die Haustiere der Mitbewohner gekümmert und mit ihnen Kochrezepte ausgetauscht.

(Hohlspiegel 2013/31, S. 134)

Alle Achtung vor der Dressurkunst!

Das Personalpronomen ihnen soll sich auf Mitbewohner und nicht auf Haustiere beziehen. Warum liegt das Missverständnis nahe, obwohl Mitbewohner das direkt davorliegende erste passende Nomen ist? Wenn wie hier zwei von ihrer grammatischen Charakteristik her (= beide Plural) passende Bezugsnomen zur Verfügung stehen, dann verwenden wir in der Regel *Demonstrativ*pronomen für den Rückbezug auf das *näher* zurückliegende (hier: Mitbewohner), *Personal*pronomen für den Rückbezug auf *weiter* zurückliegende (hier: Haustiere). Vor dem Hintergrund dieser leserunterstützenden Formulierungsgewohnheit nimmt man als Leser hier das verwendete Personalpronomen ihnen daher als Hinweis, es beziehe sich auf das weiter zurückliegende Bezugs-Nomen Haustiere.

Insofern wählt man in diesem Fall als Umformulierung:

Mein Sohn hatte sich um die Haustiere der Mitbewohner gekümmert und mit *diesen* Kochrezepte ausgetauscht.

Missverständnisse, die durch den Rückbezug von Relativsätzen entstehen, haben wir oben bei den Satzgefügen (→ Kap. 4.1.3) an entsprechenden Funden erörtert, ferner findet man im Kapitel zu den Pronomen Funde zu ähnlichen Problemen (→ F35–42). Im Unterricht könnte man vergleichend Gemeinsamkeiten und Unterschiede der missverständlichen pronominalen Bezüge in einzelnen Sätzen, Satzgefügen und Satzreihen/-folgen herausarbeiten und dafür die Funde zusammenstellen.

384 *Aus der „Werra-Rundschau":*

In den vier Zinnsärgen wurden Familienangehörige des Landgrafen bestattet. Sie werden nun ebenfalls restauriert und können von der Öffentlichkeit begutachtet werden.

(Hohlspiegel 42/2010/42, S. 206)

Der letzte grammatisch passende Bezugsausdruck zum rückverweisenden Pronomen sie ist Familienangehörige, gemeint ist das weiter entfernte Zinnsärgen. – Hier hilft nur die Wiederholung des Bezugsnomens: *Die Zinnsärge* werden nun ...

385 *Aus der „taz":*

Mehrere Dutzend Menschen warfen mit Flaschen und Steinen auf Polizisten und versuchten, Schaufensterscheiben zu zerstören. Diese reagierten mit Pfefferspray und Blendgranaten.

(Hohlspiegel 2012/43, S. 174)

Offenbar eine Neuentwicklung der Glasindustrie für Schaufensterscheiben!

Hier ist nicht ein Personalpronomen, sondern ein Demonstrativpronomen in seinem Rückbezug missverständlich. Das Problem des falschen Bezugs zwischen den Sätzen entsteht hier dadurch, dass zwischen dem beabsichtigten Bezugswort Polizisten und dem rückbezüglichen Demonstrativpronomen diese ein weiteres Nomen steht, das grammatisch in Frage käme: Schaufensterscheiben.

Eine Ersetzung durch ein Personalpronomen (sie) würde hier nicht helfen – es würde zu dem ebenfalls nicht gemeinten Bezug auf Menschen einladen. Die einfachste Änderung wäre, das Demonstrativpronomen durch die Polizisten zu ersetzen:

... Schaufenster zu zerstören. *Die Polizisten* reagierten ...

Oder man vertauscht die Reihenfolge der ersten beiden Teilsätze:

Mehrere Dutzend Menschen versuchten Schaufensterscheiben zu zerstören und warfen mit Flaschen und Steinen auf Polizisten. Die(-se) reagierten mit Pfefferspray und Blendgranaten.

386 *Aus dem Fernsehprogramm des „Gießener Anzeigers“:*
Erdreste an einer Leiche führen Brennan in den Garten von Senator Corman. Da entdeckt sie einen weiteren Toten. Der will von nichts gewusst haben.
(Hohlspiegel 2013/31, S. 134)

Kann Brennan auch Tote befragen?

Das Demonstrativpronomen der am Anfang des dritten Satzes der Satzfolge soll auf Senator Corman im ersten Satz verweisen. Der Rückbezug eines Demonstrativpronomens kann aber ein solches Überspringen eines Satzes nicht leisten. Man müsste statt mit der den letzten Satz mit der Senator beginnen, den Bezugsausdruck also wiederholen.

387 *Aus dem „Westfalen-Blatt“:*
Zwar seien damit Banküberfälle nicht grundsätzlich zu verhindern, wenn jedoch potentielle Räuber sähen, dass sie schnell aufgeklärt würden, könne es diese von ihrer geplanten Tat abhalten.
(Hohlspiegel 2008/5, S. 154)

Hier ist sowohl der Rückbezug von sie im dass-Satz als auch der von diese im letzten Teilsatz unklar. Das sie im dass-Satz bezieht man eher auf Räuber als auf Banküberfälle und diese eher auf das näherstehende sie als auf Räuber. Eine mögliche Umformulierung könnte sein:

> Zwar seien damit Banküberfälle nicht grundsätzlich zu verhindern, wenn jedoch potentielle Räuber sähen, dass *eine schnelle Aufklärung erfolgen würde*, könne *sie* das von ihrer geplanten Tat abhalten.

Die Ersetzung des Demonstrativpronomens durch das Personalpronomen klärt die Aussage, weil Letzteres einen weiter zurückreichenden Bezug herstellen kann; das Demonstrativpronomen kann das hier nicht.

388 *Aus der „Hessisch-Niedersächsischen Allgemeinen“:*
28 Toiletten gehören zu dem VIP-Bereich. Für die Heimspiele des KSV sind diese Plätze bereits ausverkauft.
(Hohlspiegel 2010/32, S. 138)

Hier ist der Rückbezug des attributiv verwendeten Demonstrativpronomens diese unklar. Von Plätzen ist eigentlich im vorangehenden Satz nicht die Rede. Geht es um Plätze in den Toiletten? Das ist natürlich nicht gemeint. Es geht um den VIP-Bereich, und zwar, wie man interpolieren muss, um die Sitzplätze in diesem Bereich.

Dass der Fund von den Hohlspiegel-Redakteuren bzw. von dem Fund-Anbieter losgelöst vom Textzusammenhang präsentiert wird, ist unseres Erachtens tendenziös. Ein Missverstehen der beiden zitierten Sätze ist im Original nämlich eher unwahrscheinlich:

4. VIP-Bereich im zweiten Obergeschoss: Er bietet Platz für 230 VIP-Gäste. Hinter einer Glasscheibe stehen 16 Tische für je neun Gäste. 16 kleinere Stehtische sind auf 730 Quadratmeter Fläche verteilt. Von hier aus lässt sich das Geschehen auf dem Rasen bei jedem Wetter bequem verfolgen. In den VIP-Bereich integriert ist ein kleiner Küchenbereich. Hier wird zwar nicht gekocht, doch Speisen und Getränke gelagert und zubereitet. 28 Toiletten gehören zu dem VIP-Bereich. Für die Heimspiele des KSV sind diese Plätze bereits ausverkauft.

(http://www.hnawatch.de/wp-content/uploads/2010/08/epaper-auestadion.pdf vom 03.08.2010)

Der Fettdruck der Absatzüberschrift und der abschließende Doppelpunkt kündigen das Folgende als Detailausführung aus; zu diesen Details gehört der Hinweis, dass es 230 Plätze im VIP-Bereich gibt. Darauf kann nun mühelos der letzte Satz mit diese Plätze rückbezogen werden. Würde man vor den letzten Satz einen Gedankenstrich setzen, wäre noch deutlicher, dass der letzte Satz nicht nur auf den vorangehenden Satz zu beziehen ist. Interessanterweise findet sich auf der Homepage der „Hessisch/Niedersächsischen Allgemeinen" eine offenbar bereinigte Version, bei der diese Plätze durch die Plätze im VIP-Bereich ersetzt ist. Damit ist ein Missverständnis eindeutig ausgeschlossen.

389 *Bildunterschrift in der „Westdeutschen Allgemeinen Zeitung":*

Das Geheimnis für das perfekte Steak ist die Glut – und mit weniger als 400 Gramm davon im Magen geht kein Gast aus einem argentinischen Fleischlokal.

(Hohlspiegel 2010/28, S. 146)

Oh Gott, das wird weh tun!

Hier kann sich das Adverb davon auf Steak beziehen (das war gemeint) oder aber auf Glut.

Durch eine Umstellung könnte man diese Doppeldeutigkeit etwas entschärfen:

Die Glut ist das Geheimnis für das perfekte Steak – und mit weniger als 400 Gramm davon im Magen …

Ganz beseitigen kann man die Doppeldeutigkeit aber nur, wenn man den pronominalen Bestandteil in davon durch ein vereindeutigendes Nomen wie z. B. Fleisch ersetzt:

Das Geheimnis für das perfekte Steak ist die Glut – und mit weniger als 400 Gramm von *diesem Fleisch* …

390 *Aus der „Westfälischen Rundschau":*

Als er den Fahrausweis des 25-Jährigen kontrollieren wollte, stellte sich heraus, dass er ohne Fahrschein die S-Bahn nutzte. Beim Versuch, die Personalien festzustellen, wurde der Mitarbeiter von ihm zur Seite gestoßen und versuchte, beim Halt in Unna-Massen aus der S-Bahn zu flüchten.

(Hohlspiegel 2012/22, S. 150)

Wer tut hier was?

Das Beispiel ist knifflig. Im ersten Satzgefüge ist das Pronomen er im dass-Satz nicht ganz eindeutig. Ist der 25-Jährige gemeint oder der Kontrollierende? Grammatisch ist beides möglich; aufgrund unseres Erfahrungswissens kommt es aber kaum zu einem Missverständnis. Mit dieser statt er könnte man den Zusammenhang noch deutlicher machen.

Verunglückt ist die anschließende Satzreihe (Beim Versuch …). Zunächst ist unklar, wer mit von ihm gemeint ist. Hat der Kontrolleur einen Mitarbeiter, ist von ihm also Attribut zu Mitarbeiter? Gemeint ist ein anderer Bezug: ihm bezieht sich auf den 25-Jährigen. Dies läge auch grammatisch als Angabe des Täters in der Passivformulierung durchaus nahe, wenn nicht die Satzreihe mit und versuchte weitergehen würde. Grammatisch kommt für dieses Prädikat nur der Mitarbeiter als Subjekt in Frage, was aber nicht gemeint ist. Es ist der 25-Jährige, nicht der kontrollierende Mitarbeiter (oder sein Mitarbeiter), der zu flüchten versucht.

Insgesamt hätte die Formulierung lauten können:

Als der Mitarbeiter den Fahrausweis des 25-Jährigen kontrollieren wollte, stellte sich heraus, dass *der* ohne Fahrschein die S-Bahn nutzte. Beim Versuch, die Personalien festzustellen, wurde der Mitarbeiter von *dem 25-Jährigen* zur Seite gestoßen; beim Halt in Unna-Massen versuchte *dieser*, aus der S-Bahn zu flüchten.

Probleme beim Rückbezug auf Nomen mit Attribut

391 *Aus dem „Kölner Stadt-Anzeiger":*

Zu viel Schneefall wiederum führt zu einer schlechten Sicht. Und die braucht ein Bergsteiger unbedingt.

(Hohlspiegel 2013/32, S. 138)

Braucht er schlechte Sicht?

Das Demonstrativpronomen die im zweiten Satz soll sich auf Sicht beziehen. Der Rückbezug ist aber nur auf Sicht *mitsamt* seinem Adjektivattribut schlechten möglich. Deshalb sagt der Satz das Gegenteil von dem aus, was der Schreiber sagen wollte. Gemeint ist: Man braucht Sicht – im Sinne von *gute* Sicht.

Eine mögliche alternative Formulierung wäre:
Zu viel Schneefall wiederum führt zu einer schlechten Sicht. Ein Bergsteiger braucht aber (gute) Sicht.

392 *Aus den „Dürener Nachrichten":*
Rastplätze, die eingezäunt und videoüberwacht sind, zu nutzen ist eine empfohlene Maßnahme. Dort ereignen sich mit 42 Prozent die meisten Raubdelikte.
(Hohlspiegel 2009/49, S. 194)

Der zweite Satz soll sich mit dort auf das Nomen Rastplätze beziehen. Da dieses aber durch einen Relativnebensatz in seiner Bedeutung einschränkt ist, kann die *un*spezifizierte Bedeutung von Rastplätze, also ohne das Attribut (hier: Relativnebensatz), nicht wiederaufgenommen werden. Deshalb geht die Empfehlung „nach hinten los": Die empfohlenen eingezäunten und bewachten Rastplätze erscheinen statistisch als die gefährlichsten.

Eine Umformulierung könnte lauten:
Auf Rastplätzen ereignen sich mit 42 Prozent die meisten Raubdelikte. Daher wird empfohlen, Rastplätze, die eingezäunt und videoüberwacht sind, zu nutzen.

Eine Erläuterung zu restriktiven (einschränkenden) und nichtrestriktiven (nichteinschränkenden) Attributen: Der Relativnebensatz die eingezäunt und videoüberwacht sind ist restriktiv, weil nicht alle Rastplätze eingezäunt und videoüberwacht sind und nur die eingezäunten und videoüberwachten gemeint sind. Die Unterscheidung *restriktiv* vs. *nichtrestriktiv* spielt auch bei Adjektivattributen eine Rolle, vgl.:
die besten Rastplätze (= „nicht alle, nur die besten" = restriktiv)
die zahlreichen Rastplätze (= nichtrestriktiv)

393 *Aus dem „rtv"-Fernsehmagazin über den Schauspieler Mehmet Kurtulus:*
1974 zog seine Familie nach Deutschland und landete auf dem Hamburger Flughafen, seine Schauspielausbildung erhielt er ebenfalls dort.
(Hohlspiegel 2008/45, S. 190)

Gibt es auf dem Hamburger Flughafen nun sogar eine Schauspielschule?

Das rückverweisende dort am Ende der Satzreihe bezieht sich sinngemäß auf Hamburg(-er) (Kurtulus hat sich an der dortigen Schauspielschule ausgebildet); grammatisch ist dieser Bezug auf ein Attribut nicht möglich; man bezieht das dort auf Hamburger Flughafen. Während bei den beiden vorherigen Funden ein Bezug nur auf das Bezugsnomen ohne Attribut gemeint ist, soll hier ein Bezug nur auf das Attribut eines Nomens hergestellt werden. Beides geht grammatisch nicht.

Im Unterricht kann der gemeinte und der grammatisch mögliche Bezug durch Einkreisen und Verbindungspfeil in unterschiedlicher Farbe veranschaulicht werden.

394 *Aus der „Schwäbischen Zeitung":*
Am Ende des Vortrags formulierte die Referentin ihr Fazit: Erfolgreiches Lernen ohne Bewegung ist nicht beziehungsweise kaum möglich und sollte deshalb von Lehrern und Eltern unbedingt gefördert werden.
(Hohlspiegel 2011/24, S. 150)

Grammatisch ist erfolgreiches Lernen ohne Bewegung auch Subjekt des letzten Teilsatzes, der kein eigenes Subjekt hat (sollte … unbedingt gefördert werden) bzw. bei dem man es als Subjekt ergänzt (und es sollte). Damit ergibt sich aber genau das Gegenteil des intendierten Sinns. Gemeint ist, dass Bewegung gefördert werden soll; das Nomen Bewegung muss wiederholt werden, denn als Teil des Attributs zum vorhergehenden Satz kann es, ohne wiederholt zu werden, nicht als Subjekt des zweiten Teilsatzes fungieren.

Probleme beim Rückbezug auf Komposita

395 *Aus einer Anzeige der Havelklinik im „Tagesspiegel":*
Venenerkrankungen sind alles andere als ein rein kosmetisches Problem, denn sie transportieren das Blut von den Füßen bis zum Herzen.
(Hohlspiegel 2014/23, S. 142)

Das Pronomen sie im zweiten Satz soll sich nur auf Venen rückbeziehen, also auf das *Bestimmungs*wort des Kompositums Venenerkrankungen. Das ist grammatisch aber nicht möglich. Man muss Venen wiederholen:
… denn die Venen transportieren das Blut von den Füßen bis zum Herzen.
Der Fund, ebenso wie die beiden folgenden, könnte auch im Zusammenhang mit Problemen bei der Wortzusammensetzung/Komposition erörtert werden (→ Kap. 2.2.1).

396 *Aus der „Butzbacher Zeitung":*
Hundebesitzer sind oft die Leidtragenden: Wenn sie etwas fressen, das mit Giftstoffen belastet ist, wie beispielsweise Erbrochenes, kann das böse Folgen nach sich ziehen.
(Hohlspiegel 44/2012, S. 162)

Hundebesitzer, die Erbrochenes fressen?

Nein, das ist nicht gemeint. Aber wie im vorherigen Beispiel soll das Pronomen sie nur das Bestimmungswort Hunde aufnehmen, was grammatisch nicht möglich ist.

397 *Aus dem „Weser Report":*
Er verkauft unter anderem Hähnchenbrust und kann die eigene jetzt stolz schwellen.
(Hohlspiegel 2010/18, S. 162)

Der Hähnchenbrustverkäufer hat wohl kaum selbst eine Hähnchenbrust, wie die Formulierung nahelegt. Hier liegt nun ein grammatisch nicht korrekter Rückgriff auf das *Grundwort* eines Kompositums vor – auf Brust. Im Unterschied zu den beiden vorhergehenden Beispielen verweist nicht ein Personalpronomen zurück, sondern ein Artikel mit Adjektiv: die eigene. Insofern handelt es sich um einen besonderen Fall von Relativbeziehung.

Ein zusätzlicher Hinweis: Da eigen hier nicht die Bedeutung von „sonderbar" hat, sondern Gegensatz zum Pronomen ander ist, kann man von einer pronominalen Verwendung des Adjektivs eigen sprechen. Das erklärt die Einordnung unter die Relativbeziehungen, die wir vorgenommen haben.

Rückbezug auf fehlende Nomen

398 *Überschrift im „Hamburger Abendblatt":*
UNFALL
Motorrad fährt Jogger an, beide sind im Krankenhaus
(Hohlspiegel 2011/33, S. 154)

Scheint eine edle Harley Davidson gewesen zu sein!

Das Pronomen beide bezieht sich syntaktisch auf Motorrad und Jogger, sinngemäß sind allerdings der Jogger und der Fahrer gemeint, den man sich mitdenken muss.

399 *Aus der „Main-Post":*
Der Audi stand in der Fichtenstraße in Marktheidenfeld. Er hatte 0,58 Promille intus.
(Hohlspiegel 2014/43, S. 150)

Ein beschwipster Audi?

Das Pronomen er im zweiten Satz soll sich sinngemäß nicht auf Audi zurückbeziehen, sondern auf einen nicht erwähnten Fahrer. Wenn man die originale Meldung im Internet liest, wird die Irritation noch größer:

Geparktes Auto angefahren
Zwischen Freitag, 23 Uhr, und Samstag, 14 Uhr, wurde ein schwarzer Audi A 8 hinten links beschädigt. Der Audi stand in der Fichtenstraße in Marktheidenfeld. Er hatte 0,58 Promille intus. Der unbekannte Unfallverursacher floh; der Schaden beträgt 1000 Euro.

(http://www.mainpost.de/regional/main-spessart/Alkohol-am-Steuer-Bussgelder-Diebstahl-Kindergaerten-Polizeiinspektionen-Seniorenheime;art776,8350181, Abruf am 15.07.2016)

Man erfährt, dass der Audi beschädigt worden ist; auch ist von einem Unfallverursacher die Rede. So könnte man schließen, dass dieser 0,58 Promille intus hatte, also mit dem Pronomen er gemeint ist. Aber dieser Unfallverursacher sei geflohen und unbekannt, heißt es. Wie kann man dann wissen, dass er 0,58 Promille intus hatte?

Oder saß in dem geparkten Auto noch der Fahrer, und der war betrunken? Diese Information wäre aber für den Sachverhalt der Sachbeschädigung irrelevant.

Vielleicht haben ja die Polizisten in ihrer Ermittlungsnot also doch den Audi auf Alkohol getestet!

4.2.4 Probleme im Gefolge von Zusammenziehungen in Satzreihen

Wenn die zwei (oder mehr) Teilsätze einer Satzreihe identische Satzteile haben, werden diese oft eingespart – vor allem, wenn die beiden Teilsätze koordinativ (mit und) oder alternativ (mit oder) verbunden sind:

Paul hatte an diesem Tag schwer gearbeitet und (er) (hatte) sich deshalb früh schlafen gelegt

Paula hatte früher aufstehen (wollen) und (sie) (hatte) erst an ihrer Diss arbeiten wollen

Im ersten Beispiel sind Teile des zweiten Teilsatzes weggelassen (Subjekt und Finitum), im zweiten ist zusätzlich ein Teil des ersten Teilsatzes weggelassen (einer der beiden infiniten Teile des Prädikats).

Solche Zusammenziehungen sind nicht nur erlaubt, sondern kooperativ – weil sie für Hörer/Leser die Redundanz reduzieren und damit das relevante Neue leichter erkennen lassen.

Die Kehrseite dieser Kooperativität: Wenn im Gefolge von Zusammenziehungen der Satzrest missverständlich wird, brockt man dem Hörer/Leser Mehrarbeit ein – und wird damit versehentlich unkooperativ (→ E 119).

400 *Aus „NWZ Göppinger Kreisnachrichten“:*
Totilas will im Juni wieder im Dressur-Rechteck auftreten – und Matthias Rath (rechts) im August heiraten.
(Hohlspiegel 2012/12, S. 158)

Ist nun auch Heirat von Tier und Mensch möglich?

Im zweiten Teilsatz zu Matthias Rath ist das finite Verb will weggekürzt, weil es im schon zuvor verwendet wird. Mit will wird die Bedeutung klar:

Totilas will im Juni wieder im Dressur-Rechteck auftreten – und Matthias Rath (rechts) *will* im August heiraten.

Matthias Rath ist nun erkennbar als das Subjekt und nicht das Akkusativobjekt zu will heiraten. Anders wäre es, wenn man will vor Matthias Rath setzt:

Totilas will im Juni wieder im Dressur-Rechteck auftreten – und will Matthias Rath (rechts) im August heiraten.

Bei dieser Formulierung ist Totilas auch Subjekt zu will heiraten.

Zu dem Missverständnis im Fund trägt auch bei, dass im verkürzten zweiten Teilsatz das Akkusativobjekt fehlt – also die Angabe der (oder des) zu Heiratenden. Dadurch bleibt die Valenz von heiraten offen, und der Leser strukturiert in seinem Wunsch, Bedeutung zu verstehen, um und macht Matthias Rath zum Akkusativobjekt, also zum zu Heiratenden.

401 *Aus den „Ostfriesischen Nachrichten":*

Vier junge Menschen im Alter von 18 und 19 Jahren sind in Ostrhauderfehn von vier Männern in einem Haus überfallen und schnell gefasst worden.

(Hohlspiegel 2010/17, S. 170)

Werden also die Opfer als Täter behandelt?

Die Doppeldeutigkeit beruht auf einer grammatischen Fehlkonstruktion: Sinngemäß sind die vier Männer das Subjekt zu sind … gefasst worden. Aber Männer*n* ist Dativform und Teil eines Präpositionalobjekts, weshalb vier Männer nicht als Subjekt zu sind …gefasst worden dienen kann. Der Leser greift daher auf vier junge Menschen als Subjekt zurück.

Will man eine eindeutige Formulierung, muss man also das Subjekt in passender grammatischer Form erneut verwenden:

Vier junge Menschen im Alter von 18 und 19 Jahren sind in Ostrhauderfehn von vier Männern in einem Haus überfallen und diese schnell gefasst worden.

Besser wäre wohl, die Konjunktion und wegzulassen und den zweiten Teilsatz noch stärker unabhängig vom ersten zu formulieren:

Vier junge Menschen im Alter von 18 und 19 Jahren sind in Ostrhauderfehn von vier Männern in einem Haus überfallen worden, die Männer wurden schnell gefasst.

402 *Die „Super Illu" über ein Naturschutzprojekt:*

In der Naturstation Rhinluch werden deshalb Schildkröten erbrütet und ausgesetzt. Zuletzt 20 Jungtiere Anfang Juli – von Brandenburgs Umweltministerin Anita Tack.

(Hohlspiegel 2011/32, S. 150)

Muss eine Umweltministerin jetzt sogar selbst Schildkröten erbrüten?

Der zweite Satz enthält kein Prädikat; er übernimmt das Prädikat des ersten Satzes (werden erbrütet und ausgesetzt). Die Aussage nach dem Gedankenstrich – von Brandenburgs Umweltministerin Anita Track – erhält damit die Funktion des Agens zum Passiv. Nun ist allerdings nicht gemeint, dass die Ministerin die Schildkröten erbrütet und aussetzt. Sinngemäß soll sich von Brandenburgs Umweltministerin Anita Track nur auf ausgesetzt beziehen. Das kann man nur durch eine Umformulierung verdeutlichen, z. B.:

In der Naturstation Rhinluch werden deshalb Schildkröten erbrütet; *sie werden dann* ausgesetzt, zuletzt 20 Jungtiere Anfang Juli – von Brandenburgs Umweltministerin Anita Tack.

403 *Aus den „Grafschafter Nachrichten":*

Rollerspiegel
streift Frau
und flüchtet

(Hohlspiegel 2013/29, S. 138)

Böser Spiegel!

Hinter diesem misslungenen Versuch, einen Sachverhalt maximal zu kürzen, damit die Überschrift nicht zu viele Zeilen beansprucht, steht als ungekürzte Aussage:

Rollerspiegel streift Frau, Fahrer flüchtet.

Zwar kann bei der Hohlspiegel-Version der Leser vermuten, dass es zu dem Roller einen Fahrer gibt und dass er es war, der nach dem Unfall flüchtete. Aber durch die Kürzung wird der Rollerspiegel zum Subjekt von flüchtet.

Pannen wie in diesem Fund kommen häufig durch das Kürzungsgebot bei Überschriften vor, so im folgenden Beispiel:

404 *Aus dem „Gränzboten":*

Auto verliert Öl und haut ab

(Hohlspiegel 2013/39, S. 158)

404 *Aus dem TV-Magazin „Gong":*

Chemikalien machen Zähne weiß, aber möglicherweise auch unfruchtbar.

(Hohlspiegel 2014/29, S. 138)

Kriegen Zähne normalerweise Kinder?

In dieser Satzreihe ist im gekürzten zweiten Satz nicht nur das Subjekt, sondern auch das Prädikat weggelassen. Um das grammatische Problem zu durchschauen, empfiehlt es sich (wie bei vielen verunglückten Formulierungen mit Kürzungen), die fehlenden Satzglieder im zweiten Teilsatz zu ergänzen. Der gemeinte Sinn ergibt sich durch die folgende Erweiterung:

Chemikalien machen Zähne weiß, aber möglicherweise *machen sie* auch unfruchtbar.

Indem das Subjekt, aber nicht auch noch das Akkusativobjekt im zweiten Teilsatz mit sie aufgenommen ist, wird klar, dass nicht mehr von den Zähnen die Rede ist. Die *missverstandene* Deutung ergibt sich, wenn auch das Akkusativobjekt Zähne im zweiten Satz mit einem Pronomen aufgenommen wird:

Chemikalien machen Zähne weiß, aber möglicherweise *machen sie sie* auch unfruchtbar.

Neben diesem operativen Verfahren der Umformulierung kann man den Unterschied auch mit grammatischen Begriffen erklären: In der grammatisch naheliegenden, aber nicht gemeinten Interpretation ist unfruchtbar zugeordnetes Satzglied (Prädikativ) zum Akkusativobjekt Zähne. In der gemeinten Deutung ist unfruchtbar ebenfalls zugeordnetes Satzglied, allerdings zu einem Nomen, das in der Satzfolge gar nicht auftaucht. Sinngemäß ist es Menschen. Dass dieses Bezugswort nur implizit mitgedacht ist, mag der Grund für das Missverständnis sein.

Auch typografisch könnte man die beiden Deutungen erklären:

Chemikalien machen Zähne	weiß,
	(aber möglicherweise auch) unfruchtbar
Chemikalien machen	Zähne weiß,
	(aber möglicherweise auch) unfruchtbar

406 *Anzeige eines italienischen Restaurants in den „Sonntagsnachrichten“:*

Public Viewing

Speisen und genießen Sie alle Fußballspiele live.

(Hohlspiegel 2010/17, S. 170)

Im Unterschied zu den vorangegangenen Funden ist hier das Subjekt im ersten Teilsatz eingespart: Speisen (Sie) und genießen Sie alle Fußballspiele live. Dadurch ergibt sich eine zweite, sinnwidrige Lesart, indem man Subjekt und Akkusativobjekt des zweiten Teilsatzes auch auf speisen bezieht: Speisen *Sie alle Fußballspiele*.

Auch mit dem zweifachen Sie wäre die Doppeldeutigkeit noch nicht ganz ausgeschlossen; durch ein Komma vor dem und würde die Struktur eindeutig:

Speisen Sie, und genießen Sie alle Fußballspiele live.

407 *Aus einer dpa-Meldung:*

Die Indios pflanzen offensichtlich Mais an und ernten Bananen

(Hohlspiegel 2011/32, S. 150)

Der Satz gehört zu einer Meldung über einen neu entdeckten kleinen Stamm von Indios. Er ist irritierend, weil man ihn so verstehen könnte, dass diese Indios die Bananen von den Maispflanzen ernten. Das Missverständnis ist vor allem semantisch begründet, nämlich in der Vorstellung, dass man etwas anpflanzt, um ernten zu können. Man müsste ernten Bananen etwas wegrücken von pflanzen, damit der Kurzschluss nicht entsteht. Schon die Einfügung eines Subjekts im zweiten Teilsatz würde genügen:

Die Indios pflanzen offensichtlich Mais an und sie ernten Bananen.

Zum sachlichen Hintergrund: Die Information beruht auf Luftaufnahmen, auf denen Maisäcker und Bananenbäume zu sehen sind. Ob Letztere auch von den Indios angepflanzt sind, ist offenbar unklar. Deshalb ist nur vom Ernten die Rede.

408 *Aus den „Schleswiger Nachrichten":*

Amoklauf vereitelt: 5 Jahre Haft

(Hohlspiegel 2009/49, S. 194)

Und die „Moral von der Geschicht": Vereitle Amokläufe nicht?

Zwei Informationen stehen hier unverbunden nebeneinander. Als Leser stellt man eine Beziehung her und tendiert dazu, die Verhinderung des Amoklaufs als Grund für die Haftstrafe zu sehen. Der Doppelpunkt unterstützt die Grund-Folge-Deutung (vgl. mündliche Formulierungen wie Die Party ist langweilig: Ich gehe). Klarheit entstünde, wenn gesagt würde, wer in Haft kommt, z. B.: 5 Jahre Haft *für den Täter*.

409 *Aus der „Taunus Zeitung":*

In Oberreifenberg bringen Wildschweine die Anwohner auf die Barrikaden und fordern eine Bejagung.

(Hohlspiegel 2013/48, S. 174)

Einsichtige Tiere!

Bei dieser Satzreihe aus zwei Sätzen fehlt das Subjekt im zweiten Satz. Damit gilt das Subjekt des ersten Satzes, die Wildschweine, auch als Subjekt des zweiten Satzes. Eigentlich sind aber die Anwohner als Subjekt des zweiten Satzes gemeint (die Anwohner fordern eine Bejagung). Es soll also das Akkusativobjekt des ersten Satzes die Funktion des Subjekts im zweiten Satz übernehmen; dafür steht es grammatisch aber nicht zur Verfügung. Solche Fehlkonstruktionen geschehen recht häufig; sie liegen dann nahe, wenn bei den betreffenden Satzgliedern von der Wortform her nicht erkennbar ist, ob es sich um Akkusativ oder Nominativ handelt (Wildschweine, die Anwohner). Unmissverständlich wäre die Satzreihe z. B. in der folgenden Form:

In Oberreifenberg werden die Anwohner von Wildschweinen auf die Barrikaden gebracht und fordern eine Bejagung.

Durch die Passivkonstruktion wird die Anwohner zum Subjekt beider Sätze. Die Verwendung der Redewendung auf die Barrikaden bringen im Passiv ist allerdings etwas ungewohnt.

Entsprechend ist das Problem beim folgenden Fund:

410 *Aus den „Kieler Nachrichten“:*

Die Beamten konnten die flüchtenden Kinder in der Nähe stellen und wurden ihren Eltern übergeben.

(Hohlspiegel 2010/13, S. 166)

411 *Aus dem Kölner „Express“:*

Dabei fiel der Rollator auf den Rentner und verletzte sich schwer.

(Hohlspiegel 2012/13, S. 158)

Hier hilft eine Umformulierung ins Passiv nicht, da kein Akkusativobjekt vorliegt. Möglich wäre aber z. B.:

Dabei fiel der Rollator auf den Rentner; *der* verletzte sich *(dabei)* schwer.

Oder man wählt ein Satzgefüge:

Dabei fiel der Rollator auf den Rentner, *der* sich *(dabei)* schwer verletzte.

412 *Aus der Mainzer „Allgemeinen Zeitung“:*

Es war kein Kanister, der auf den Gleisen lag, sondern Kinder, die Steine auf dieselben gelegt hatten.

(Hohlspiegel 2014/7, S. 144)

Fanden es die Kinder cool, auf den Gleisen zu liegen?

Der Sachverhalt ist, dass auf den Gleisen etwas lag, und zwar – wie sich dann herausstellte – nicht ein Kanister, sondern Steine. Als Leser stellt man aber einen Gegensatz von Kanister und Kinder her: nicht ein Kanister, sondern Kinder. Verständlich wäre es, wenn man ein zweites Prädikat einfügen und so eine Satzreihe mit zwei vollständigen Sätzen schaffen würde:

Es war kein Kanister …, sondern *es waren* Kinder …

Es gibt auch andere Möglichkeiten einer grammatisch korrekten Umformulierung, z. B.:

Es war kein Kanister, der auf den Gleisen lag, sondern Kinder hatten Steine auf die Gleise gelegt.

Es war kein Kanister, der auf den Gleisen lag, sondern Steine, die von Kindern auf die Gleise gelegt worden waren.

4.3 Überschrift und Folgetext

413 *Aus den „Badischen Neuesten Nachrichten":*
Kritik an Zetsche
Der Daimler-Chef wird 60 Jahre alt
(Hohlspiegel 2012/21, S. 142)

Hätte er nicht 60 Jahre alt werden dürfen?

Zwar ist eine Überschrift vom übrigen Text abgesetzt, aber auch hier gibt es Zusammenhänge, die pannenanfällig sind. Im vorliegenden Fall entsteht die Annahme, dass der Satz nach der Überschrift den Inhalt der Kritik an Zetsche wiedergebe. Gemeint ist allerdings nicht, dass Zetsche kritisiert wird, weil er 60 Jahre alt wird. Die beiden Aussagen haben nichts miteinander zu tun, sie beziehen sich nur auf die gleiche Person.

Überschriften können zu Missdeutungen führen, weil sie kurz sein müssen und in der Regel nicht grammatisch explizit mit dem Folgetext verknüpft sind. Das zeigen auch die folgenden Beispiele.

414 *Aus dem „Hunte Report":*
Glücksfall für das Veterinärwesen.
LAVES-Direktor Professor Dr. Günter Thalmann geht in den Ruhestand
(Hohlspiegel 2010/167, S. 178)

Was ist der Glücksfall: die Person (das war gemeint) oder deren Pensionierung?

415 *Überschrift in der „Fuldaer Zeitung":*
Schmutzig hinein,
sauber wieder heraus
Viertklässler besuchen Kläranlage
(Hohlspiegel 2011/17, S. 146)

Zur Nachahmung empfohlen, wenn Kinder ungewaschen in die Schule kommen?

Da die Überschrift weder Prädikat noch Subjekt vorzeigt, ergänzt der Leser rückwirkend das nächstbeste Subjekt: Viertklässler. Gemeint war natürlich das *Abwasser*.

416 *Schild vor einem Geschäft in Heiligenhafen:*
Damen
stark reduziert
(Hohlspiegel 2014/19, S. 142)

Der Leser unterstellt einen Zusammenhang zwischen den beiden Zeilen; gemeint ist Damen als Warenbereich, in dem Preisnachlass angeboten wird, nicht als Subjekt in einem gekürzten Aussagesatz Damen (sind) stark reduziert.

5 Beabsichtigte Abweichungen

Grammatische Abweichungen und Zweideutigkeiten sind nicht immer Pannen, sondern oft auch bewusst eingesetzt. Das kommt insbesondere in literarischen – vor allem lyrischen – Texten, bei Witzen und in der Werbung vor.

Wie bei den Pannen kann auch da die Abweichung Anstoß für grammatische Reflexion sein. Wir zeigen das an einigen Beispielen (die wir im Anschluss an die Hohlspiegel-Funde fortlaufend mit Fund-Nummern versehen, damit Verweise im Text und im Register leichter möglich sind).

5.1 Poesie

417 *Christian Morgenstern*
Gruselett

Der Flügelflagel gaustert
durchs Wiruwaruwolz,
die rote Fingur plaustert
und grausig gutzt der Golz.

(Morgenstern, Christian: Alle Galgenlieder. Berlin 1933, S. 271)

Morgensterns Gedicht mit unbekannten Wörtern regt die Fantasie des Lesers an. Die wird gelenkt durch die Lautmalerei, aber auch durch die syntaktische Struktur. Diese entspricht durchaus der geltenden Grammatik. Deshalb versteht man, dass es um einen Flügelflagel geht, der gaustert. Im Unterricht kann man der Frage nachgehen, woran wir denn erkennen, um welche grammatischen Strukturen es sich handelt, bzw. welches grammatische und auch orthografische Wissen wir bei einem Verstehensversuch aktivieren. Großschreibung und vorangestellter Artikel helfen z. B., Wörter als Nomen aufzufassen; Kleinschreibung, Flexion und auch die Satzstellung lassen ein Wort als Verb und zugleich als Prädikat erkennen. Für ein attributiv verwendetes Adjektiv spricht die Stellung zwischen Artikel und Nomen (die *rote* Fingur), für ein adverbial verwendetes Adjektiv die Unflektiertheit und Stellung vor dem Prädikat (*grausig* gutzt), wobei das Wortbildungselement -ig die Deutung als Adjektiv unterstützt.

Ein ähnliches, etwas komplexeres Beispiel ist das Gedicht *Der Zipferlake* aus *Alice hinter den Spiegeln* von Lewis Carroll in der Übersetzung von Christian Enzensberger (hier die erste Strophe):

418 *Christian Enzensberger*
Der Zipferlake

Verdaustig wars, und glasse Wieben
Rotterten gorkicht im Gemank;
Gar elump war der Pluckerwank,
Und die gabben Schweisel frieben.

(Carroll, Lewis: Alice hinter den Spiegeln. Übersetzung: Christian Enzensberger. Frankfurt/M. 1974, S. 90)

Gruselett und *Der Zipferlake* können im Zusammenhang mit Hohlspiegel-Funden zu den Wortarten (→ Kap. 2.1) besprochen werden.

419 *Markus Vallazza*
März

Goldgelb leuchtet
aus der zerzausten Mähne
abgestorbenen Grases
der Krokus.

Über den blauen Hügeln
des Himmels
treibt der Wind
Wolkenherden gegen Norden.

Die Luft ist voller
Kinderstimmen.
Am eigenen Licht
zergeht der Schnee.

An der Gartenmauer
erwärmt sich die Fliege.

Die Sonne steigt immer höher
und verdrängt die grauen Schatten
des greisen Winters.

Aufächzt die Erde
und eifrig proben die Vögel
Frühlingslieder.

(Vallazza, Markus: Schattenhinab: Gedichte. Innsbruck 1990, S. 40)

Auffällig ist in diesem Gedicht des Südtiroler Künstlers und Dichters das erste Wort der letzten Strophe. Es müsste eigentlich heißen: Die Erde ächzt auf. Auf den ersten Blick liegt eine doppelte Unregelmäßigkeit vor: Ein Aussagesatz kann nicht mit dem finiten Verb beginnen, und aufächzen ist ein trennbares Verb, bei dem in den finiten Formen die Vorsilbe abgetrennt wird. Wenn man aufächzt als auf ächzt schreibt, lösen sich beide Unregelmäßigkeiten auf, und es bleibt eine stark auffällige Satzteilstellung: Der Verbzusatz auf steht im Vorfeld, also vor dem Finitum ächzt. Das ist grammatisch grenzwertig, zumindest aber stark auffällig. Und diese auffällige Satzteilstellung ist in ihrer Wirkung vermutlich beabsichtigt worden: Was ist der Beitrag dieser Formauffälligkeit für die Aussage des Gedichts? Macht sie das Ächzen der Erde überraschender, heftiger, dramatischer? In jedem Fall sorgt sie dafür, dass das Subjekt an letzter Stelle steht; das geschieht öfters in diesem Gedicht – auffällig in der ersten Strophe (Krokus), weniger auffällig – aber auffällig in der Häufung insgesamt – auch bei Schnee und Fliege.

Es gibt für diese Unregelmäßigkeit bzw. diese Stellungsauffälligkeit ein berühmtes Beispiel, nämlich den ersten Vers von C. F. Meyers Gedicht *Der römische Brunnen:* Aufsteigt der Strahl und fallend gießt …

Die grammatische Irregularität in Vallazzas Gedicht kann im Zusammenhang mit der Wortart Verb (→ Kap. 2.1.1.) und der Satzgliedstellung (→ Kap. 3.2.6) besprochen werden.

419 *Reiner Kunze*
Möglichkeit, einen Sinn zu finden

Durch die risse des glaubens schimmert
das nichts

Doch schon der kiesel
nimmt die wärme an
der hand

(Reiner Kunze, Reiner: auf eigene hoffnung. Frankfurt/M. 1981, S. 14)

Grammatisch ungewöhnlich ist die Wortfolge in den beiden letzten Versen. Wenn man sie ohne Zeilenwechsel schreiben würde (und entsprechend liest), ergibt sich ein Sinn, der wohl nicht gemeint ist: nimmt die wärme an der hand. Gemeint ist: nimmt die Wärme der Hand *an*. An ist trennbarer Teil des Verbs (*an*nehmen). Beim Vers nimmt die wärme an ist die gemeinte Bedeutung zunächst klar, aber der Folgevers enthält ein Genitivattribut, das eigentlich direkt nach wärme stehen müsste. Durch die ungewöhnliche Wortstellung wird der Leseprozess verlangsamt und es ergibt sich eine formale Parallele zwischen dem jeweils letzten Vers der ersten und der zweiten Strophe: das nichts – der hand, jeweils Artikel und Nomen.

Im Unterricht könnte man das Gedicht fortlaufend ohne Strophen- und Versgliederung ausgeben und die Lernenden selbst eine mögliche typografische Gliederung machen lassen. Die Diskussion der Vorschläge kann sich auf formale, grammatische und inhaltliche Aspekte beziehen.

Die Gedichte von Kunze und von Vallanza spielen beide mit trennbaren Verben und können entsprechend im Zusammenhang mit Problemen beim Verb (→ Kap. 2.1.1) besprochen werden.

Aufmerksam gemacht durch diese abweichende Satzteilstellung könnte man auch bezogen auf schon überlegen, ob dies eine Fokuspartikel zu Kiesel ist (= selbst der Kiesel) oder ein auffällig platziertes temporales Adverbial (= doch schon nimmt der Kiesel ...).

421 *Ernst Jandl*
ein gedanken

es mich frösteln
und meinen händen zittern
und in mein ohren klingen
und in mein kopf gehn rund
ein einzigen gedanken
den ich nicht können sagen
auch nicht schreiben
und der sein da
und sein mein feind

(Jandl, Ernst: Der gelbe Hund. Darmstadt 1980, S. 157)

Bei der Flexion stimmt in diesem Gedicht fast gar nichts. Jandl hat in seinem Spätwerk viele Gedichte in, wie er es nennt, „heruntergekommener Sprache" geschrieben. Hinter der spielerisch-verfremdenden Oberfläche verbirgt sich in diesen Gedichten allerdings eine ernsthafte Auseinandersetzung mit persönlichen Schreibkrisen.

Für grammatische Reflexionen sind die Gedichte in „heruntergekommener Sprache" interessant, weil man sehr gut untersuchen kann, worin denn die Abweichungen vom normalen Sprachgebrauch eigentlich bestehen. In diesem Gedicht beginnt es schon mit dem Titel: Der Nominativ müsste gedanke und nicht gedanke*n* lauten. Eine grammatisch nicht korrekte Endung mit -n findet sich auch in fröstel*n* statt fröstel*t*, meine*n* hände*n* statt meine hände, klinge*n* statt kling*t*, geh*n* statt geh*t*, einzige*n* gedanke*n* statt einzige*r* gedanke, könne*n* statt kann und sein statt ist. Offenbar sind im Gedicht flektierte Verbformen durch Infinitive ersetzt und auch deklinierte Wörter sind zum Teil mit falscher Endung versehen.

Es gibt aber auch die umgekehrte Abweichung. Im dritten Vers wäre grammatisch richtig in meine*n* ohren statt in mein ohren. Bei in mein kopf wäre in mei*nem* kopf zu erwarten.

Außer der abweichenden Flexion finden sich auch syntaktische Unregelmäßigkeiten. Statt es mich frösteln müsste es korrekt heißen: es fröstelt mich, denn vor dem Prädikat kann nur *ein* Satzglied stehen. Im vierten Vers müsste rund wegen der Satzklammer nach gedanken stehen. Und schließlich müsste können (bzw. kann) nach sagen (Vers 6) stehen. Im Unterricht können Lernende versuchen, den Text in Normalsprache umzusetzen – und ihre Vorschläge diskutieren; wir schlagen die folgende Version vor:

> Es fröstelt mich und meine Hände zittern und in meinen Ohren klingt und in meinem Kopf geht ein einziger Gedanke rund, den ich nicht sagen kann, auch nicht schreiben, und er ist da und ist mein Feind.

Wie man sieht, bietet das Gedicht Anlass zu vielen Entdeckungen und Überlegungen. Anschließbar ist es an Pannen zur Flexion von Verben (→ F4–8) und Nomen (→ F26–28) und an die Satzgliedstellung (→ Kap. 3.2.6).

422 *August Stramm*
Patrouille

Die Steine feinden
Fenster grinst Verrat
Äste würgen
Berge Sträucher blättern raschlig
Gellen
Tod.

(Stramm, August: Tropfblut. Berlin 1988, S. 23)

Stramm verstößt in seinem Gedicht, einem Paradebeispiel für expressionistische Lyrik, in mehrfacher Weise gegen die Grammatik. Am auffälligsten ist die Zerstörung der Standard-Satzbaumuster. Im zweiten Vers wird dem Verb grinst ein Akkusativobjekt hinzugefügt, ebenso am Schluss bei gellen Tod. Man kann allerdings darüber streiten, ob eine solche grammatische Analyse zutreffend ist. Man könnte z. B. auch sagen, dass Tod ein extrem verkürzter Satz sei. Dann würde man, wenn man Interpunktion einfügen würde, den Vers vorher mit Komma oder Punkt abschließen. Auch gellen ist grammatisch nicht eindeutig: Ist es Prädikat zu Sträucher oder nominalisiertes Verb (also auch dann großgeschrieben, wenn es nicht am Versanfang stünde)? Es kommen auch Wörter vor, die man in einem Wörterbuch vergebens sucht: das Adjektiv raschlig und das Verb feinden; hier kann man Überlegungen zur Wortbildung anstellen – feinden gab es noch zu Luthers Zeiten, heute kennen wir nur noch Präfixableitungen dazu (anfeinden, verfeinden, befeinden). Auffällig ist ferner Berge Sträucher. Man kann Sträucher als Attribut zu Berge auffassen (vgl. eine Formulierung wie Da sieht man einen ganzen Berg Sträucher). Normalsprachlich funktioniert eine solche Fügung nur mit Berg im Singular (Stramm verwendet den Plural) oder mit präpositionalem Attribut: Berge von Sträuchern.

Wie man sieht, ist das Gedicht von Stramm, das auch in der Forschungsliteratur zu sehr unterschiedlichen grammatischen Deutungen geführt hat, interessant für Fragen der Verbvalenz (→ F 11–22), der Wortbildung (→ Kap. 2.2.2: *Wortableitung/Derivation;* Kap. 2.2.3: *Konversion*) und der Satzglieder (→ Kap. 3.2) und kann mit entsprechenden Funden verbunden werden.

423 *Jürgen Henningsen*
Gesätz

Alle Staatsgewalt geht vom Volke. Aus.

(aus: Wiemer, Rudolf Otto [Hrsg.]: bundes deutsch – lyrik zur sache grammatik. Wuppertal 1974, S. 144)

Das Gedicht besteht aus einem Satz aus dem Grundgesetz der Bundesrepublik Deutschland und entlarvt diese Gesetzesaussage durch eine minimale Abweichung: Das letzte Wort des Gesetzestextes ist mit Punkt abgetrennt und wird damit zu einem verkürzten Satz. Aus gewinnt eine veränderte, ausdrucksstarke Bedeutung: Ist es aus mit der Staatsgewalt des Volkes? Auch der vorangehende Teil des Satzes kann neu verstanden werden: Ist die Staatsgewalt vom Volke weggegangen? Enthält das Grundgesetz also leere Sätze?

Interessant ist auch der Titel: Man assoziiert Gesetz, vielleicht auch Geschwätz. Mit Gesätz wird auch eine Strophe beim Meistersang oder die Gebetsabfolge beim Rosenkranz bezeichnet. Ist der Satz aus dem Grundgesetz also ein Satz, der gebetsmühlenartig wiederholt wird?

Grammatisch ist Gesätz ein von Satz oder setzen abgeleitetes Wort. Die Ähnlichkeit mit Ableitungen wie Geschwätz, Gerede, Gestammel, Gequatsche kann abwertende Assoziationen zum Wort unterstützen.

Derivation als Wortbildungsverfahren (→ Kap. 2.2.2) und die Verwandlung eines einfachen Satzes in eine Satzreihe (→ Kap. 4.2) sind die grammatischen Aspekte, die bei diesem Beispiel mit entsprechenden Hohlspiegel-Funden erörtert werden können.

424 *Volker von Törne*
Frage

Mein Großvater starb
an der Westfront;
mein Vater starb
an der Ostfront: an was
sterbe ich?

(Törne, Volker von: Im Lande vogelfrei. Berlin 1981, S. 13)

Das Gedicht spielt mit dem syntaktischen Unterschied zwischen lokalem präpositionalem Adverbial (starb an der Westfront/starb an der Ostfront) und Präpositionalobjekt (an was sterbe ich?) oder anders ausgedrückt: mit dem Unterschied zwischen wo sterben? und woran sterben? Mit woran statt an was wäre der letzte Satz nicht missverständlich; mit an was erscheint er wie eine weitere Ortsangabe analog zu an der Ostfront. Eine Rolle spielt auch, dass man, wenn es um Präpositionalobjekte geht, in der Regel die Relativadverbien (woran, wovor usw.) verwendet, was hier um der Doppeldeutigkeit willen mit Absicht *nicht* getan wurde.

Was könnte die poetische Funktion dieses syntaktischen Spiels sein? Das Valenzmuster Jemand stirbt an etwas sieht an der Stelle des etwas regulär eine Krankheit vor. Werden damit (rückwirkend) die beiden Weltkriege als gesellschaftliche Krankheit (vielleicht als Irrsinn?) definiert? Oder zeigt es das Sicherheitsgefühl von jemandem, der noch nie einen Krieg im eigenen Land erlebt hat und daher ganz selbstverständlich damit rechnet, an einer Krankheit zu sterben, nicht an irgendeiner Front eines neuen Krieges?

Das Gedicht kann man im Zusammenhang mit Funden zu den Satzgliedern (→ Kap. 3.2) besprechen.

5.2 Witze

425 „Bist du per Anhalter gekommen?"
„Wieso?"
„Du siehst so mitgenommen aus."

Dieser Witz arbeitet mit der Doppeldeutigkeit von mitgenommen. Das Wort kann in der Bedeutung von mitgenommen worden oder im Sinne von ermattet verstanden werden. Der semantische Unterschied kann auch grammatisch erklärt werden. In der erstgenannten Bedeutung ist mitgenommen Partizip II zu mitnehmen. Bei der zweiten Bedeutung hat sich mitgenommen vom Verb mitnehmen gelöst und ist zu einem Adjektiv geworden. Als solches kann es z. B. auch gesteigert werden: Peter sieht nach der Tour noch mitgenommener aus als Frank. Entsprechend erscheint mitgenommen in dieser Bedeutung auch im Wörterbuch als eigenes Wort. Der Unterschied ist z. B. deutlich wahrnehmbar in der folgenden Formulierung:

Peter hat Paula mitgenommen, weil sie so mitgenommen wirkte.

Als Übung könnten sich Lernende selber zu gleichlautenden Partizipien/Adjektiven Witze ausdenken oder Sätze bilden, in denen beide Varianten vorkommen; als Beispielwörter können z. B. vorgegeben werden: aufgeweckt, besorgt, abgebrüht, beschlagen.

Möglicher Bezug zu den Hohlspiegel-Funden: In Kap. 2.1.1 (*Verb;* → F 24, 25) und Kap. 2.1.4 (*Adjektiv;* → F 48) geht es ebenfalls um die Frage „Partizip oder Adjektiv?".

426 Pohlemann geht in ein Textilgeschäft. „Ich möchte ein Paar Unterhosen."
Der Verkäufer verbeugt sich und fragt: „Lange, mein Herr?"
Pohlemann empört: „Ich will die Hosen kaufen, nicht mieten!"

Viele Witze gewinnen ihre Pointe durch ein missverständliches Wort. Hier ist es das Wort lange. Der Verkäufer versteht das Wort als Größenbezeichnung (lange Unterhosen), Pohlemann als Zeitangabe (lange mieten). In grammatischer Sicht geht es auch um zwei unterschiedliche syntaktische Funktionen. In der Äußerung des Verkäufers ist lange Attribut, und zwar zu Unterhosen. Dieses Bezugsnomen hat der Verkäufer weggelassen, weil es in der vorangehenden Äußerung von Pohlemann genannt ist. Pohlemann missversteht dagegen lange in der Äußerung des Verkäufers als temporales Adverbial im Sinne von Ich möchte sie (für) lange haben.

Lange ist übrigens als Wortart eine Ausnahmeerscheinung. Es ist eine Langform zum Adjektiv lang. Normalerweise werden im Deutschen Adjektive in adverbialer Funktion *unflektiert* verwendet, vgl. das dauert nur *kurz*, das geht *schnell* usw. Bei lang wird bei adverbialem Gebrauch – und zwar nur in temporaler Bedeutung – in der Schriftsprache sehr häufig ein -e angehängt. Das hat mit sprachhistorischen Veränderungen zu tun (→ F 211). In manchen Wörterbüchern (z. B. dem *Duden*-Online-Wörterbuch) wird lange in der Verwendung als *Adverbial* zur Wortart *Adverb* gerechnet (und lang wäre dann die Kurzform zu diesem Adverb); in der Mehrzahl der Grammatiken (z. B. der *Duden*-Grammatik) wird – wie hier von uns – lange als Langform zum Adjektiv lang angesehen und mit zu den *Adjektiven* gerechnet. – Diese Besonderheit von lange/lang ermöglicht den Witz: Wenn es zu lang keine Langform gäbe, wäre das Missverständnis gar nicht erst entstanden, weil lange dann ja nicht Adverbial sein kann; Herr Pohlmann hätte sofort den attributiven Bezug zu Hosen verstanden. Und wenn der Verkäufer Kurze, mein Herr? gefragt hätte, wäre ebenfalls kein Missverständnis entstanden; denn zum Adjektiv kurz gibt es keine Langform.

Möglicher Bezug zu den Hohlspiegel-Funden: In F211 geht es ebenfalls um ein missverständliches lange.

427 *Ein Cartoon:*

(Zeichnung: Hendrik Kranenberg, Drolshagen)

Dieser Cartoon arbeitet mit einer Sprach-Bild-Beziehung: Der Sprecher, zu dem die Sprechblase gehört, ist nicht vorhanden. Die Erklärung gibt die Sprechblase (Hilfe, ich hab' mich verschluckt!), die doppeldeutig ist und so den Witz auslöst. Grammatisch geht es dabei darum, ob mich als Reflexivpronomen (sich verschlucken) oder als Personalpronomen (jemanden verschlucken) gemeint ist.

Möglicher Bezug zu den Hohlspiegel-Funden: → Kap. 2.1.3 *(Pronomen).*

428 Lehrer: „Matthias, was stellst du dir unter einer Hängebrücke vor?"
Matthias: „Wasser, Herr Lehrer."

Der Anlass des Missverständnisses ist unter einer Hängebrücke. Dieses Satzglied kann grammatisch Präpositionalobjekt sein (sich etwas *unter etwas* vorstellen) – so meint es der Lehrer; oder ein präpositionales lokales Adverbial – so verwendet es Matthias in seiner Kurzantwort Wasser. Die Vollversion dieser Antwort wäre:

(Ich stelle mir unter einer Hängebrücke) Wasser (vor).

Und diese Vollantwort kann man in ihrer syntaktischen Struktur dadurch transparenter machen, dass man daraus ein konjunktionales Satzgefüge macht:

(Ich stelle mir vor, dass unter einer Hängebrücke) Wasser (ist).

In dieser Umformulierung gehört das präpositionale lokale Adverbial unter einer Hängebrücke nicht zum Hauptsatz, sondern zum Nebensatz. Würde es zum Hauptsatz gehören, wäre die dazu passende Antwort von Matthias

Unter einer Hängebrücke (= wenn ich unter einer Hängebrücke bin) stelle ich mir Wasser vor.

Quelle des witzigen Missverständnisses ist also die dreideutige syntaktische Funktion von unter einer Hängebrücke in der sehr speziellen Konstruktion zu sich etwas vorstellen.

Möglicher Bezug zu den Hohlspiegel-Funden: In F207 und 208 geht es ebenfalls um die Frage „Adverbial oder Präpositionalobjekt?".

429 Tante Mathilde trifft ihren Neffen auf dem Weg zum Milchmann.
„Aber Klaus", sagt sie missbilligend, „in dieser schmutzigen Hose willst du Milch holen?"
„Aber nein, Tantchen, in der Kanne!"

Auch in diesem Beispiel geht es um ein missverständliches Satzglied, nämlich in dieser schmutzigen Hose. Bezieht sich das auf Klaus (so meint es die Tante) oder auf die Milch, wie Klaus meint? Grammatisch kann man beim Verständnis der Tante von einer zugeordneten Angabe (dem du zugeordnet) sprechen. Klaus versteht in dieser schmutzigen Hose und dann auch in der Kanne demgegenüber als Adverbial (= Angabe des Gefäßes, in dem er die Milch holt). Im Hinblick auf den Unterricht muss man allerdings bedenken, dass die Unterscheidung von zugeordneten Angaben und Adverbialen diffizil ist.

Möglicher Bezug zu den Hohlspiegel-Funden: Missverständnisse bezüglich Adverbial und zugeordnetem Satzteil ergeben sich auch in F207, 208 und 215–217.

430 Sagt ein Ossi zu einem Wessi: Wir sind ein Land!
Sagt der Wessi: Wir auch!

Trotz des Adverbs auch meinen der Ossi und der Wessi etwas völlig Unterschiedliches mit der Aussage Wir sind ein Land. Der Ossi versteht das Pronomen ein als Zahlpronomen, der Wessi als unbestimmten Artikel. Damit verbunden unterlegen sie dem Personalpronomen eine unterschiedliche Deixis: Der Ossi meint damit die beiden Gesprächspartner bzw. die beiden Bevölkerungsgruppen, der Wessi nur die Bevölkerungsgruppe, zu der er gehört. Der Witz zeigt ferner auch die bei Witzerzählungen oft auftretende Finitum-Erststellung (Sagt ein Ossi).

Im Unterricht sollte man beachten, dass Ossi-Wessi-Witze nicht ganz unbedenklich sind. Zumindest sollte man einem einseitig hämischen Lachen über den abgeblitzten Ossi begegnen und auf die arrogant abweisende Haltung des Wessis hinweisen.

Möglicher Bezug zu den Hohlspiegel-Funden: → Kap. 2.1.3 *(Pronomen)*.

431 Was ist ein Sattelschlepper?
Ein Cowboy, der sein Pferd verloren hat.

Ein Sattelschlepper ist eine Zugmaschine mit einem sattelförmigen Kupplungsaufbau für den Anhänger. Der Witz arbeitet mit einer überraschenden zweiten Lesart: jemand, der einen Sattel schleppt. Das Grundwort des Kompositums Sattelschlepper ist eine Ableitung vom Verb schleppen, und zwar ein nomen agentis. Zudem verhält sich das Bestimmungswort Sattel bei den beiden Deutungen unterschiedlich: Bei der ersten Lesart handelt es sich um einen Schlepper *mit* Sattel(-kupplung), bei der zweiten entspricht Sattel einem Akkusativobjekt zu schleppen. Das Verhältnis von Bestimmungs- und Grundwort ist in dieser zweiten Lesart valenzbestimmt.

Möglicher Bezug zu den Hohlspiegel-Funden: → Kap. 2.2.1 *(Wortzusammensetzung)*.

432 Ein Igel trifft im Wald auf einen Wolfshund. Er fragt ihn: „Oh, was bist du denn für ein Tier?“
„Ich bin ein Wolfshund.“
„Ein Wolfshund?“
„Ja, mein Vater war ein Wolf und meine Mutter eine Hündin.“
„Ach so“, sagt der Igel und geht weiter. Dann trifft er auf ein anderes Tier und fragt: „Oh, was bist du denn für einer?“
„Ich bin ein Ameisenbär.“
Der Igel überlegt eine Weile und sagt dann: „Das glaub’ ich dir nicht.“

Wie bei vielen Witzen versteht man die Pointe erst nach kurzem Nachdenken, was einen kleinen Überraschungseffekt auslöst. In grammatischer Sicht spielt der Witz mit zwei Arten von Komposita: Beim Determinativkompositum wird die Bedeutung des Grundwortes durch das Bestimmungswort eingeschränkt, hier zur Unterscheidung von verschiedenen Bärenarten, vgl. Ameisenbär, Schwarzbär, Eisbär. Beim Kopulativkompositum (der Begriff ist nicht sexuell gemeint) besteht eine koordinierende Beziehung zwischen Grund- und Bestimmungswort: Wolfshund = sowohl Wolf als auch Hund. Der Igel versteht auch Ameisenbär als Kopulativkompositum.

Möglicher Bezug zu den Hohlspiegel-Funden: → Kap. 2.2.1 *(Wortzusammensetzung)*; → E 47.

433 Eine alte Dame sagt zu einem Bettler: „Hier haben Sie zwei Mark – aber dass Sie mir ja keinen Schnaps kaufen!"
Der Bettler: „Ich Ihnen Schnaps kaufen? Wie käme ich dazu!"

Bei diesem Witz wird mit einer Verwendung des Pronomens mir gespielt, die vor allem im Mündlichen vorkommt. Der Bettler versteht mir als Dativobjekt, die alte Dame hat mir anders gemeint, nämlich als adverbialen Dativ (= dativus ethicus), der die Instanz angibt, von der aus jemand eine normative Äußerung tut.

Der Witz kann Lernenden verdeutlichen, dass nicht jedes allein stehende Pronomen oder Nomen im Dativ ein Dativ*objekt* ist (→ E 76).

Möglicher Bezug zu den Hohlspiegel-Funden: → Kap. 3.2.2 *(Objekte)*.

434 Im Restaurant:
„Bringen Sie mir bitte einen Wein zum Essen."
„Haben wir leider nicht, wir haben nur Wein zum Trinken."

Grammatisch kann zum Essen Adverbial sein (so meint es der Gast) oder Attribut zu Wein (so missversteht es der Kellner). In der Funktion als Adverbial begleitet der Wein das Essen, in der Funktion als Attribut wird der Wein zu etwas Essbarem. Mündlich würde man den Satz in den beiden Bedeutungen unterschiedlich betonen.

Auch das Wort Essen unterscheidet sich grammatisch in den beiden Deutungen. Es kann ein eigenständiges Nomen in der Bedeutung Mahlzeit sein (so meint es der Gast); dieses Nomen Essen ist als syntaktische Konversion aus dem Verb essen entstanden, wurde dann aber lexikalisiert, also durch Gebrauch zu einem eigenständigen Nomen – und steht auch im Lexikon. So wie der Kellner es verwendet, ist demgegenüber Essen eine syntaktische Konversion, die kein selbstständiges Nomen ist – genauso wie Trinken ein als Nomen gebrauchtes Verb ist, das man nicht im Lexikon findet. – Ein interessanter Fund, aber ziemlich schwierig zu analysieren.

Möglicher Bezug zu den Hohlspiegel-Funden: Weitere Beispiele, bei denen ein Adverbial als Attribut missverstanden werden kann, findet man unter F 209–213. Zur Wortbildung von Essen vgl. Kap. 2.2.3 *(Konversion)*.

435 Fragt ein Bochumer: „Wo gehts denn nach Aldi?"
Sagt ein Türke: „Zu Aldi."
Der Bochumer: „Wat, schon acht Uhr?"

Die Pointe dieses Witzes besteht darin, dass der Bochumer seiner regionalen Umgangssprache folgend die Präposition nach statt zu verwendet und vom

Türken entsprechend korrigiert wird – was der Bochumer wiederum als defizitäres Gastarbeiterdeutsch missversteht. Der kritische Blick – den alle Witze immer auch haben – gilt hier der Selbstverständlichkeit, mit der der Bochumer (wir alle?) davon ausgehen, dass Menschen mit Migrationshintergrund grundsätzlich und immer (auch noch in der zweiten oder dritten Generation) sprachlich schwächer seien als muttersprachlich Deutsche. Grammatisch geht es um Präpositionen und – bei zu – auch um die Frage, ob es eine Präposition (zu Aldi gehen) oder ein Adverb (Aldi ist zu) ist.

Möglicher Bezug zu den Hohlspiegel-Funden: → Kap. 2.1.6 (*Präposition;* insbesondere → F 68 zur Richtungspräposition nach).

436 Gehen drei Zwerge in eine Kneipe und setzen sich an die Bar: „Drei Kurze!"
„Das seh' ich selber", sagt der Wirt, „was wollt ihr trinken?"

Drei Kurze: Sind damit die drei Zwerge gemeint (davon geht der Wirt aus) oder drei kleine Gläser Schnaps (das war die Intention der Zwerge)? Um den Unterschied zu verdeutlichen, kann man den verkürzten Satz in beiden Bedeutungsvarianten erweitern, z. B. zu Wir sind drei Kurze bzw. Wir möchten drei Kurze. In der ersten Variante ist, grammatisch gesehen, Kurze eine syntaktische Konversion, in der zweiten Variante eine inzwischen als eigenes Nomen etablierte ehemalige syntaktische Konversion.

5.3 Werbung

Vier der nachfolgend präsentierten und grammatisch kommentierten Werbungsbeispiele werden in Form der Originalabbildung dargestellt; wo das nicht möglich war, werden hier die Texte mit ähnlichen Abbildungen nur bezogen auf die sprachlich-grammatische Pointe hin präsentiert. Für die *Analysierbarkeit* spielt das besonders bei bildlosen Werbungsbeispielen keine Rolle.

Für die Arbeit mit den Lernenden ist das Vorzeigen von Werbungs-Originalen aber in jedem Fall ein Gewinn. Insofern ist es ratsam, als Lehrperson Werbungs-Beispiele möglichst aus aktueller Werbung heranzuziehen, die man mit Smartphone oder Digitalkamera sich mühelos sichern und dann im Unterricht bzw. der Lehrveranstaltung reproduzieren kann; eventuell kann man auch die Lernenden dafür gewinnen, im gesellschaftlichen Alltag „umsichtig" auf interessante Werbungs-Beispiele zu achten und sie zu dokumentieren. Möglicher Bezug zu den Hohlspiegel-Funden: → Kap. 2.2.3: *Konversion*, insbesondere → F 124 und 125.

437 *Wahlplakat der Grünen (ca. 2010):*

BANKEN, DIE WIR FÖRDERN

Mehr Geld in Bildung statt in Banken

Macht mehr möglich *GRÜNE*

Bei dieser Werbung ist der Zusammenhang von Bild und Text interessant. Abgebildet ist eine Schulbank, im Text ist von Banken die Rede. Das ist aber nicht der Plural zu (Schul-)Bank; der wäre -bänke. Die Sprache nutzt die beiden Pluralformen zur semantischen Unterscheidung – das Plakat nutzt die beiden Pluralformen, um sprachspielerisch die Aufmerksamkeit der Wähler an sich zu binden. Ein sinnvoller Bezug zwischen Bild und Text ergibt sich durch den Zusammenhang von Schulbank im Bild und Bildung im kleiner gedruckten Text: In der Schule wird Bildung vermittelt. Die kleingedruckte Aussage Mehr Geld in Bildung statt in Banken steht nun allerdings im Widerspruch zur groß gedruckten Aussage oben: Soll die Bildung oder sollen die Banken gefördert werden? Dieser Widerspruch wird werbetechnisch genutzt: Der Betrachter bleibt erst einmal am Plakat „hängen". Bei einem zweiten Nachdenken kann man diesen Widerspruch dann auch auflösen, wenn man Banken in Banken, die wir fördern metaphorisch versteht: Die Kinder sind die Banken, die die Grünen fördern wollen.

Es gibt noch andere grammatische Auffälligkeiten in dieser Werbung, über die man nachdenken kann: die Formulierung Macht mehr möglich. Hier fehlt ein Subjekt. Soll man die grüne Partei als Subjekt ergänzen (dann wäre die Verbform macht 3. Person Singular) oder handelt es sich um einen Aufruf an die Wählerinnen und Wähler (dann wäre macht die für Aufforderungen/Imperative genutzte Verbform 2. Person Plural)?

Man sieht: Diese Werbung bietet mehrere Anlässe zum Nachdenken und zum Austausch von Erklärungen und Interpretationen (→ Kap. 2.1.1: *Verb*, Kap. 2.1.2: *Nomen*, Kap. 3.2.2: *Objekt*).

438 *Aus einer Anzeige von Media Markt:*
FRÜH
SHOPPEN
Schnäppchen zum Frühstück!

Die Anzeige enthält ein Sprachspiel mit den gleichlautenden Wörtern Frühschoppen und früh shoppen, die schriftlich normalerweise durch die Schreibung mit sch bzw. sh unterschieden werden. Die beiden Bedeutungen werden in der Werbung auf der Folgezeile aufgegriffen: Schnäppchen bezieht sich auf shoppen, Frühstück auf Frühschoppen. Bei shoppen geht es grammatisch um ein aus dem Englischen übernommenes Verb (to shop) mit deutscher Infinitivendung; das zugeordnete früh ist ein Adjektiv in adverbialer Funktion. Frühschoppen ist dagegen ein Nomen, und zwar ein Kompositum aus dem Nomen Schoppen (ein Glas mit Wein oder Bier) und dem Adjektiv früh als Bestimmungswort.

In einer Internetwerbung von Media Markt findet man auch das Nomen Frühshopping, nominalisiert nach englischem Muster (-ing). In der dazugehörenden Adresse taucht das Wort fruehshoppen auf; das kann, weil hier nur Kleinschreibung verwendet wird, zusammengesetztes Nomen oder zusammengesetztes Verb sein:

Früh aufstehen am Wahlsonntag lohnt sich! Bei Media Markt bekommt ihr morgen früh online zwischen 6.00 und 10.00 Uhr ausgewählte Produkte zum Hammerpreis. Von Kopfhörer über Bluetooth-Lautsprecher bis hin zu Kameraequipment könnt ihr im Frühshopping **jede Menge Geld sparen.** Insgesamt 12 besondere Deals warten auf euch geshoppt zu werden.

(http://iphone-tricks.de/news/65216-media-markt-fruehshoppen-das-sind-die-angebote vom 23.9.2017)

Wie kreativ (oder irrtümlich?) mit shoppen/Schoppen umgegangen wird, mag auch die folgende Anzeige verdeutlichen:

Frühshoppen beim Oktoberfest in Kloster Oesede
Sonntag, 17. September, 11:00–15:00
€ 5
Anläßlich des 10-jährigen Jubiläums des Oktoberfestes in Kloster Oesede wird es am Sonntag, den 17. September 2017 einen Bayrischen Frühschoppen auf dem Festplatz an der Sporthalle zur Waldbühne geben. Ab 10.30 Uhr stehen die Türen für alle „Frühschopper" offen und ab ca. 11 Uhr spielt das Blasorchester Borgloh zünftige Blasmusik.

In der Überschrift steht Frühshoppen, im Text dann Frühschoppen, wobei in beiden Fällen Letzteres gemeint ist. Interessant ist dann die Wortbildung Frühschopper. Solche Nomina agentis leitet man in der Regel von Verben ab; hier hat offenbar das Verb shoppen für die Ableitung Pate gestanden, obschon es sich sinngemäß um eine Ableitung vom Nomen Frühschoppen handelt.

Möglicher Bezug zu den Hohlspiegel-Funden: → Kap. 2.2.1 *(Wortzusammensetzung)*, Kap. 2.2.2 *(Wortableitung)*.

439 *Werbung für König-Pilsener:*
Das König der Biere

Der Artikel das passt nicht zu König, wohl aber zu Bier. Grammatisch ist ein solcher Bezug des Artikels auf das Genitivattribut nicht möglich. Die grammatisch korrekte Formulierung Der König der Biere wäre allerdings ziemlich einfallslos. Nun arbeitet die Anzeige nicht nur mit dem auffälligen Artikelgebrauch, sondern auch mit einer doppelten Bedeutung von König. Man liest das Wort in seiner Bedeutung als „gekrönter Herrscher", es steht aber in der Werbung, weil es zugleich der Firmenname der Brauerei ist; der geht zurück auf den Gründer der Brauerei, Theodor König. Ein Kompositum Das König-Bier wäre grammatisch korrekt; die Werbung hat daraus Das König der Biere gemacht und spielt so mit der Doppeldeutigkeit von König.

Möglicher Bezug zu den Hohlspiegel-Funden: → Kap. 2.1.3 *(Pronomen).*

440 *Werbung für die Kreditkarte Eurocard:*
Deutschlands meiste Kreditkarte

Die Formulierung in der Werbung für Eurocard irritiert; aber es ist ziemlich schwierig, zu erklären, warum hier grammatisch eine Abweichung vorliegt. meist ist ein Indefinitpronomen, nach einigen Grammatiken auch Adjektiv (Superlativ zu viel), und kann nomenbegleitend bzw. attributiv verwendet werden: die meisten Einwohner, die meisten Vögel usw. Das sind Formulierungen im Plural. Entsprechend ist auch der Plural die meisten Kreditkarten möglich. Etwas seltener, aber durchaus in einigen Formulierungen gebräuchlich ist der Singular, z. B. Die meiste Zeit verbringt er im Garten. Warum ist dann Deutschlands meiste Kreditkarte irritierend? Der Grund liegt darin, dass es sich um eine verkürzte Formulierung handelt; gemeint ist eigentlich die meistverwendete / am meisten verwendete Kreditkarte. Man vergleiche entsprechende Formulierungen: die viel/wenig verwendete Kreditkarte, aber nicht *die viele/wenige Kreditkarte.

Möglicher Bezug zu den Hohlspiegel-Funden: → Kap. 2.1.3 *(Pronomen).*

441 *Aus einer Online-Ratgeber-Seite:*
Natürlich schön aussehen
Der Traum jeden Mädchens ist es natürlich schön auszusehen und damit mehr Selbstbewusstsein zu haben. Du musst nicht eine ganze Menge Makeup auftragen, um schön auszusehen. Lies weiter, um herauszufinden, wie du zu einer natürlichen Schönheit wirst.
(https://de.wikihow.com/Natürlich-schön-aussehen)

Dreimal kommen in dieser Anmoderation nebeneinander natürlich und schön vor – dieses Nebeneinander ist ein sprachliches Vexierbild: Es kippt zwischen zwei Lesarten hin und her – natürlich kann Adverb (in der Bedeutung von verständlicherweise) oder Adjektiv (in der Bedeutung von naturbelassen) sein.

In der Überschrift realisiert man vielleicht die Doppeldeutigkeit gar nicht und wählt die Lesart, die einem näherliegt. Beim zweiten Vorkommen fehlt das durch das Korrelat es eigentlich verpflichtende Komma:

Der Traum jeden Mädchens ist es natürlich schön auszusehen ...

Wenn man das Komma nach natürlich setzt, hat man die erste Lesart (= selbstverständlich); setzt man es vor natürlich, hat man die zweite Lesart (= naturbelassen) – hier wäre natürlich Adjektiv als Attribut zu schön. Beim dritten Vorkommen ist dann klar die zweite Lesart vorgegeben – und die nachfolgenden Tipps beziehen sich auch genau darauf, das eigene Aussehen möglichst naturnah zu pflegen.

Möglicher Bezug zu den Hohlspiegel-Funden: → Kap. 2.1.4 *(Adjektiv)*.

442 *Aus einer Werbung für den Schokoriegel „duplo":*
Der wahrscheinlich
pralinigste
Riegel der Welt

Das Adjektiv pralinig wird man in keinem Wörterbuch finden; in der Werbung aber gibt es immer wieder solche Neubildungen. Grammatisch interessant ist die Frage, nach welchem Wortbildungsmuster solche Neubildungen jeweils geschaffen sind. Bei pralinig handelt es sich um eine Ableitung mit dem Suffix -ig. Mit Lernenden kann man überlegen, von welchen Wörtern und Wortarten man Ableitungen mit -ig bilden kann. Wenn man Beispiele sammelt, fällt auf, dass es meist Ableitungen von Nomen sind: rostig, ölig, bärtig. Mit der Endung -ig wird die mit dem Nomen bezeichnete Substanz zu einer Eigenschaft. Das ist auch bei pralinig in der Anzeige der Fall: Der „duplo"-Riegel schmeckt wie eine Praline.

Ableitungen mit -ig können sogar mit einem *attribuierten* Nomen gebildet werden, z. B. blauäugig zu blaue Augen. Seltener sind ig-Ableitungen von anderen Wortarten – von Adverbien: obig zu oben, dortig zu dort; von Verben: holprig zu holpern; von Präpositionen: widrig zu wider. Bei einigen Beispielen ist die Herkunft für den heutigen Sprecher nicht mehr zu erkennen, z. B. bei mollig.

Möglicher Bezug zu den Hohlspiegel-Funden: → Kap. 2.1.4 *(Adjektiv)*, Kap. 2.2.2 *(Wortableitung)*.

443 *Überschrift auf dem Wochenspeiseplan in BP-Tankstellen:*
Gerichtsentscheidung

Bei diesem Kompositum sieht das Grundwort Entscheidung – auf der Basis der Valenz des zugrunde liegenden Verbs entscheiden – zwei Funktionen für das Bestimmungswort Gericht vor: (1) die als Agens – das Gericht entscheidet über etwas (Gericht = Subjekt) ▸ Entscheidung des Gerichts ▸ Gerichtsentscheidung); (2) Gericht als Patiens – jemand entscheidet über das Gericht / … entscheidet sich für ein Gericht (Gericht = Teil eines Präpositionalobjekts) ▸ Entscheidung über das / für ein Gericht ▸ Gerichtsentscheidung. Dabei springt die Sachverhaltsbedeutung von Gericht zwischen Rechtsprechung und Restaurant hin und her.

Möglicher Bezug zu den Hohlspiegel-Funden: → Kap. 2.2.1 *(Wortzusammensetzung)*.

444 *Werbung der Firma „Schwarzkopf":*
HauptSache schönes Haar

Das Bestimmungswort Haupt im Kompositum hat hier zwei Bedeutungen, unterstützt durch die Großschreibung des Grundwortes Sache. Geläufig ist das Wort Hauptsache, bei dem Haupt- die Bedeutung von das Wichtigste hat (wie bei Hauptanliegen). Dieses Verständnis wird in der Werbung desautomatisiert durch die ungewöhnliche Schreibung und den Bezug zur Firma Schwarz*kopf*, die Produkte für die Haarpflege herstellt. HauptSache wird so zu einer wichtigen Sache des Hauptes (= als inzwischen überholte gehobene Bezeichnung für Kopf).

Möglicher Bezug zu den Hohlspiegel-Funden: → Kap. 2.2.1 *(Wortzusammensetzung)*.

445 *Werbung für alkoholfreies Bier „Kelts":*
Einzig, nicht artig!

Das zugrunde liegende Adjektiv einzigartig ist wortbildungstheoretisch kein Kompositum, sondern eine Suffixbildung (vgl. bös*artig*, grippe*artig*). In der Kelts-Werbung wird demgegenüber (absichtsvoll) unterstellt, dass es ein Kopulativkompositum sei, also mit der Bedeutung „einzig und artig"; gegen den zweiten Bestandteil empört sich der Werbespruch: Das Bier sei zwar einzig (= damals war es die einzige Sorte alkoholfreien Biers), nicht aber artig, sondern *unverschämt* gut (sagt die Werbung).

Möglicher Bezug zu den Hohlspiegel-Funden: → Kap. 2.2.1 *(Wortzusammensetzung)*; → E47.

Die folgenden Funde stammen aus einer Plakatwerbungs-Serie Unterm Strich zähl ich der Postbank aus den Jahren 2000–2014.

Die Originalabbildungen der Postbank-Anzeigen sind im Download-Material zum Buch verfügbar.

446 (1) unentgelt**lich** *(Postbank Giro)*
(2) günst**ich** *(Postbank Ratenkredite)*
(3) einträgl**ich** *(Postbank Anlegen und Sparen)*
(4) bauherrl**ich** *(BHW Baufinanzierung und Bausparen)*

In diesen vier Werbeplakaten aus dem Jahr 2009 findet sich auf jedem Plakat als sprachlicher Reiz ein Vorteil-versprechendes Adjektiv – die hier fett markierten drei letzten Buchstaben, also ich, sind in den Originalen jeweils in Gelb von dem davor stehenden Wortteil farblich abgesetzt; darunter stehen die Hinweise auf die jeweiligen Angebote der Postbank (hier in Klammern beigefügt); auf jedem findet sich ein anderes Foto mit produktbegeisterten Personen(-gruppen); und am unteren Rand steht auf jedem Plakat der Serien-Slogan Unterm Strich zähl ich.

Diese Werbungen arbeiten mit Eingriffen in die Wortstruktur der Adjektive: Uns ist zwar unentgeltlich eine vertraute reguläre Wortbildung – nämlich eine gleichzeitige Präfigierung (un-) und Suffigierung (-lich) zum Nomen Entgelt. Auch einträglich ist vertraut und regulär (= Suffixbildung zum Verb[-stamm] eintrag[en]). Bauherrlich ist uns jedoch unvertraut – es wird allenfalls in fachsprachlichen Formulierungen wie den bauherrlichen Willen durchsetzen (also in Architektur und Baurecht) verwendet, wortbildungstheoretisch ist es dabei aber eine reguläre Suffixbildung zum Kompositum Bauherr; da wir diesen fachsprachlichen Gebrauch nicht kennen, assoziieren wir ein Kompositum aus Bau und herrlich – das ist den Postbank-Werbungsprofis natürlich willkommen. Günstich ist demgegenüber zwar vertraut, aber mit einem irregulären Suffix -ich gebildet; man kann dieses Wort als geläufige Wortbildung in ungewohnter Schreibung auffassen: die ch-Schreibung entspricht der Standard-Aussprache von -ig.

Bei allen Adjektiven außer günstich bewirkt nun aber die Gelbmarkierung der letzten drei Buchstaben ich einen irregulären Schnitt in die Wortstruktur – es ist eine optische Morphem-Zerlegung: Statt des Wortbildungsmorphems lich wird aus Werbezwecken das „Werbungs-Morphem" ich hervorgehoben. Das entspricht der intendierten Werbebotschaft: Die Postbank ermuntert zu erlaubtem Egoismus.

Möglicher Bezug zu den Hohlspiegel-Funden: → Kap. 2.2.2 *(Wortableitung)*.

447 *Werbung für1,5-Liter-Kunststoffflaschen von „Coca-Cola", 1990:*
Gutgriffig, leichtwiegig und unkaputtbar

Hier sind alle drei Adjektive irregulär. gutgriffig ist semantisch redundant, denn griffig (= eine Adjektivableitung zu Griff) bedeutet bereits „gut zu greifen". Leichtwiegig ist kein gebräuchliches Wort; es gibt das Adjektiv leichtgewichtig, das im übertragenen Sinn (= „nicht wichtig sein", Gegenteil: schwerwiegend) verwendet wird. Das Adjektiv unkaputtbar ist deshalb ungewöhnlich, weil die Ableitungssilbe -bar (= in der Bedeutung „kann gemacht werden") grammatisch korrekt nicht für Ableitungen aus *Adjektiven* verwendet werden kann, sondern nur für die aus *Verben* – vorwiegend aus passivfähigen Verben (wie stören, kränken, verwunden).

Möglicher Bezug zu den Hohlspiegel-Funden: → Kap. 2.2.2 *(Wortableitung)*.

448 *Aus einer Werbung für eine KIKA-Sendung:*
Die Welt ist elefantastisch – Vorhang auf und mitgelacht! Bei Elefantastisch! gibt es das Elefantenkino mit Lachgeschichten, Rätseln und vieles mehr. Und mit dabei ist natürlich auch der blaue Elefant.

Die „lexikalische Kreation" elefantastisch ist eine besondere Art von Kompositum – eine Wortkreuzung aus Elefant und fantastisch, bei der Komposition und Wortkürzung kombiniert werden: Zwei Wörter, die eine Buchstaben- bzw. Lautgruppe (fant) gemeinsam haben – das erste hat sie am Ende, das zweite am Anfang – werden so ineinandergeschoben, dass die gemeinsame Laut- und Buchstabengruppe nur einmal erscheint. Auf diese Weise geht das erste Wort fließend in das zweite über – wie zwei Fotos bei einer Dia-Show durch Überblendung ineinander übergehen (→ E 51).

Die gleiche Wortbildung findet man in einer Werbung für Afrikareisen: Kenia. Elefantastisch!

Möglicher Bezug zu den Hohlspiegel-Funden: → Kap. 2.2.4: *Kombinierte Wortbildungsverfahren*.

449 *Anzeige auf Bahnhöfen des Schokoladenherstellers „Ritter Sport" (Mai 2008):*
Ritter Sport.
Mit echtem Edel-Marzipan.
Die genieße ich in vollen Zügen.

Das Adverbial in vollen Zügen kann modal (wie genieße ich?) oder lokal (wo genieße ich?) verstanden werden. Beide Bedeutungen sind in dieser Werbung, die in Bahnhöfen platziert ist, gemeint: Ritter-Sport-Schokolade wird damit sowohl zur Stärkung als auch gegen den Frust in vollen Zügen der Deutschen Bahn empfohlen.

Interessant ist auch das Pronomen die. Es kann Femininum Singular oder Plural (in allen Genera) sein. Ein entsprechendes Bezugswort gibt es im vorangehenden Text allerdings nicht. Man könnte Ritter Sport als Femininum betrachten, weil es der Name für eine Schokoladenmarke ist. Oder man nimmt Plural an, weil man ja auch mehr als eine Ritter-Sport-Schokolade genießen kann.

Möglicher Bezug zu den Hohlspiegel-Funden: → Kap. 2.1.3 *(Pronomen)*, Kap. 3.2.3 *(Adverbial)*.

450 *Werbe-Slogan des Versicherers „ARAG":*
Wir machen Sie stark – mit Sicherheit

Mit Sicherheit hat zwei Lesarten (und die soll der Satz wohl auch haben) – zum einen als *kommentierendes* Adverbial in der Bedeutung „garantiert", zum andern als *modales* Adverbial in der Bedeutung von „durch/mithilfe von Sicherheit". Man könnte beide Lesarten mit der folgenden Formulierung nebeneinander präsentieren: Mit Sicherheit machen wir Sie mit Sicherheit stark. Der Pfiff des Werbeslogans wäre damit allerdings beseitigt.

Möglicher Bezug zu den Hohlspiegel-Funden: → Kap. 3.2.3 *(Adverbial)*.

451 *Werbe-Slogan der Fluggesellschaft „Condor":*
Wir lieben Fliegen.

In diesem Werbespruch ist Fliegen doppeldeutig: Es kann nominalisiertes Verb sein fliegen ▸ (das) Fliegen oder Plural des Nomens Fliege. Natürlich will Condor mit dem Slogan seine Leidenschaft für Flüge ansprechen; unter Neue Condor Ziele schreibt die Firma auf diesen Slogan rückbezogen: Wir lieben es ja bekanntlich zu fliegen. Sie verwendet aber in ihrem Werbeslogan ausdrücklich nicht diese eindeutige Formulierung mithilfe eines Infinitivsatzes, sondern wählt die doppeldeutige Wortform Fliegen. Da fragt man sich natürlich, warum eine Flugfirma wie Condor, deren Name an eine für ihre Flügelspannweite und ihr Flugverhalten berühmte Geierart erinnert, ausgerechnet mit Fliegen Werbung macht, die ja eher als lästiges Ungeziefer assoziiert werden: Flugzeuge wie Fliegen am Himmel? Sicherlich steht hinter dieser Werbeidee die Doppeldeutigkeit des englischen fly als Verb (to) fly oder als Nomen (the) fly – zumal seitdem Condor-Flüge auch von der Reiseagentur TUIfly mit angeboten werden.

Condor spielt in einigen seiner Werbeformulierungen mit dem Hin und Her zwischen Konversion und Nomen. In

Langfliegen
günstig zu weltweiten Traumzielen

kann Langfliegen sowohl Konversion zu lang(e) fliegen wie auch Kompositum zu Fliege sein – wobei es eine solche Fliegenart natürlich nicht real gibt. Und auch die Untergliederung unter Angebote in Kurzfliegen und Langfliegen lässt beide Lesarten offen. Die Angaben Weitere Kurzfliegen und Weitere Langfliegen vor den Last-Minute-Angeboten Condors sind demgegenüber wegen der Pluralform des flektierten Adjektivattributs weitere eindeutig Komposita – sie entsprechen den uns vertrauten Komposita Kurzflüge und Langflüge. Eine Singularform wie weiteres Kurzfliegen wäre demgegenüber eindeutig syntaktische Konversion.

Und bei weiteren Komposita ist – auch von der Bedeutung her – von vornherein klar, dass es keine Lesart als Konversion geben kann:

Pünktlich zu Nikolaus gibt's wieder die beliebten Eintagsfliegen bei Condor – so könnt ihr günstig in die Sonne flüchten, wenn euch hier das schlechte Wetter auf die Nerven geht – oder auch schon mal den Osterurlaub planen.

Eintagsfliegen – wie auch an anderer Stelle Lieblingsfliegen – sind reguläre Komposita.

Möglicher Bezug zu den Hohlspiegel-Funden:→ Kap. 2.2.3 *(Konversion)*.

Literatur

Boettcher, Wolfgang (2009): Grammatik verstehen. Bd. 1. Wort. Tübingen: Niemeyer.

Boettcher, Wolfgang (2009): Grammatik verstehen. Bd. 2. Einfacher Satz. Tübingen: Niemeyer.

Boettcher, Wolfgang (2009): Grammatik verstehen. Bd. 3. Komplexer Satz. Tübingen: Niemeyer.

Boettcher, Wolfgang (2011): Grammatik-Erkundungen im unwegsamen Gelände. Grammatische Schwächen bei Lehrenden und ihren Arbeitsmaterialien im Bereich des komplexen Satzbaus – und die Folgen. In: Koepcke, Klaus-Michael/Ziegler, Arne (Hrsg.): Grammatik verstehen lernen. Berlin: De Gruyter, S. 91–125.

Dudenredaktion (Hrsg.) (⁹2016): Duden. Die Grammatik. Berlin: Dudenverlag.

Dudenredaktion (Hrsg.) (⁸2017): Schülerduden. Grammatik. Berlin: Dudenverlag.

Eisenberg, Peter (⁴2013): Grundriss der Deutschen Grammatik. Band 1. Das Wort. Stuttgart: Metzler.

Eisenberg, Peter (⁴2013): Grundriss der Deutschen Grammatik. Band 2. Der Satz. Stuttgart: Metzler.

Gallmann, Peter / Siller-Runggaldier, Heidi / Sitta, Horst (2018): Sprachen im Vergleich. Der komplexe Satz. Deutsch – Ladinisch – Italienisch. Bozen: pedagogich.it.

Gornik, Hildegard (2015): Sprachreflexion, Sprachbewusstheit, Sprachwissen, Sprachgefühl und die Kompetenz der Sprachthematisierung – ein Einblick in ein Begriffsfeld. In: Gornik, Hildegard (Hrsg.): Sprachreflexion und Grammatikunterricht. Baltmannsweiler: Schneider, S. 41–58.

Hoffman, Ludger (³2016): Deutsche Grammatik: Grundlagen für Lehrerausbildung, Schule, Deutsch als Zweitsprache und Deutsch als Fremdsprache. Berlin: Erich Schmidt.

Köller, Wilhelm (1997): Funktionaler Grammatikunterricht. Tempus, Genus, Modus: Wozu wurde das erfunden? Baltmannsweiler: Schneider.

Kühn, Peter (2015): Leistungsaufgaben zu grammatischem Wissen. In: Gornik, Hildegard (Hrsg.): Sprachreflexion und Grammatikunterricht. Baltmannsweiler: Schneider, S. 473–495.

Peyer, Ann (2011): Sätze untersuchen. Lernorientierte Sprachreflexion und grammatisches Wissen. Seelze: Kallmeyer, S. 127–134.

Spinner, Kaspar H. (1996): Wie sich fremde Wörter in der deutschen Sprache zurechtfinden (7.–9. Schuljahr). In: Praxis Deutsch 139, S. 44–46.

Spinner, Kaspar H. (⁵2015): Was ist ein Satz? (5.–7. Schuljahr). In: Spinner, Kaspar H.: Kreativer Deutschunterricht. Seelze: Kallmeyer, S. 162–167.

Register

Nicht näher qualifizierte Angaben wie „2.1.4" verweisen auf Kapitel in diesem Buch. „F" bezeichnet die Nummern von Funden, „E" die Nummern von grammatiktheoretischen Erläuterungen im Download-Material.

Übersicht über die grammatiktheoretischen Erläuterungen im Download-Material

In diesem Buch wird auf zusätzliche Erläuterungen (E 1 bis E 119) im Download-Material verwiesen. Diese Erläuterungen befassen sich ausführlicher mit den im Buch angesprochenen grammatischen Fragen.

Bildquellennachweise

Foto S. 77 von Oliver Sturz, München
Foto S. 108: © SWR/Matteschek
Zeichnung S. 244: © markus dehl-zeit/stock.adobe.com

Fachbuch

Einblicke in die Deutschdidaktik

JÜRGEN BAURMANN | CLEMENS KAMMLER | ASTRID MÜLLER (HRSG.)

Handbuch Deutschunterricht

Theorie und Praxis des Lehrens und Lernens

16 x 23 cm, 424 Seiten

ISBN 978-3-7727-1072-8, € 29,95

Alle Preise zzgl. Versandkosten, Stand 2018

Die Deutschdidaktik kann auf sehr differenzierte Forschungsergebnisse zurückgreifen, zu denen neben traditionellen Forschungsrichtungen innerhalb der Literatur- und Sprachdidaktik neue Themen wie die Auseinandersetzung mit dem medialen Wandel und seinen Konsequenzen für die Beschäftigung mit Sprache und Literatur hinzugekommen sind.

Ergebnisse aus den verschiedenen deutschdidaktischen Teildisziplinen, ihren Themen und Fragestellungen vereint das vorliegende Handbuch. Der Band umfasst 88 Beiträge zu allen Lernbereichen des Deutschunterrichts und zu lernbereichsübergreifenden Themen. Die einzelnen Beiträge geben in kompakter Form einen Einblick in aktuelle deutschdidaktische Fragestellungen und verdeutlichen die entsprechenden Konsequenzen für die Unterrichtspraxis.

Klett Kallmeyer

Unser Leserservice berät Sie gern:
Telefon: 0511 / 4 00 04 -150
Fax: 0511 / 4 00 04 -170
leserservice@friedrich-verlag.de

www.klett-kallmeyer.de

Unter **www.friedrich-verlag.de** finden Sie Materialien zum Buch als Download.
Bitte geben Sie den achtstelligen Download-Code in das Suchfeld ein.

DOWNLOAD-CODE: **d31208sp**

Hinweis:

Das Download-Material enthält ergänzende grammatische Erläuterungen zu diesem Band sowie einige der in Kapitel 5.3 nur in Textform wiedergegebenen Werbeseiten.

Haben Sie Fragen zum Download? Dann wenden Sie sich bitte an den Leserservice der Friedrich Verlags GmbH. Schreiben Sie uns oder rufen Sie uns an!

Sie erreichen unseren Leserservice
Montag bis Donnerstag von 8 – 18 Uhr
Freitag von 8 – 14 Uhr
Tel.: 05 11/4 00 04-150
Fax: 05 11/4 00 04-170
E-Mail: *leserservice@friedrich-verlag.de*

Wir freuen uns über Ihre Rückmeldungen und helfen Ihnen gerne weiter!